本書の特長＆使い方

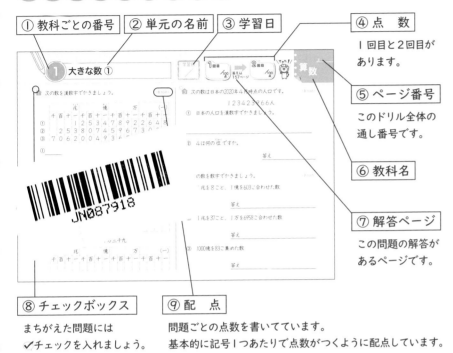

① 教科ごとの番号　② 単元の名前　③ 学習日　④ 点　数

④ 点　数
１回目と２回目があります。

⑤ ページ番号
このドリル全体の通し番号です。

⑥ 教科名

⑦ 解答ページ
この問題の解答があるページです。

⑧ チェックボックス
まちがえた問題には✓チェックを入れましょう。

⑨ 配　点
問題ごとの点数を書いてています。
基本的に記号１つあたりで点数がつくように配点しています。

１回１枚、切り取って使える！

各教科１回１枚ずつ取り組むと、約１か月で予習・復習できます。

やさしく学べて、成績アップ！

教科書レベルの内容が、しっかり身につきます。

苦手がわかる、チェック式！

まちがえた問題にチェックを入れると、苦手を知れて対策できます。

両面に問題を収録！ 問題数NO.1！ (※当社比)

学期や学年末の総まとめとして、さまざまな問題に取り組めます。

もくじ＆点数表

このもくじは、学習日と点数を記録する表になっています。

点数は、１回目だけでなく、２回目の点数も書けます。

１回目：今の実力の点数

２回目：１回目でまちがえた問題を解きなおし、100点を目指した点数

２回目は解答を確認しながらでもいいので、まちがえをそのままにせず、解きなおしをして苦手をなくしましょう。

理　科	学習日	1回目	2回目
❶春の生き物のようす	/	点	点
❷夏の生き物のようす	/	点	点
❸秋の生き物のようす	/	点	点
❹冬の生き物のようす	/	点	点
❺１年を通して①	/	点	点
❻１年を通して②	/	点	点
❼回路と電流・けん流計①	/	点	点
❽回路と電流・けん流計②	/	点	点
❾回路と電流・けん流計③	/	点	点
❿直列つなぎ・へい列つなぎ	/	点	点
⓫気温のはかり方・百葉箱	/	点	点
⓬太陽の高さと気温の変化	/	点	点
⓭月の動きと形①	/	点	点
⓮月の動きと形②	/	点	点
⓯星の動きと星ざ①	/	点	点
⓰星の動きと星ざ②	/	点	点
⓱とじこめた空気	/	点	点
⓲とじこめた水	/	点	点
⓳ほねときん肉	/	点	点
⓴動物の体	/	点	点
㉑温度と空気や水の体積①	/	点	点
㉒温度と空気や水の体積②	/	点	点
㉓温度と金ぞくの体積①	/	点	点
㉔温度と金ぞくの体積②	/	点	点
㉕金ぞくのあたたまり方	/	点	点
㉖水や空気のあたたまり方	/	点	点
㉗水をあたためる	/	点	点
㉘水を冷やす	/	点	点
㉙固体・えき体・気体①	/	点	点
㉚固体・えき体・気体②	/	点	点
㉛水のゆくえ	/	点	点
㉜自然界の水のすがた	/	点	点

社　会	学習日	1回目	2回目
❶方位と地図記号①	/	点	点
❷方位と地図記号②	/	点	点
❸等高線	/	点	点
❹地図のしゅくしゃく	/	点	点
❺ごみのゆくえ①	/	点	点
❻ごみのゆくえ②	/	点	点
❼水のゆくえ	/	点	点
❽じょう水場と下水しょり場	/	点	点
❾水の流れ	/	点	点
❿かぎられた水を大切に	/	点	点
⓫自然災害から人々を守る	/	点	点
⓬自然災害（地震）にそなえる	/	点	点
⓭地いきを守る（稲むらの火）	/	点	点
⓮地いきを開く	/	点	点
⓯日本のすがた①	/	点	点
⓰北海道・東北地方①	/	点	点
⓱北海道・東北地方②	/	点	点
⓲関東地方①	/	点	点
⓳関東地方②	/	点	点
⓴中部地方①	/	点	点
㉑中部地方②	/	点	点
㉒近畿地方①	/	点	点
㉓近畿地方②	/	点	点
㉔中国・四国地方①	/	点	点
㉕中国・四国地方②	/	点	点
㉖九州地方①	/	点	点
㉗九州地方②	/	点	点
㉘都道府県と新出漢字①	/	点	点
㉙都道府県と新出漢字②	/	点	点
㉚日本地図①	/	点	点
㉛日本地図②	/	点	点
㉜新幹線と都道府県	/	点	点

国　語	学習日	1回目	2回目
❶読解：女王バチ	/	点	点
❷漢字①	/	点	点
❸読解：ニワトリの鳴き声	/	点	点
❹漢字②	/	点	点
❺読解：にげるが勝ち	/	点	点
❻言葉と文①（名詞・動詞・形容詞・副詞）	/	点	点
❼読解：ヤドカリの貝がら	/	点	点
❽漢字③	/	点	点
❾読解：ホッキョクグマの遠泳	/	点	点
❿漢字④	/	点	点
⓫読解：ごんぎつね①	/	点	点
⓬言葉と文②（主語・述語・修飾語）	/	点	点
⓭読解：ごんぎつね②	/	点	点
⓮漢字⑤	/	点	点
⓯読解：和尚さんと小僧	/	点	点
⓰漢字⑥	/	点	点
⓱読解：子どもの好きな神様	/	点	点
⓲言葉と文③（決まった言い方）	/	点	点
⓳読解：よだかの星	/	点	点
⓴漢字⑦	/	点	点
㉑読解：アフリカヒョウ	/	点	点
㉒漢字⑧	/	点	点
㉓読解：ニホンミツバチ	/	点	点
㉔言葉と文④（同義語）	/	点	点
㉕総合：ツバメと人間	/	点	点
㉖総合：働きアリ	/	点	点
㉗総合：アジアゾウとゾウ使い	/	点	点
㉘総合：納豆	/	点	点
㉙総合：ペットボトルのリサイクル	/	点	点
㉚総合：ムササビのくらし	/	点	点
㉛総合：テッポウウオ	/	点	点
㉜総合：生こま山上遊園地	/	点	点

英　語	学習日	1回目	2回目
❶アルファベット大文字	/	点	点
❷アルファベット小文字	/	点	点
❸どの曜日かな？	/	点	点
❹好きな教科は？	/	点	点
❺買い物リスト	/	点	点
❻まぜた色は？	/	点	点
❼動物シルエット	/	点	点
❽数字をさがそう！	/	点	点
❾どのスポーツの道具かな？	/	点	点
❿文ぼう具・もの・楽器	/	点	点
⓫しせつはどっち？	/	点	点
⓬同じ絵をさがそう！	/	点	点

英語には、音声がついています。
下記HPの商品ページから
ダウンロードしてください。
スマホやパソコン、タブレット
からお聞きいただけます。
（音声は無料ですが、通信料がかかります）

▶下記からダウンロード
http://foruma.co.jp/sankousyo/
sankousyo6464

解答は、
157ページから！

1 大きな数 ①

学習日 ／

1回目 ／100点　2回目 ／100点

答えは157ページ

1 次の数を漢数字でかきましょう。（各《かく》10点）

				兆《ちょう》				億《おく》				万				(一)
	千	百	十	一	千	百	十	一	千	百	十	一	千	百	十	一
①				1	2	5	3	4	7	8	9	2	2	6	4	8
②		2	5	3	8	0	7	4	5	9	6	7	3	0	2	4
③	7	0	6	2	0	0	4	9	3	6	5	0	9	5	0	0

① ＿＿＿＿＿＿＿＿

② ＿＿＿＿＿＿＿＿

③ ＿＿＿＿＿＿＿＿

2 次の漢数字を数字に直しましょう。（各10点）

① 七兆五千八百三十二億七千三百八十五万二千

			兆				億				万				(一)
千	百	十	一	千	百	十	一	千	百	十	一	千	百	十	一

② 七千三兆二千三百四億六千万三千九

			兆				億				万				(一)
千	百	十	一	千	百	十	一	千	百	十	一	千	百	十	一

3 次の数は日本の2020年４月時点の人口です。（各10点）

123423966人

① 日本の人口を漢数字でかきましょう。

＿＿＿＿＿＿＿＿

② ４は何の位《くらい》ですか。

答え＿＿＿＿＿＿

4 次の数を数字でかきましょう。（各10点）

① １兆を８こと、１億を603こ合わせた数

答え＿＿＿＿＿＿

② １兆を37こと、１万を6958こ合わせた数

答え＿＿＿＿＿＿

③ 1000億を83こ集めた数

答え＿＿＿＿＿＿

2 大きな数 ②

学習日 ／

1回目 ／100点

答えは157ページ

2回目 ／100点

できた！

1 62億《おく》5千万について調べます。

① 10倍した数、100倍した数、10でわった数、100でわった数をかきましょう。（各《かく》5点）

	億				万				(一)			
	千	百	十	一	千	百	十	一	千	百	十	一
100倍												
10倍												
もとの数			6	2	5	0	0	0	0	0	0	0
10でわる												
100でわる												

② 100倍した数で、数字の5は何の位《くらい》になりますか。（5点）

答え ＿＿＿＿＿＿

2 次の数はどんな数になりますか。（各5点）

① 690億を10倍した数　答え ＿＿＿＿＿＿

② 580億を100倍した数　答え ＿＿＿＿＿＿

③ 700億を10でわった数　答え ＿＿＿＿＿＿

3 次の数直線の㋐～㋕の数をかきましょう。（各5点）

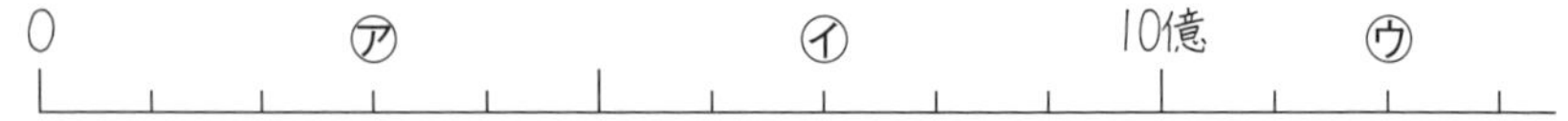

㋐ ＿＿＿＿＿＿　㋑ ＿＿＿＿＿＿　㋒ ＿＿＿＿＿＿

㋓ ＿＿＿＿＿＿　㋔ ＿＿＿＿＿＿　㋕ ＿＿＿＿＿＿

4 0 1 2 3 4 5 6 7 8 の9まいのカードを全部使って、9けたの整数を作ります。（各10点）

① 大きい方から二番目の数をかきましょう。

答え ＿＿＿＿＿＿

② 小さい方から二番目の数をかきましょう。

答え ＿＿＿＿＿＿

③ 7億に一番近い数をかきましょう。

答え ＿＿＿＿＿＿

3 およその数・がい数 ①

学習日 ／

1回目 ／100点

答えは157ページ

2回目 ／100点

1 1から20までの整数について、答えましょう。 (各《かく》4点)

① 14以上《いじょう》の整数

答え ＿＿＿＿＿＿

② 7以下の整数

答え ＿＿＿＿＿＿

③ 6未満《みまん》の整数

答え ＿＿＿＿＿＿

④ 8以上、12以下の整数

答え ＿＿＿＿＿＿

2 次の数を（　）までのがい数にしましょう。 (各4点)

① 563（十の位《くらい》） ＿＿＿＿＿＿

② 428（十の位） ＿＿＿＿＿＿

③ 7490（百の位） ＿＿＿＿＿＿

④ 8917（百の位） ＿＿＿＿＿＿

⑤ 2784（千の位） ＿＿＿＿＿＿

⑥ 5438（千の位） ＿＿＿＿＿＿

3 次の数を（　）のがい数にしましょう。 (各5点)

① 38432（上から2けた） ＿＿＿＿＿＿

② 46728（上から2けた） ＿＿＿＿＿＿

③ 984576（上から3けた） ＿＿＿＿＿＿

④ 121999（上から3けた） ＿＿＿＿＿＿

⑤ 567342（上から1けた） ＿＿＿＿＿＿

⑥ 629371（上から1けた） ＿＿＿＿＿＿

4 十の位を四捨五入《ししゃごにゅう》して、900になる数に○をつけましょう。 (各5点)

① 858（　） ② 909（　） ③ 832（　）

④ 850（　） ⑤ 950（　） ⑥ 948（　）

5 一の位を四捨五入して、30になる整数は、いくつからいくつまでですか。 (10点)

答え （　　）から（　　）まで

4 およその数・がい数②

学習日 ／

1回目 ／100点

答えは157ページ

2回目 ／100点

1 61950円のエアコンと、25725円のデジタルカメラを買いました。代金は、およそ何万何千円ですか。（各《かく》15点）

① 代金の合計を計算してから、千の位《くらい》までのがい数で答えましょう。

答え ＿＿＿＿＿＿＿＿

② それぞれのねだんを、千の位までのがい数にしてから計算しましょう。

答え ＿＿＿＿＿＿＿＿

2 26250円の電子《でんし》辞書《じしょ》と、32550円のうで時計を買いました。代金は、およそ何万何千円ですか。
千の位までのがい数にしてから計算しましょう。（10点）

答え ＿＿＿＿＿＿＿＿

3 1本425円のジュースを28本買います。

① 代金（425×28）を計算しましょう。
代金はおよそ何万何千円ですか。（15点）

式

答え ＿＿＿＿＿＿＿＿

② それぞれの数を上から1けたのがい数にしてから、計算しましょう。（15点）

式

答え ＿＿＿＿＿＿＿＿

4 36本で8316円のジュースがあります。（各15点）

① ジュース1本分のねだんを計算してから、上から1けたのがい数で答えましょう。

式

答え ＿＿＿＿＿＿＿＿

② それぞれの数を上から1けたのがい数にしてから、計算しましょう。

式

答え ＿＿＿＿＿＿＿＿

5 わり算 ①

学習日 ／

1回目 ／100点

答えは157ページ

2回目 ／100点

1 次の計算をしましょう。

（各《かく》5点）

① $60 \div 2 =$　② $420 \div 7 =$

③ $200 \div 4 =$　④ $800 \div 10 =$

2 次の計算をしましょう。

（各8点）

① 2)76　② 4)58　③ 3)95

④ 4)67　⑤ 5)63

3 次の計算をしましょう。

（各8点）

① 4)678　② 5)870　③ 3)577

④ 2)615　⑤ 8)856

6 わり算 ②

学習日 ／

1回目 ／100点

答えは157ページ

2回目 ／100点

1 280まいの色紙を４人で同じ数ずつ分けます。
１人分は何まいになりますか。 （16点）

式

答え ＿＿＿＿＿＿＿＿

2 634このみかんを５人で同じ数ずつ分けます。
１人分は何こになって、何こあまりますか。 （16点）

式

答え ＿＿＿＿＿＿＿＿

3 親のラッコの体重は36kgで、子どものラッコの体重は９kgです。親のラッコの体重は、子どものラッコの体重の何倍ですか。 （16点）

式

答え ＿＿＿＿＿＿＿＿

4 すいかのねだんは、りんごのねだんの７倍で980円です。
りんごのねだんは、何円ですか。 （16点）

式

答え ＿＿＿＿＿＿＿＿

5 136ページの本を１日７ページずつ読むと、読み終わるのに何日間かかりますか。 （16点）

式

答え ＿＿＿＿＿＿＿＿

6 １箱８こ入りのチョコレートを５箱買いました。これを４人で同じ数ずつ分けると１人分は何こになりますか。
１つの式にかいて答えましょう。 （20点）

式

答え ＿＿＿＿＿＿＿＿

7 わり算③

学習日 ／

1回目 ／100点

答えは158ページ

2回目 ／100点

できた！

1 次の計算をしましょう。　(各《かく》8点)

① $7\overline{)84}$　　② $7\overline{)590}$

③ $6\overline{)628}$　　④ $3\overline{)542}$

⑤ $3\overline{)870}$

2 子どもが6人います。930まいの色紙を全員に同じ数ずつ分けます。
　1人分は何まいになりますか。　(20点)

式

答え

3 右のはさみのねだんは、色紙1まいのねだんの何倍になりますか。　(20点)

式

はさみ
324円

色紙1まい
9円

答え

4 5台のバスに、同じ人数ずつ乗って遠足に行きます。1クラスの人数は35人で、4クラスあります。
　1台のバスに何人乗ればよいですか。　(20点)

式

答え

8 わり算④

答えは158ページ

1 次の計算をしましょう。 （各《かく》10点）

① 3)92

② 4)849

③ 4)808

④ 5)458

⑤ 9)109

⑥ 2)520

2 220本のえんぴつを６本ずつ分けて箱に入れます。えんぴつをすべて箱にしまうには、箱は全部でいくついりますか。 （20点）

式

答え ＿＿＿＿＿＿

3 メロンのねだんは、りんごのねだんの４倍で960円です。

① りんごのねだんを□円として、メロンのねだんを求《もと》めるかけ算の式をかきましょう。 （10点）

式

② りんごのねだんを求めましょう。 （10点）

式

答え ＿＿＿＿＿＿

9 角度①

学習日 ／

1回目 ／100点　答えは158ページ 　2回目 ／100点　できた！

1 次の時計の㋐～㋓の角度は何度ですか。　(各《かく》5点)

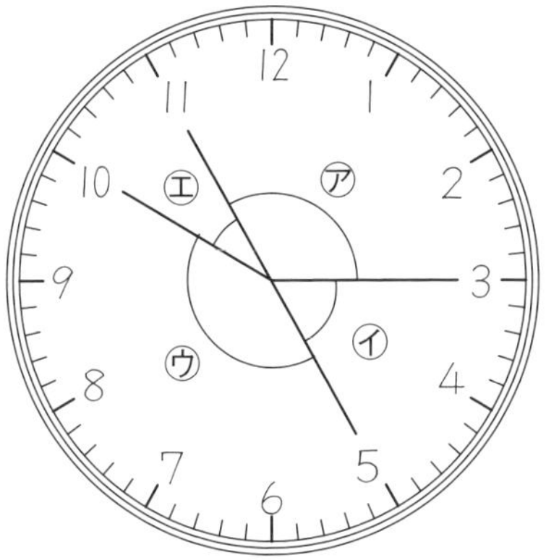

㋐

㋑

㋒

㋓

2 分度器《ぶんどき》を使って次の角度をはかりましょう。　(各5点)

①

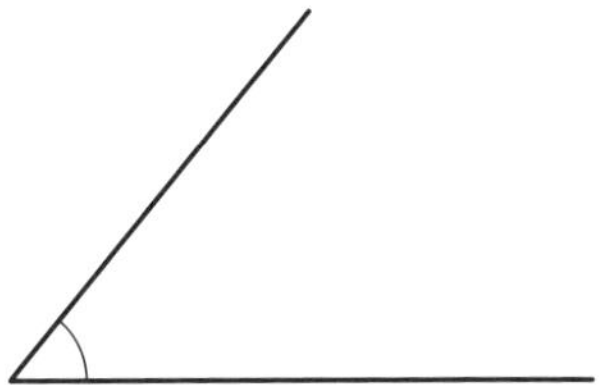

(　　　)

②

(　　　)

③

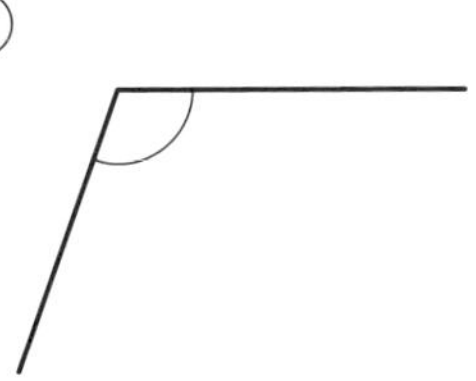

(　　　)

④

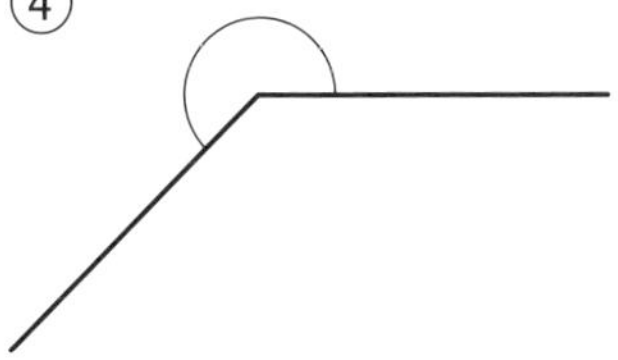

(　　　)

3 図の㋐の角が35°のとき、㋑、㋒の角度は何度ですか。　(各6点)

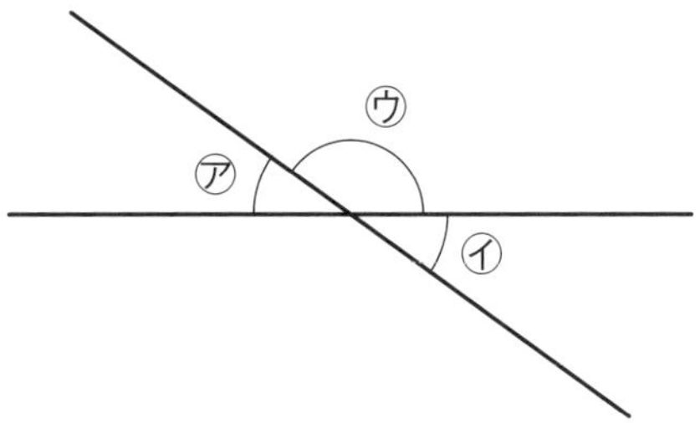

㋑ ＿＿＿＿＿

㋒ ＿＿＿＿＿

4 三角じょうぎの次の角度は、それぞれ何度ですか。　(各6点)

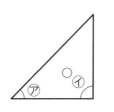

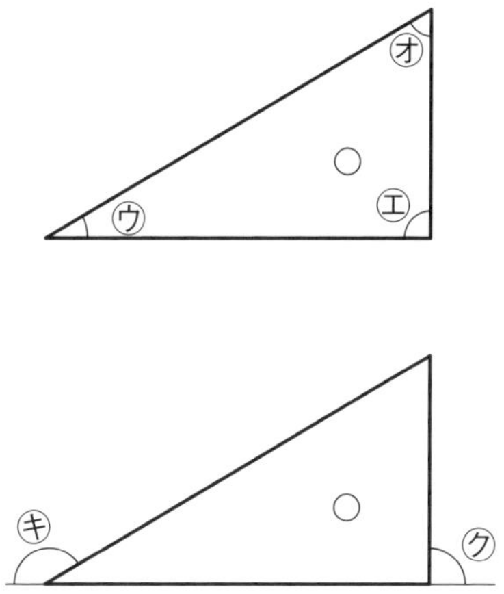

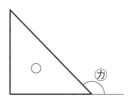

㋐ ＿＿＿＿＿　㋑ ＿＿＿＿＿　㋒ ＿＿＿＿＿

㋓ ＿＿＿＿＿　㋔ ＿＿＿＿＿　㋕ ＿＿＿＿＿

㋖ ＿＿＿＿＿　㋗ ＿＿＿＿＿

10 角度 ②

学習日

1回目 /100点

答えは158ページ

2回目 /100点

できた！

算数

1 分度器《ぶんどき》を使って次の角度をはかりましょう。 (各《かく》5点)

①

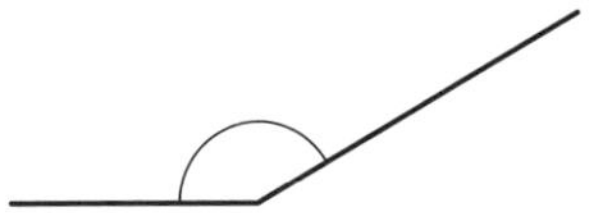

(　　　)

②

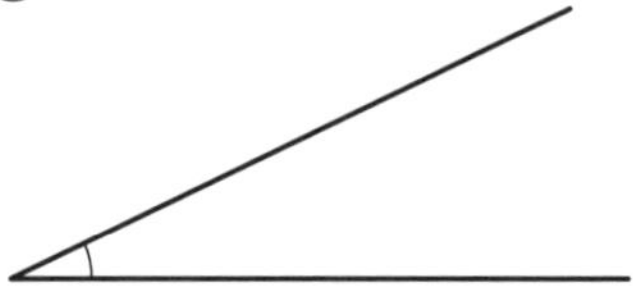

(　　　)

③

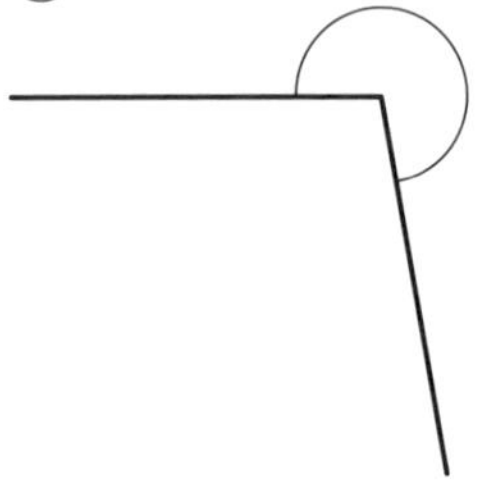

(　　　)

④

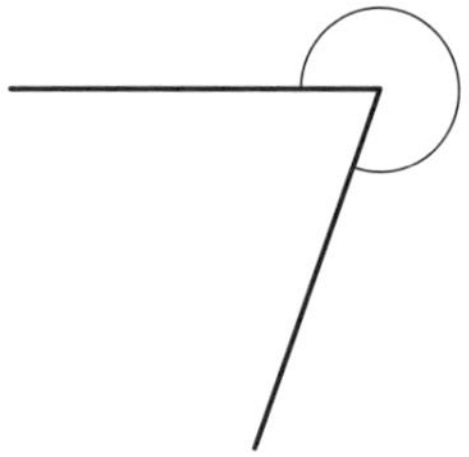

(　　　)

2 1組の三角じょうぎを使って㋐、㋑の角を作りました。それぞれ何度ですか。 (各10点)

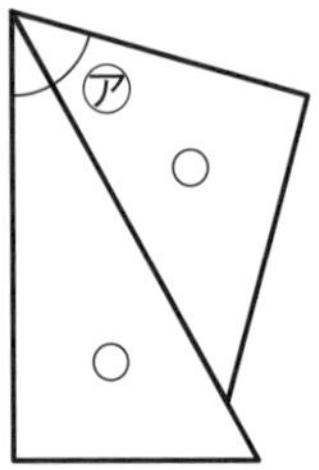

㋐ (　　　)

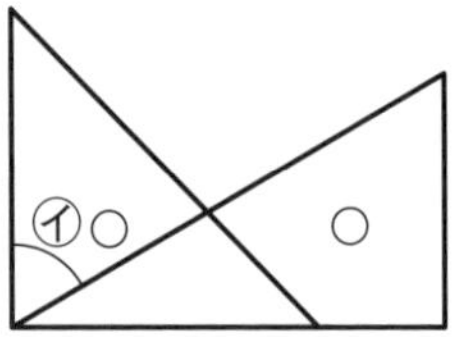

㋑ (　　　)

3 2まいの三角じょうぎでできる次の角度は、それぞれ何度ですか。 (各5点)

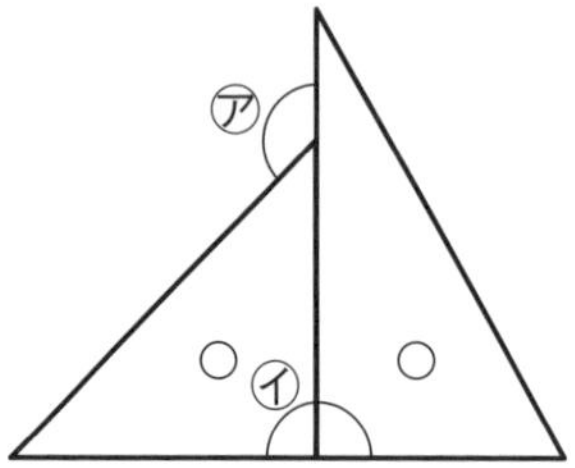

㋐ (　　　)

㋑ (　　　)

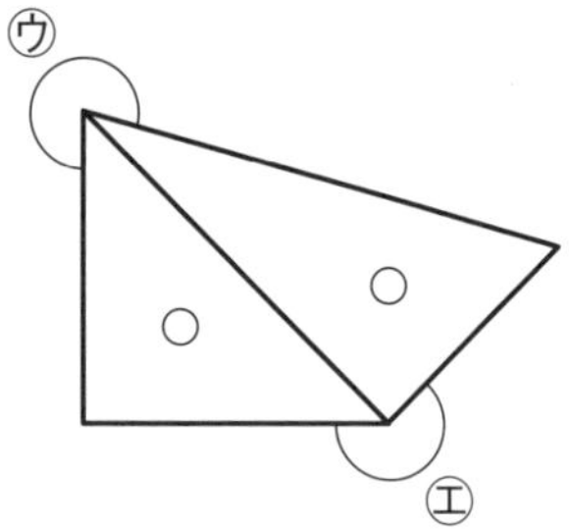

㋒ (　　　)

㋓ (　　　)

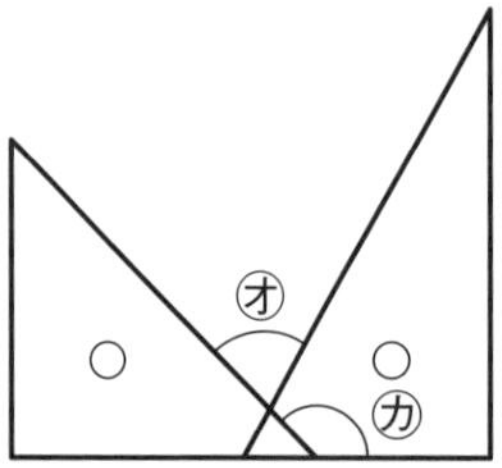

㋔ (　　　)

㋕ (　　　)

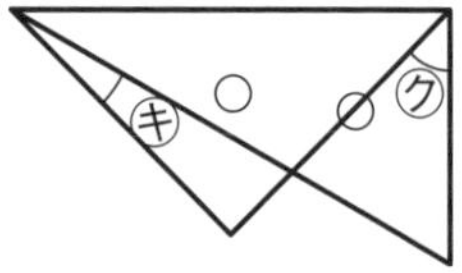

㋖ (　　　)

㋗ (　　　)

4 時計の長いはりが次の間に動く角の大きさは、何度ですか。 (各5点)

① 30分間 (　　　)　② 10分間 (　　　)

③ 45分間 (　　　)　④ 55分間 (　　　)

11 垂直と平行・四角形 ①

学習日 ／

1回目 ／100点

答えは158ページ

2回目 ／100点

できた!

1 次の図で、2本の直線が垂直《すいちょく》に交わっているところに、直角の印《しるし》 ∟ をつけましょう。 (各《かく》6点)

① ② ③ ④

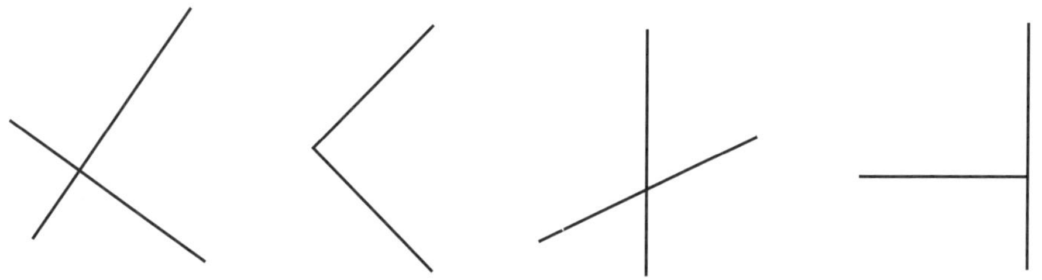

2 図のたての直線Aに垂直な直線は、㋐～㋕のどれですか。記号で答えましょう。 (各6点)

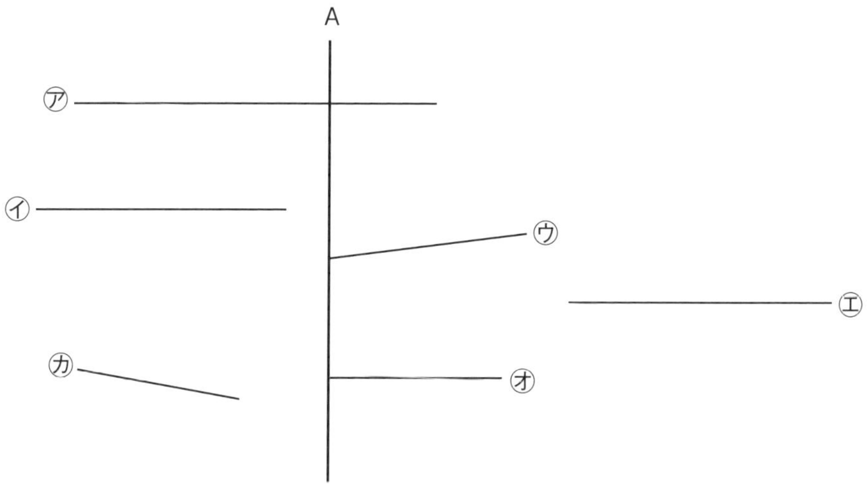

答え ＿＿＿＿＿＿

3 2本の直線が平行な図に○をつけましょう。 (各6点)

①（　　） ②（　　） ③（　　）

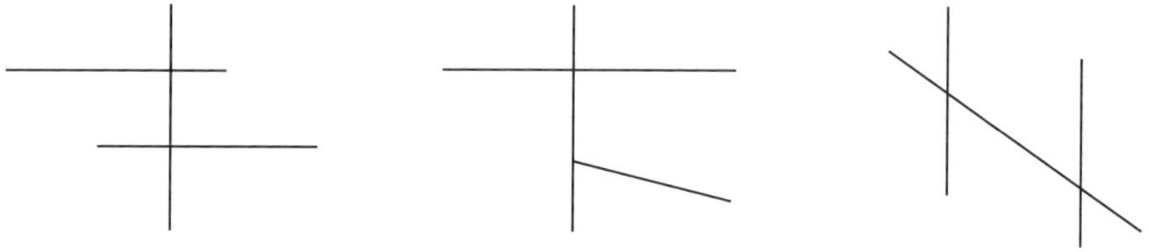

④（　　） ⑤（　　） ⑥（　　）

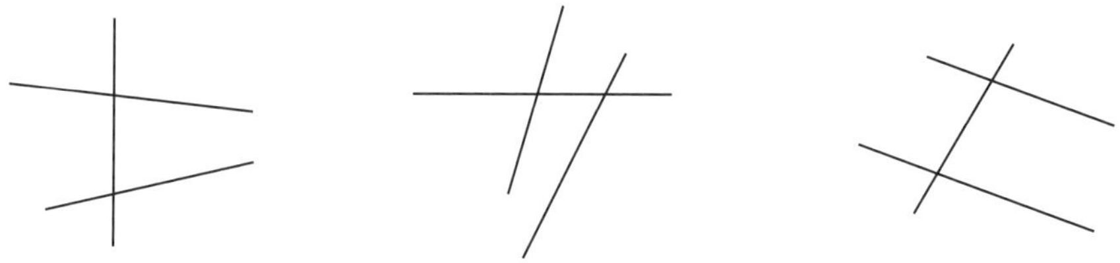

4 下の図で、垂直な直線はどれとどれですか。また、平行な直線はどれとどれですか。記号で答えましょう。 (各8点)

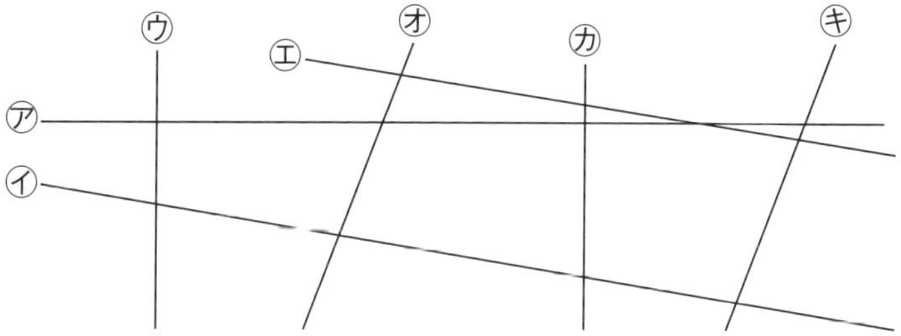

垂直なもの（　と　）、（　と　）

平行なもの（　と　）、（　と　）、（　と　）

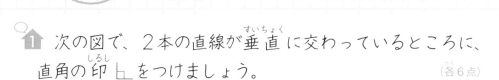

12 垂直と平行・四角形 ②

学習日 /

1回目 /100点

答えは158ページ

2回目 /100点

できた！

1 点アから直線イに向かって垂直《すいちょく》な線をかきましょう。（各《かく》10点）

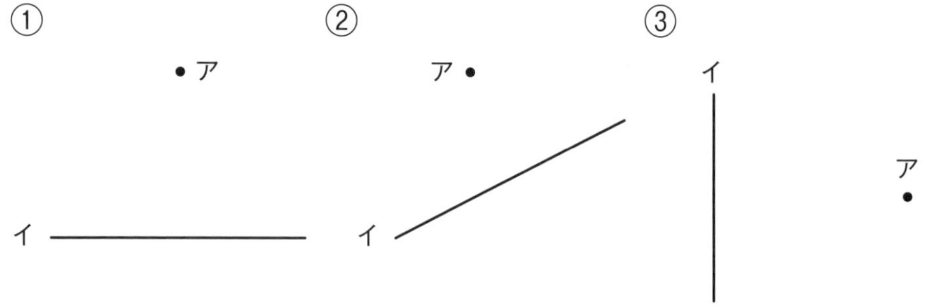

2 次の図で㋐～㋒の直線にそれぞれ平行な直線をかきましょう（それぞれア～ウの点を通ります）。（各10点）

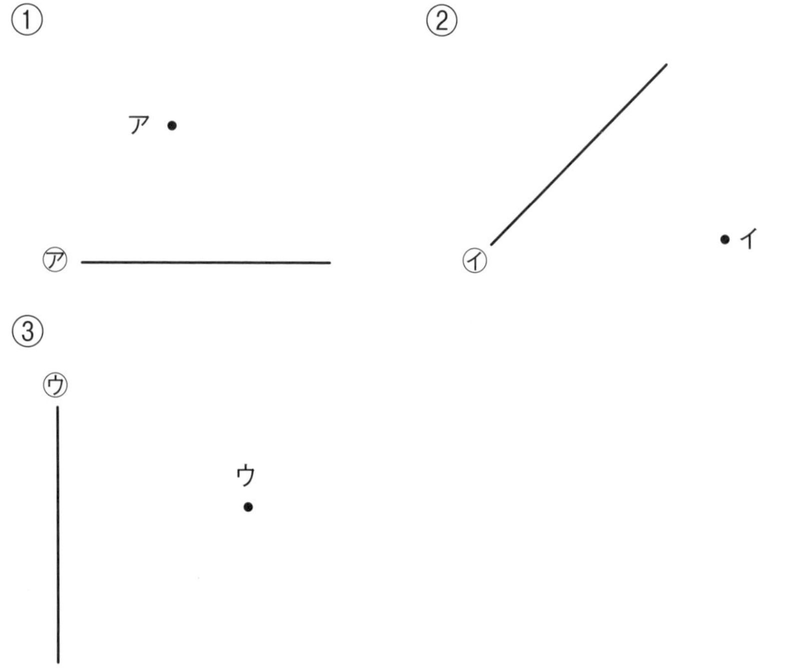

3 次の四角形の中から平行四辺形《へいこうしへんけい》、台形、ひし形を見つけて、記号で答えましょう。（各5点）

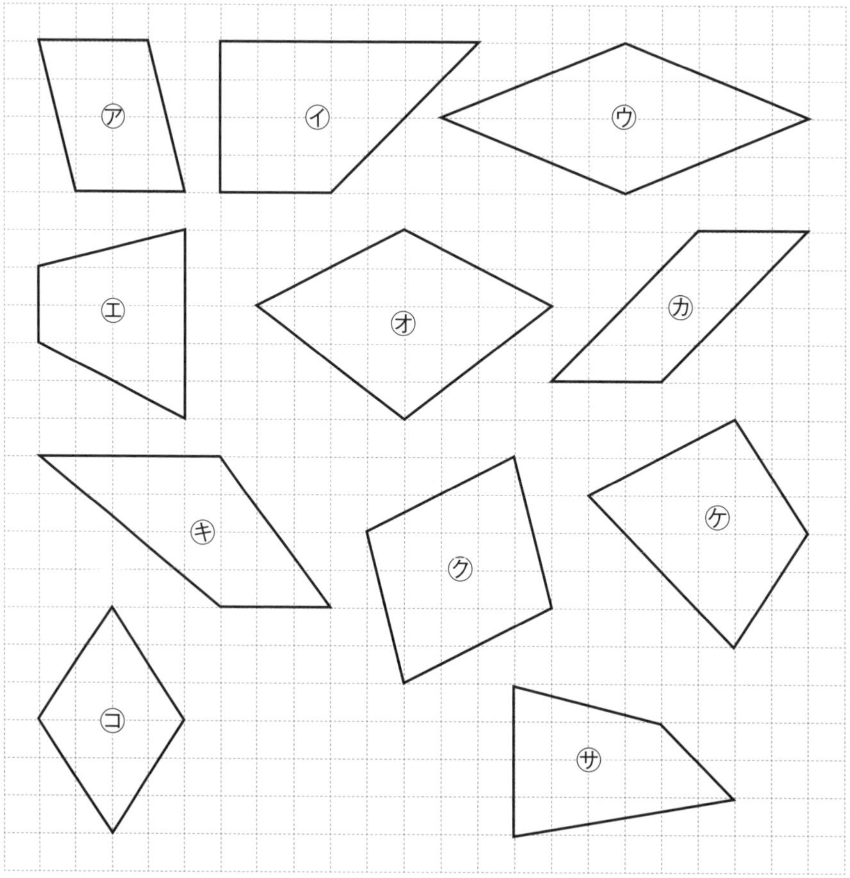

平行四辺形 ＿＿＿＿＿＿

ひし形 ＿＿＿＿＿＿

台形 ＿＿＿＿＿＿

13 垂直と平行・四角形③

学習日　／

1回目　／100点　答えは158ページ　2回目　／100点

できた！

1 次の図で、太い直線はすべて平行です。

① ウエの長さは何cmですか。　（5点）

（　　　　）

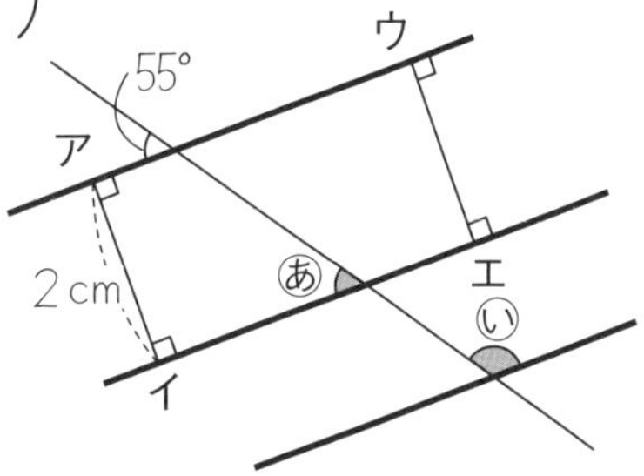

② あ、いの角度は、それぞれ何度ですか。　（各《かく》5点）

あ（　　　）　い（　　　）

2 四角形の対角線の特《とく》ちょうを調べます。あ～えの中から選《えら》んで、記号で答えましょう。　（（　）…各5点）

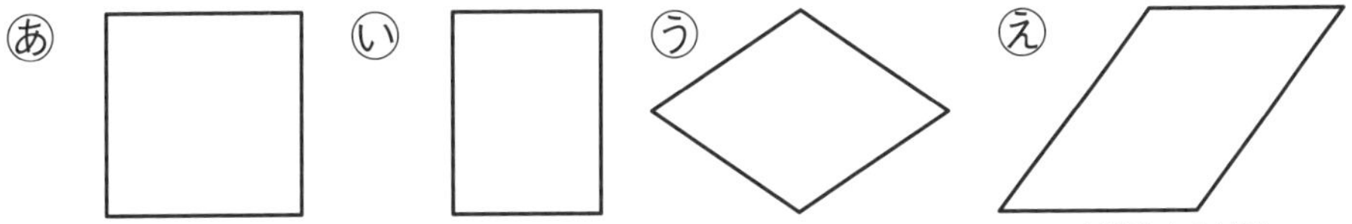

正方形　長方形　ひし形　平行《へいこう》四《し》辺形《へんけい》

① 2本の対角線の長さがいつも等しい四角形

（　　）（　　）

② 2本の対角線が交わった点から、4つのちょう点までの長さが等しい四角形　（　　）（　　）

③ 2本の対角線が垂直《すいちょく》に交わる四角形　（　　）（　　）

3 次の文が指している言葉を、□から選んでかきましょう。

（各5点）

① 直角に交わる2本の直線　（　　　　）

② 1本の直線に垂直な2本の直線　（　　　　）

③ 向かい合った1組の辺が平行な四角形　（　　　　）

④ 四角形の向かい合ったちょう点を結《むす》ぶ直線　（　　　　）

⑤ 4つの辺の長さがすべて等しい四角形　（　　　　）

台形　垂直　平行　ひし形　対角線

4 ひし形のせいしつから、次のひし形をかきます。コンパスで辺の長さをはかり、2辺をかきくわえましょう。

（各15点）

①

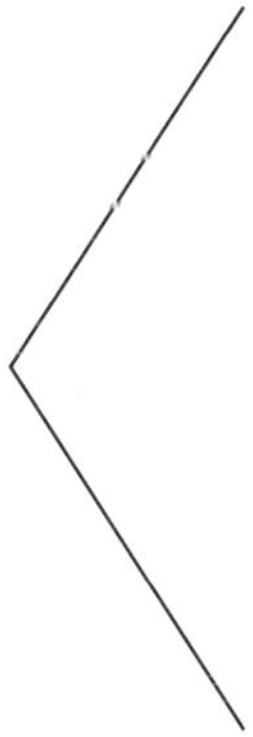

②

14 垂直と平行・四角形 ④

学習日 ／

1回目 ／100点 → 2回目 ／100点

答えは158ページ

できた！

1 ①～⑦に合う四角形を選《えら》んで記号で答えましょう。（各《かく》6点）

㋐

正方形

㋑
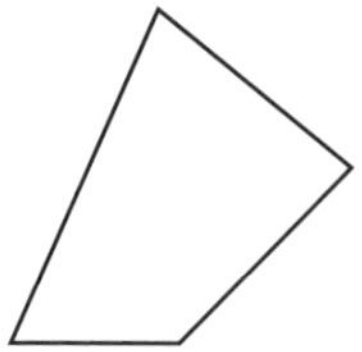
四角形

㋒
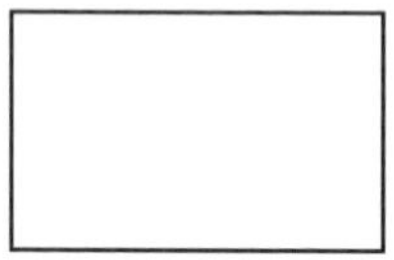
長方形

㋓

ひし形

㋔
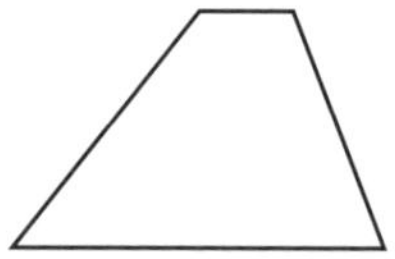
台形

㋕
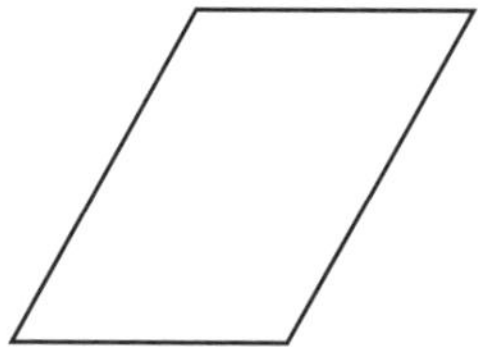
平行四辺形《へいこうしへんけい》

① 4つの角の大きさが等しい。（　　　　）

② 平行な辺が2組ある。（　　　　）

③ 向かい合った角の大きさが等しい。（　　　　）

④ 1組も平行な辺がない。（　　　　）

⑤ 向かい合った辺の長さが等しい。（　　　　）

⑥ 対角線の長さが等しい。（　　　　）

⑦ 平行な辺が1組ある。（　　　　）

2 2つの辺をかきくわえ、平行四辺形をかきましょう。（各8点）

①
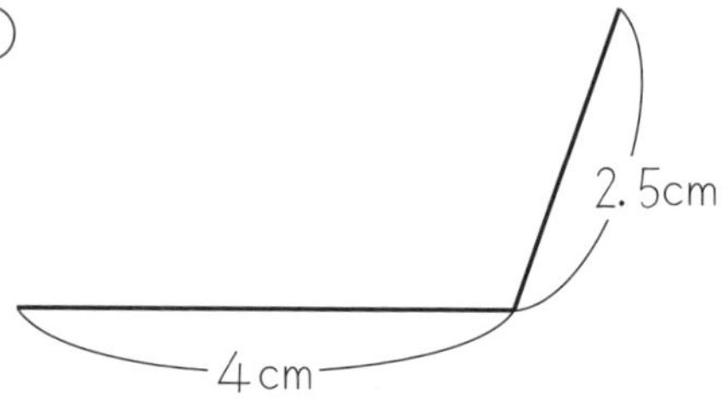

②
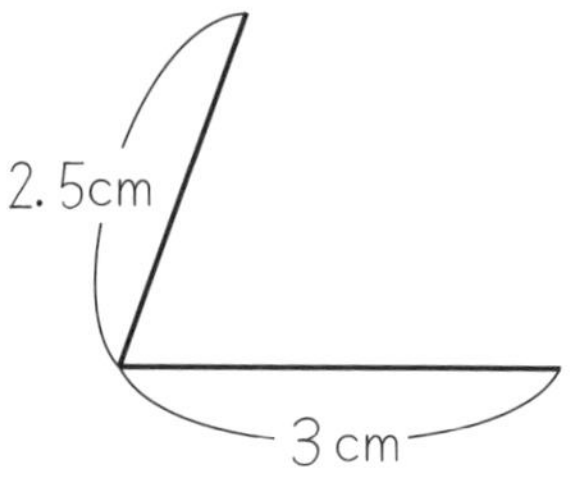

3 （　　）にあてはまる図形の名前をかきましょう。（各7点）

1組の向かい合った辺が平行な四角形

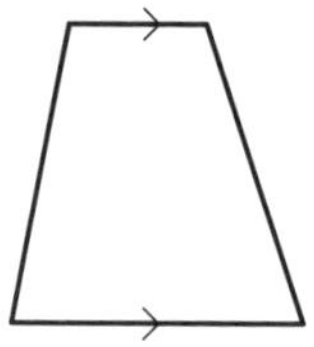

（①　　　　）

さらに、残《のこ》りの1組の辺も平行になると（②　　　　）になります。

4つの辺の長さが等しい四角形

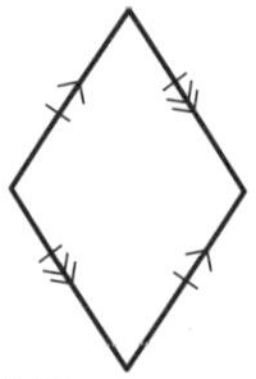

（③　　　　）

さらに、4つの角がすべて直角になると（④　　　　）になります。

2組の向かい合った辺が平行な四角形

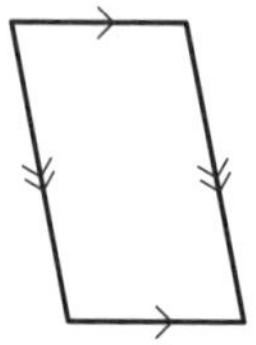

（⑤　　　　）

さらに、2組の平行な直線が垂直《すいちょく》に交わると（⑥　　　　）になります。

15 わり算 ⑤

学習日 ／

1回目 ／100点

答えは158ページ

2回目 ／100点

できた！

1 次の計算をしましょう。 （各《かく》5点）

① 25)75

② 38)76

③ 26)78

④ 14)56

⑤ 27)81

⑥ 17)68

⑦ 34)204

⑧ 63)504

⑨ 36)144

⑩ 19)152

2 次の計算をしましょう。 （各5点）

① 23)54

② 12)39

③ 32)98

④ 24)91

⑤ 17)50

⑥ 34)143

⑦ 42)142

⑧ 64)393

⑨ 39)292

⑩ 18)142

16 わり算 ⑥

学習日 ／

1回目 ／100点

答えは158ページ

2回目 ／100点

1 次の計算をしましょう。 （各《かく》4点）

① 600÷20＝

② 100÷25＝

③ 300÷15＝

④ 350÷7＝

2 次の計算をしましょう。 （各6点）

① 32)416

② 24)552

③ 41)738

④ 67)871

⑤ 16)576

⑥ 49)784

3 次の計算をしましょう。 （各6点）

① 37)984

② 24)691

③ 43)691

④ 34)790

⑤ 24)860

⑥ 16)751

⑦ 35)956

⑧ 36)578

17 わり算⑦

学習日 ／

1回目 ／100点　2回目 ／100点　できた！

答えは159ページ

1 次の計算をしましょう。　（各《かく》10点）

① 54)913

② 36)853

③ 29)802

④ 75)4070

⑤ 17)1492

⑥ 29)2541

⑦ 34)1252

2 800まいの折《お》り紙があります。15まいで1つのかざりができるとすると、かざりはいくつできますか。　（10点）

式

答え ＿＿＿＿＿＿＿＿

3 242人の子どもを1きゃく4人がけのいすにすわらせます。全員すわるには何きゃくのいすがいりますか。　（10点）

式

答え ＿＿＿＿＿＿＿＿

4 210この荷物があります。トラック1台に箱の荷物を24こつんで運ぶことができます。すべての荷物を運ぶには、何台のトラックが必要《ひつよう》ですか。　（10点）

式

答え ＿＿＿＿＿＿＿＿

18 倍の計算

学習日 /

1回目 /100点

答えは159ページ

2回目 /100点

1 長さのちがう3本のテープがあります。 (各《かく》16点)

① 白色テープは、40cm、赤色テープは80cmでした。赤色テープは白色テープの何倍ですか。

式

答え

② 青色テープは、20cmでした。白色テープは、青色テープの何倍ですか。

式

答え

③ 赤色テープは青色テープの何倍ですか。

式

答え

2 ビン入りのキャンディーの数は、48こです。これは、カン入りの2倍です。
ふくろ入りのキャンディーは、カン入りの3倍です。ふくろ入りのキャンディーは、何こありますか。 (20点)

式

答え

3 テレビとうの高さは120mで、これはデパートの高さの4倍にあたります。デパートの高さは、学校の高さの2倍にあたります。 (各16点)

① 学校の高さは、何mですか。

式

答え

② テレビとうは、学校の何倍の高さになりますか。

式

答え

19 直方体・立方体 ①

学習日 ／

1回目 ／100点

答えは159ページ

2回目 ／100点

できた!

1 次の直方体・立方体の見取図を完成《かんせい》させましょう。（各《かく》10点）

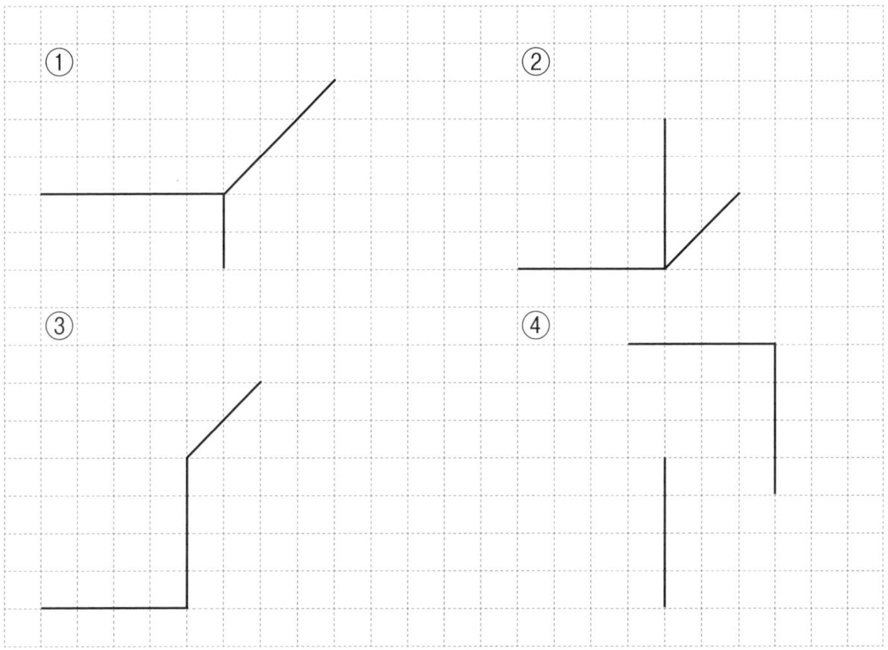

2 下の直方体の展開図《てんかいず》を組み立てます。（（　）…各６点）

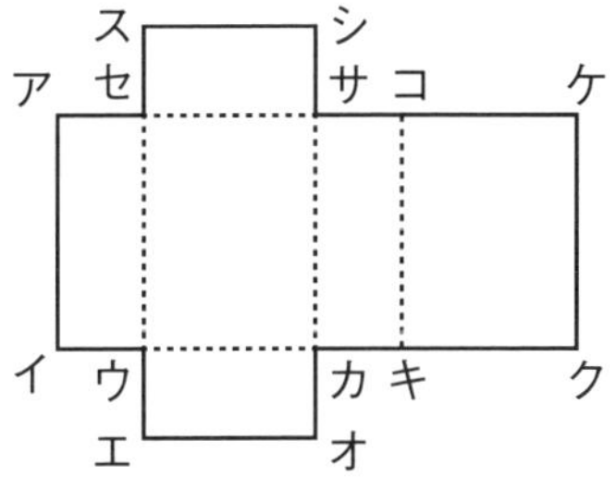

① 点スと重なる点はどれですか。

（点　　　）（点　　　）

② 点イと重なる点はどれですか。

（点　　　）（点　　　）

③ 辺キクと重なる辺《へん》はどれですか。　（辺　　　　　）

3 次の直方体の展開図をかきましょう。（15点）

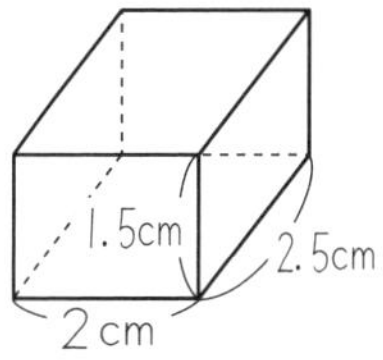

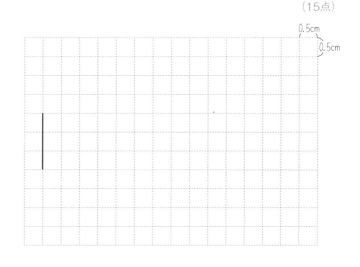

4 1辺の長さが1.5cmの立方体の展開図をかきましょう。（15点）

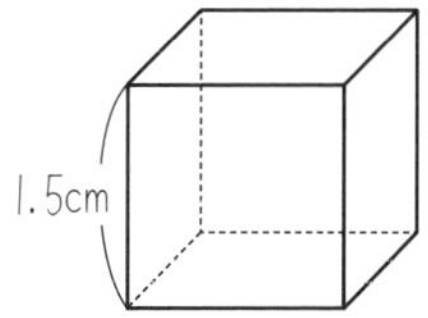

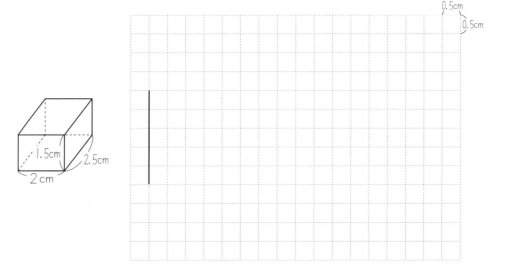

20 直方体・立方体 ②

学習日　／

1回目　／100点

答えは159ページ

2回目　／100点

算数

1 直方体や立方体の向かい合った２つの面は平行です。（各《かく》10点）

① 面**アイウエ**に平行な面はどれですか。

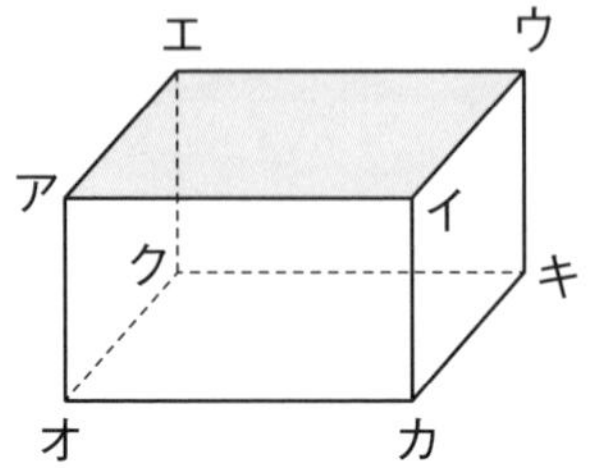

＿＿＿＿＿＿

② 面**エクキウ**に平行な面はどれですか。

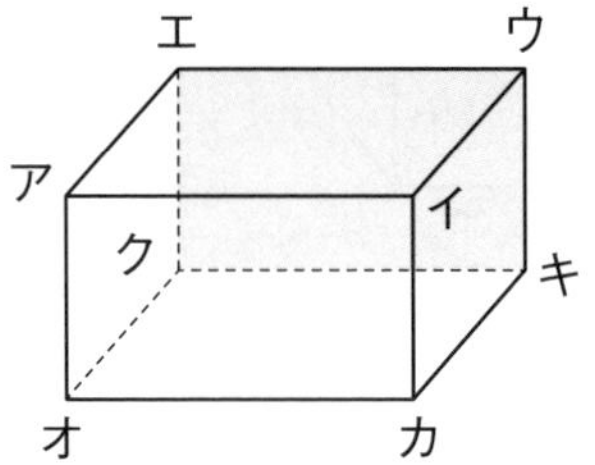

＿＿＿＿＿＿

2 直方体や立方体のとなり合った２つの面は垂直《すいちょく》です。（各20点）

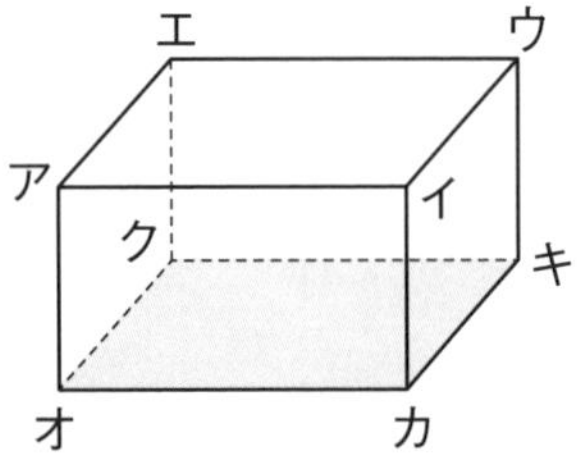

① 面**オカキク**に垂直な面はどれですか。

＿＿＿＿＿＿　＿＿＿＿＿＿

＿＿＿＿＿＿　＿＿＿＿＿＿

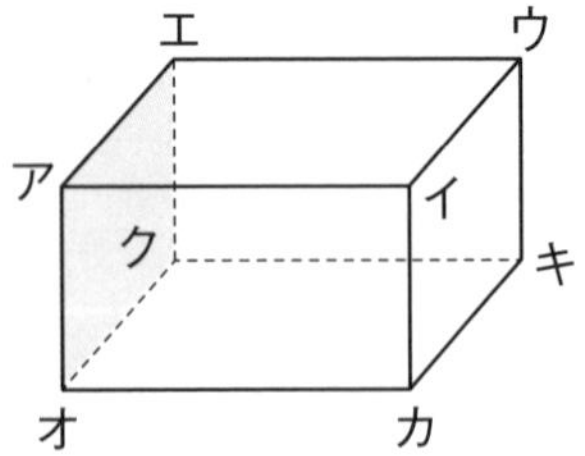

② 面**アオクエ**に垂直な面はどれですか。

＿＿＿＿＿＿　＿＿＿＿＿＿

＿＿＿＿＿＿　＿＿＿＿＿＿

3 直方体があります。面**イカキウ**に垂直な辺《へん》はどれですか。（20点）

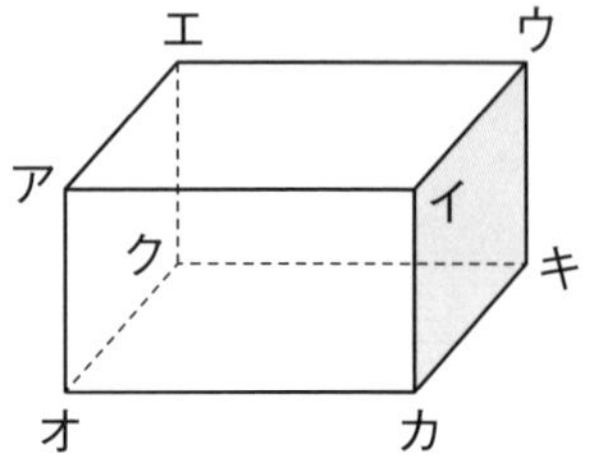

＿＿＿＿＿＿　＿＿＿＿＿＿

＿＿＿＿＿＿　＿＿＿＿＿＿

4 直方体があります。（各10点）

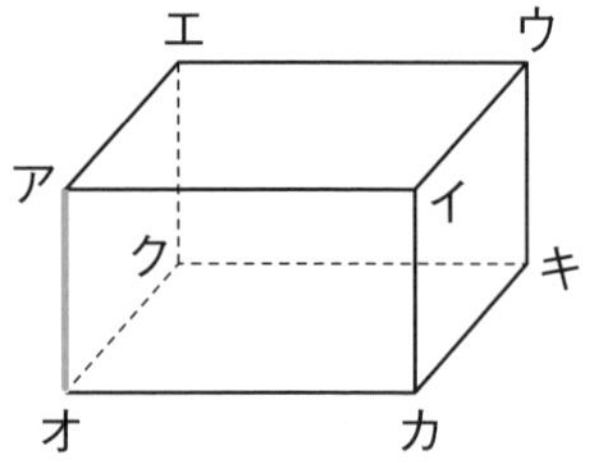

① 辺**アオ**に垂直な辺はどれですか。

＿＿＿＿＿＿　＿＿＿＿＿＿

＿＿＿＿＿＿　＿＿＿＿＿＿

② 辺**アオ**に平行な辺はどれですか。

＿＿＿＿＿＿　＿＿＿＿＿＿　＿＿＿＿＿＿

21 直方体・立方体 ③

学習日 ／

1回目 ／100点　答えは 159ページ　2回目 ／100点

できた！

1 右の展開《てんかい》図《ず》を組み立てると直方体ができます。（各《かく》10点）

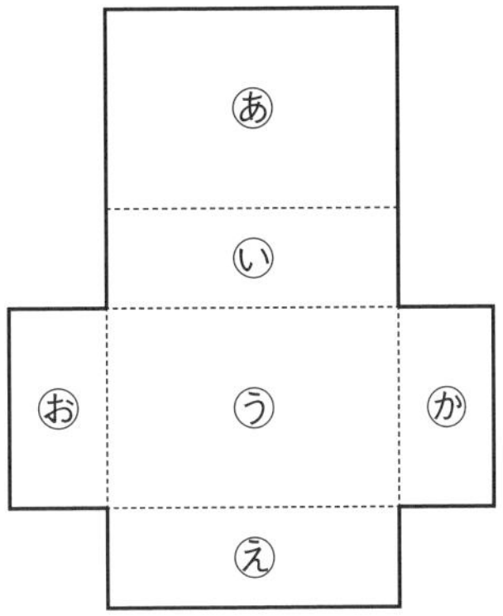

① 面あに平行な面はどれですか。

＿＿＿＿＿＿

② 面いに平行な面はどれですか。

＿＿＿＿＿＿

③ 面おに平行な面はどれですか。

＿＿＿＿＿＿

④ 面うに垂直《すいちょく》な面は４つあります。どれですか。

＿＿＿＿　＿＿＿＿　＿＿＿＿　＿＿＿＿

⑤ 面いに垂直な面は４つあります。どれですか。

＿＿＿＿　＿＿＿＿　＿＿＿＿　＿＿＿＿

2 右の展開図を組み立てると立方体ができます。（各10点）

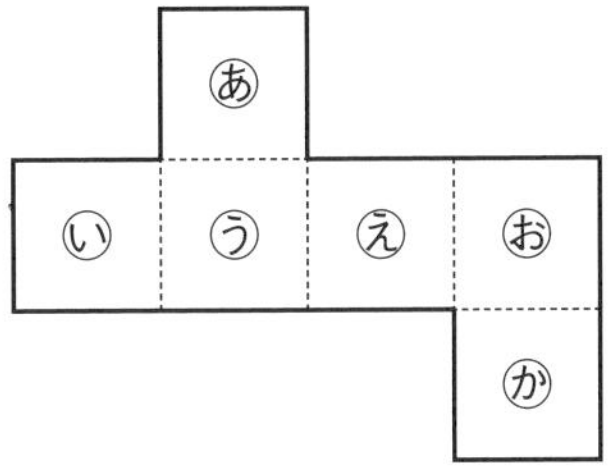

① 面あに平行な面はどれですか。

＿＿＿＿＿＿

② 面いに平行な面はどれですか。

＿＿＿＿＿＿

③ 面うに平行な面はどれですか。

＿＿＿＿＿＿

④ 面うに垂直な面は４つあります。どれですか。

＿＿＿＿　＿＿＿＿　＿＿＿＿　＿＿＿＿

⑤ 面えに垂直な面は４つあります。どれですか。

＿＿＿＿　＿＿＿＿　＿＿＿＿　＿＿＿＿

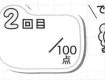

答えは159ページ

22 位置の表し方

1 1cmの方がん紙の上にある●の位置《いち》は、右の図のように表せます。

点0をもとにすると、(横3cm，たて5cm)と表すこともできます。

後の問いに答えましょう。

(各《かく》10点)

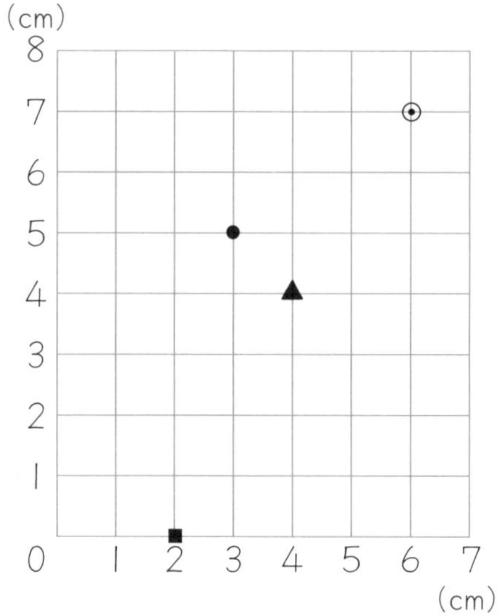

① 点0をもとにして、▲の位置を表しましょう。

(横　　　　，たて　　　　)

② 点0をもとにして、⊙の位置を表しましょう。

(横　　　　，たて　　　　)

③ 点0をもとにして、■の位置を表しましょう。

(横　　　　，たて　　　　)

④ 点0をもとにして、(横0cm，たて4cm)の位置に、×をつけましょう。

⑤ 点0をもとにして、(横6cm，たて0cm)の位置に、⊗をつけましょう。

2 ●の位置の表し方は、点0をもとにして、(横3cm，たて2cm，高さ3cm)です。後の問いに答えましょう。

(各10点)

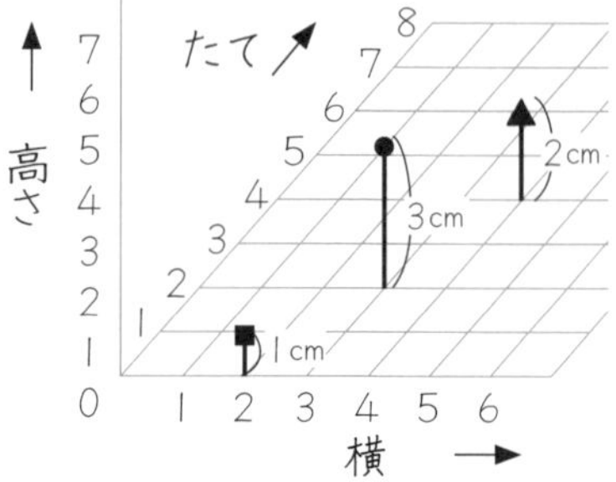

① ↑の位置を表しましょう。

(横　　　　，たて　　　　，高さ　　　　)

② ▮の位置を表しましょう。

(横　　　　，たて　　　　，高さ　　　　)

3 点㋐をもとにして、㋑、㋒、㋓の位置を表しましょう。

(各10点)

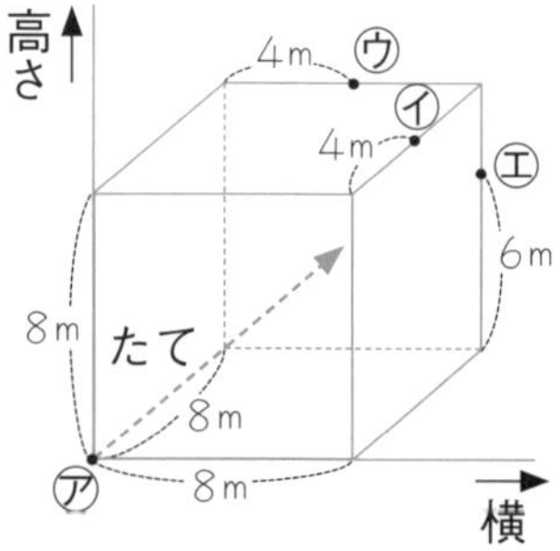

㋑ (横　　　　，たて　　　　，高さ　　　　)

㋒ (横　　　　，たて　　　　，高さ　　　　)

㋓ (横　　　　，たて　　　　，高さ　　　　)

23 面積 ①

学習日 ／

1回目 ／100点　答えは159ページ　2回目 ／100点

できた！

1 次の面積《めんせき》は、何cm²ですか。　（各《かく》5点）

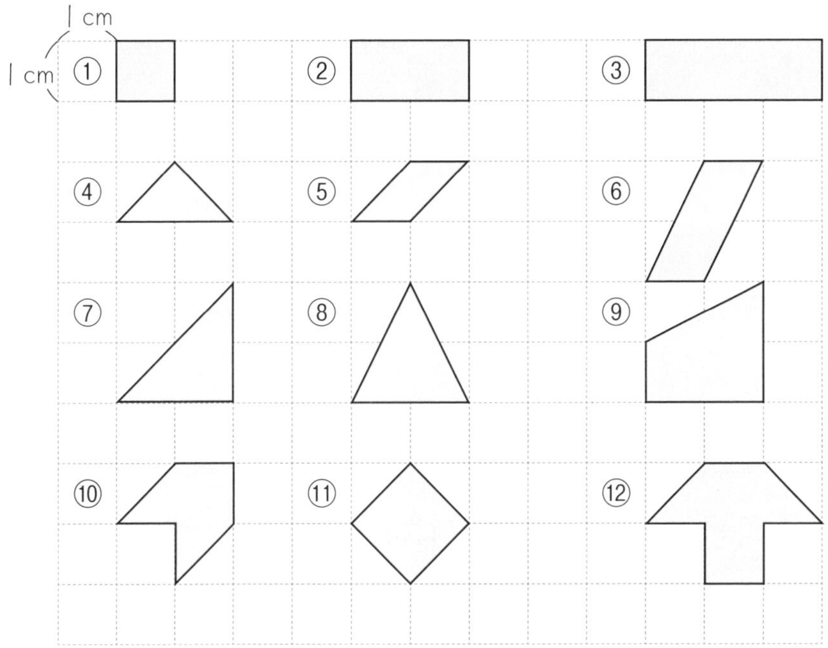

① ＿＿＿＿　② ＿＿＿＿　③ ＿＿＿＿

④ ＿＿＿＿　⑤ ＿＿＿＿　⑥ ＿＿＿＿

⑦ ＿＿＿＿　⑧ ＿＿＿＿　⑨ ＿＿＿＿

⑩ ＿＿＿＿　⑪ ＿＿＿＿　⑫ ＿＿＿＿

2 次の長方形や正方形の面積を求《もと》めましょう。　（各8点）

①
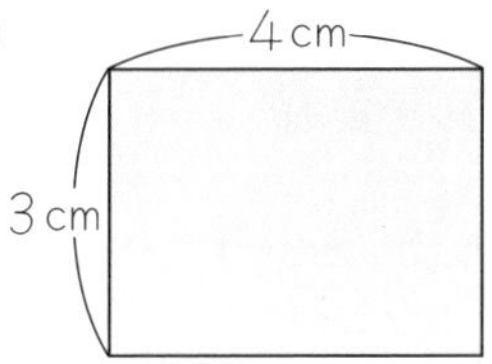

式

答え ＿＿＿＿

②
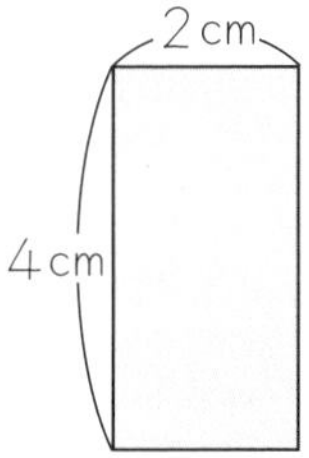

式

答え ＿＿＿＿

③
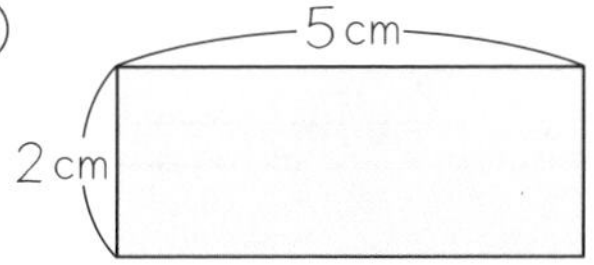

式

答え ＿＿＿＿

④
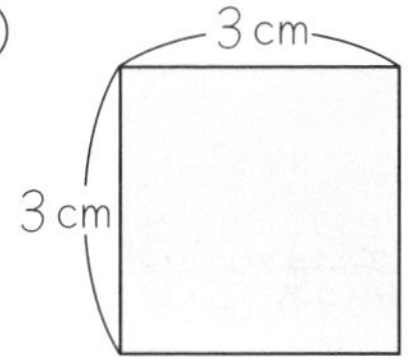

式

答え ＿＿＿＿

⑤
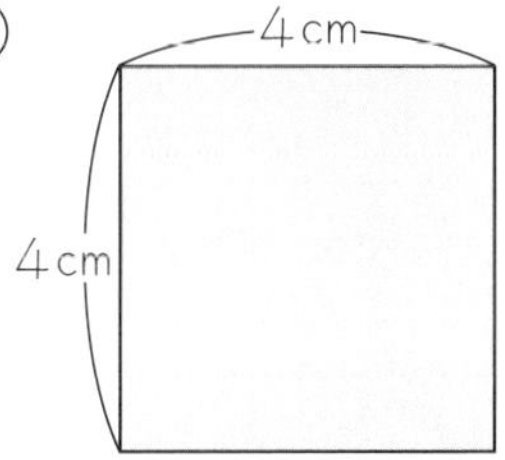

式

答え ＿＿＿＿

24 面積 ②

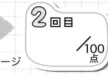

1 下の図形の面積《めんせき》を次の方法《ほうほう》で求《もと》めましょう。 （各《かく》20点）

①

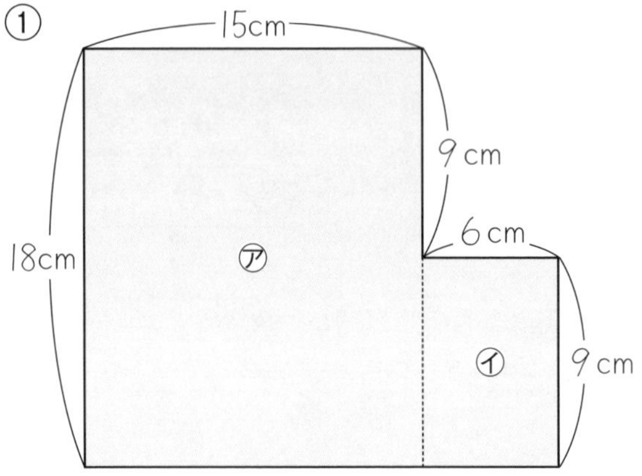

㋐＋㋑

㋐の面積

㋑の面積

答え

②

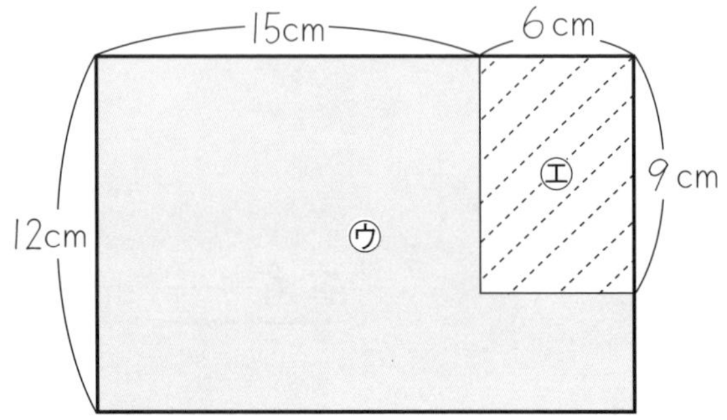

㋒－㋓

㋒の面積（□の面積）

㋓の面積（▨の部分のみ）

答え

2 次の図形の□の面積を求めましょう。 （各20点）

①

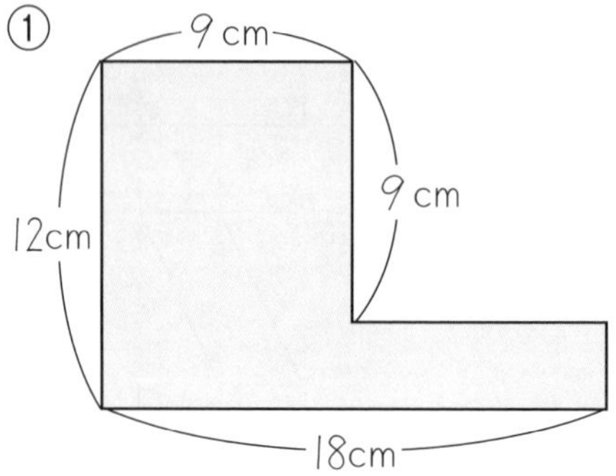

式

答え

②

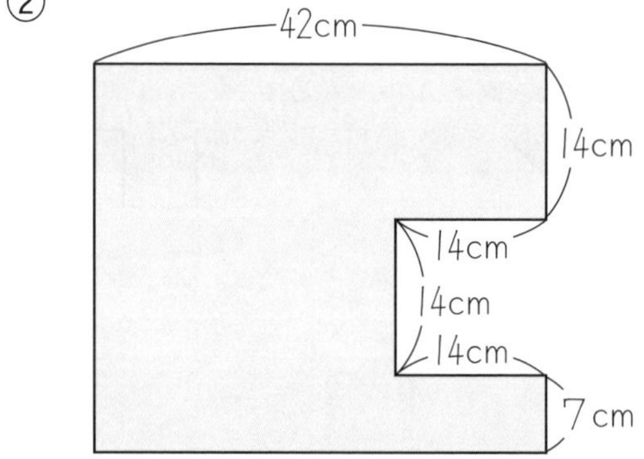

式

答え

③

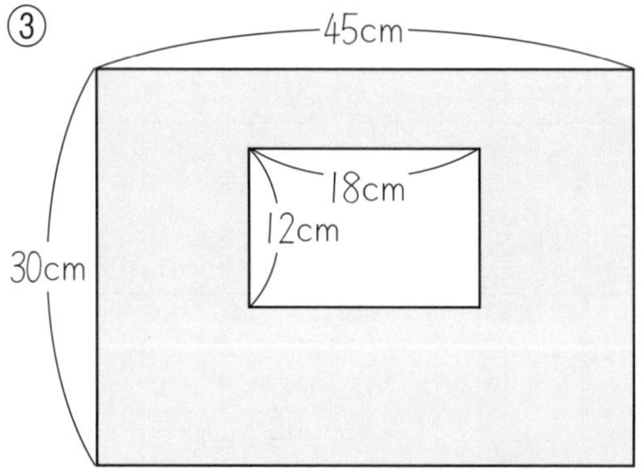

式

答え

25 面積③

学習日　／

1回目　／100点

答えは160ページ

2回目　／100点

できた!

1 次の図形の□の面積《めんせき》を求《もと》めましょう。（各《かく》20点）

①

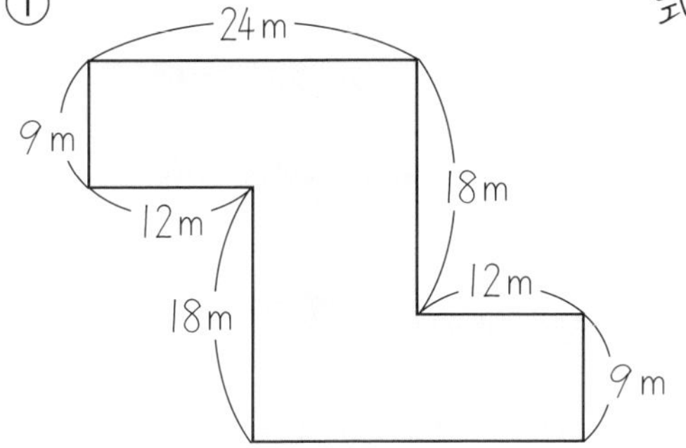

式

答え

②

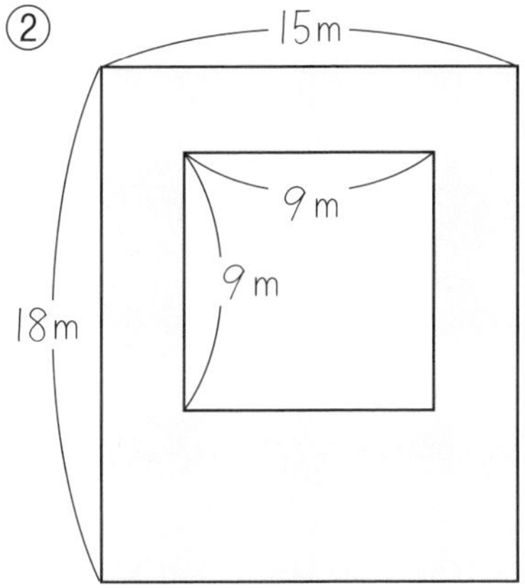

式

答え

③

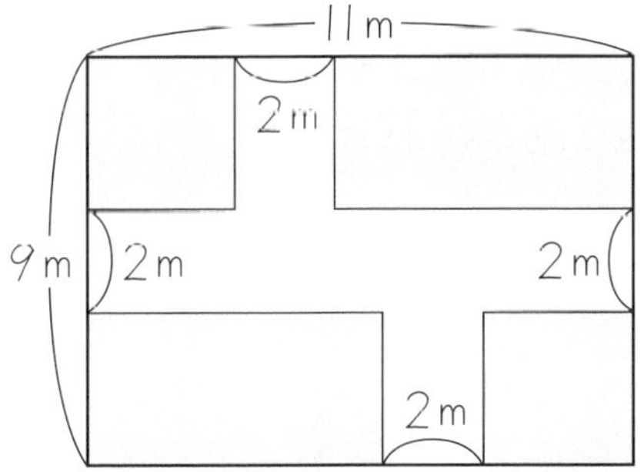

式

答え

2 次の図形の面積は何cm^2ですか。また、それは何m^2ですか。（各10点）

①

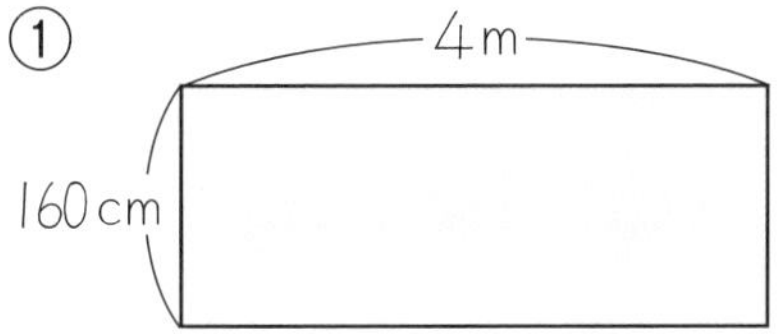

式

答え　　　cm^2,　　　m^2

② たてが3m、横が60cmの長方形

式

答え　　　cm^2,　　　m^2

3 次の土地の面積は何m^2ですか。また、それは何km^2ですか。（各10点）

①

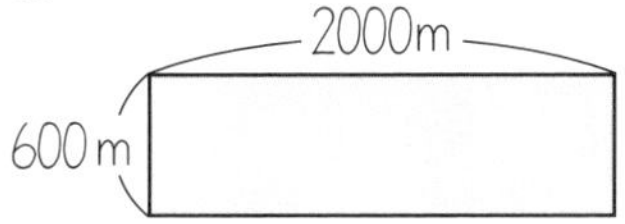

式

答え　　　m^2,　　　km^2

②

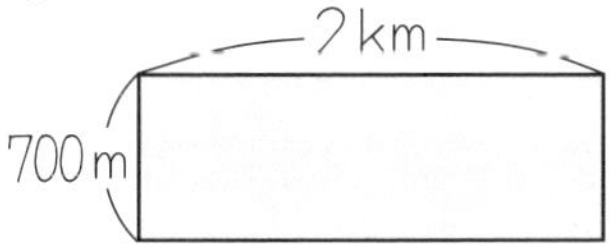

式

答え　　　m^2,　　　km^2

26 面積④

1 たて30m、横40mの長方形の畑があります。

① この畑の面積《めんせき》は、何m^2ですか。（10点）

式

答え ＿＿＿＿＿＿

② この畑の面積は、何aですか。（10点）

式

答え ＿＿＿＿＿＿

2 右のような形をしたぶどう畑があります。
このぶどう畑の面積は、何aですか。（15点）

式

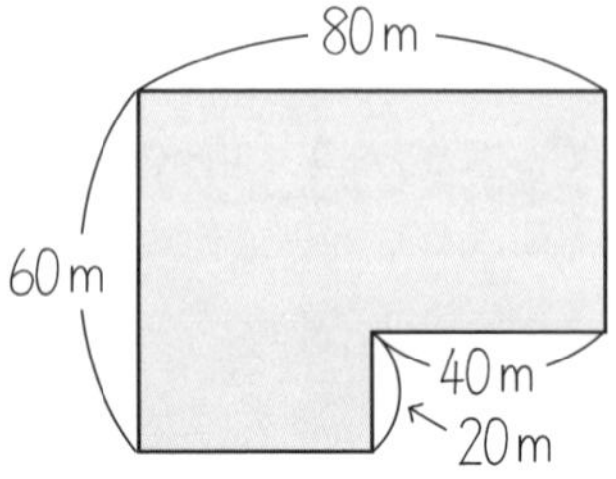

答え ＿＿＿＿＿＿

3 右のような、長方形の公園があります。横の長さは何mですか。（15点）

式

答え ＿＿＿＿＿＿

4 たて700m、横600mの長方形の植物園があります。

① この植物園の面積は、何m^2ですか。（10点）

式

答え ＿＿＿＿＿＿

② この植物園の面積は、何haですか。（10点）

式

答え ＿＿＿＿＿＿

5 たて800m、横1250mの長方形の農場があります。
この農場の面積は何haですか。（15点）

式

答え ＿＿＿＿＿＿

6 面積が15haの長方形の土地があります。
たての長さは250mです。横の長さは何mですか。（15点）

式

答え ＿＿＿＿＿＿

27 折れ線グラフ ①

学習日 ／

1回目 ／100点　答えは160ページ　2回目 ／100点

できた！

1 次の折《お》れ線グラフを見て後の問いに答えましょう。（各《かく》10点）

1年間の気温の変《か》わり方（東京）

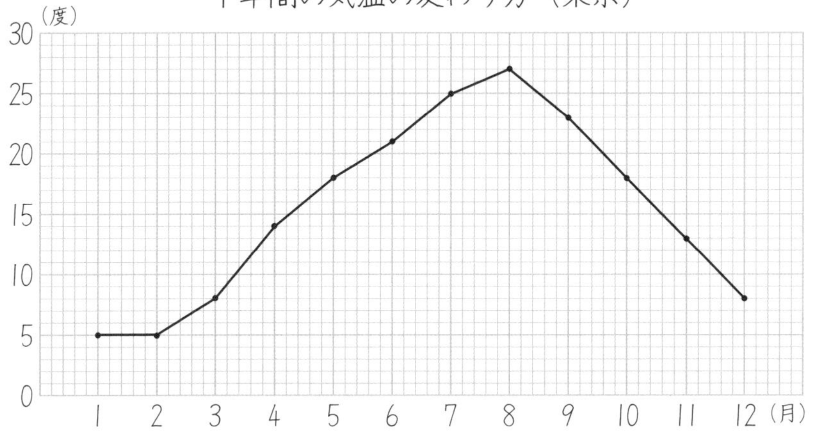

① 横のじくは何を表していますか。

（　　　　　　）

② たてのじくは何を表していますか。

（　　　　　　）

③ たてのじくの1めもりは、何度を表していますか。

（　　　　　　）

④ 3月の気温は何度ですか。

（　　　　　　）

⑤ 気温が上がっているのは、何月から何月まででですか。

（　　　　　　）

⑥ 気温が下がっているのは、何月から何月まででですか。

（　　　　　　）

⑦ 気温が変わっていないのは、何月から何月まででですか。

（　　　　　　）

2 （　　）にあてはまる言葉を［　　］から選《えら》んでかきましょう。

（各10点）

折れ線グラフでは、線の（①　　　　）で変わり方がわかります。

また、線の（①）が（②　　　　）であるほど、変わり方が（③　　　　）ことを表しています。

大きい	かたむき	急

28 折れ線グラフ ②

学習日 ／

1回目 ／100点

答えは160ページ

2回目 ／100点

できた！

次の折《お》れ線グラフは、夏の気温の変《か》わり方とプールの水温の変わり方を表したものです。後の問いに答えましょう。

気温の変わり方とプールの水温の変わり方

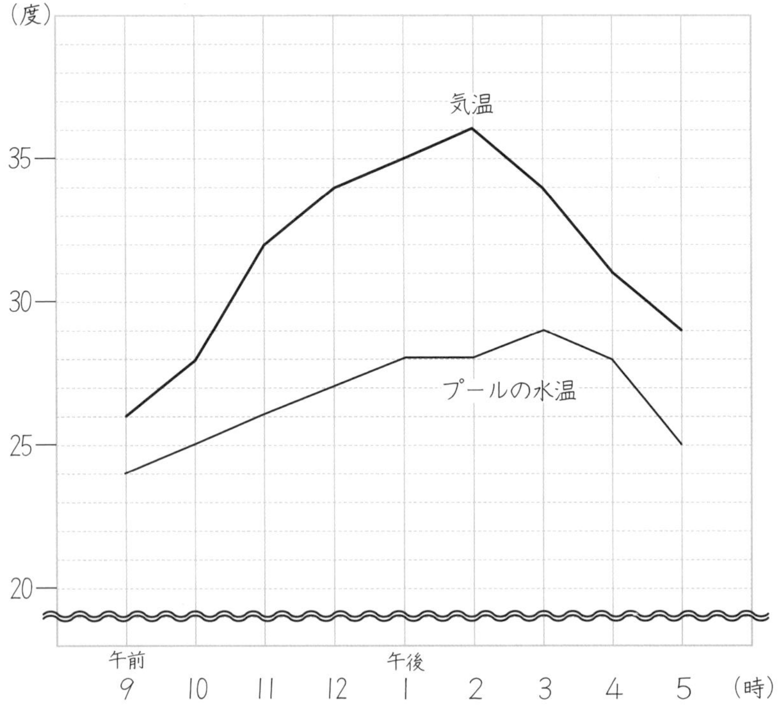

① このグラフの表題は何ですか。 （10点）

（　　　　　　　　　　　　）

② 気温が一番高かったのは、何時で何度ですか。 （10点）

（　　　　　　　　）

③ プールの水温が一番高かったのは、何時で何度ですか。 （10点）

（　　　　　　　　）

④ 午前９時から、午後２時までの間で、気温が急に上がったのは何時から何時までですか。 （10点）

（　　　　　　　　）

⑤ プールの水温の変わり方が一番大きいのは、何時から何時までですか。 （10点）

（　　　　　　　　）

⑥ 午前11時の気温とプールの水温のちがいは何度ですか。 （10点）

（　　　　）

⑦ 午前９時から午後２時までの間で、気温の変わり方とプールの水温の変わり方は、どちらが大きいですか。 （20点）

（　　　　）

⑧ 気温とプールの水温の、温度のちがいが一番大きかったのは、何時で、温度のちがいは何度ですか。 （20点）

（　　　　　　　　）

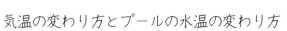

29 折れ線グラフ ③

1 次の表を見て（　　）には単位《たんい》、□には数字、▭には表題をかいてから折《お》れ線グラフを完成《かんせい》させましょう。

（▭…10点　（　）…各《かく》5点　□…各2点　グラフ…10点）

1年間の気温の変《か》わり方（那覇《なは》）

月	1	2	3	4	5	6	7	8	9	10	11	12
気温（度）	18	17	21	22	24	28	28	28	28	26	23	18

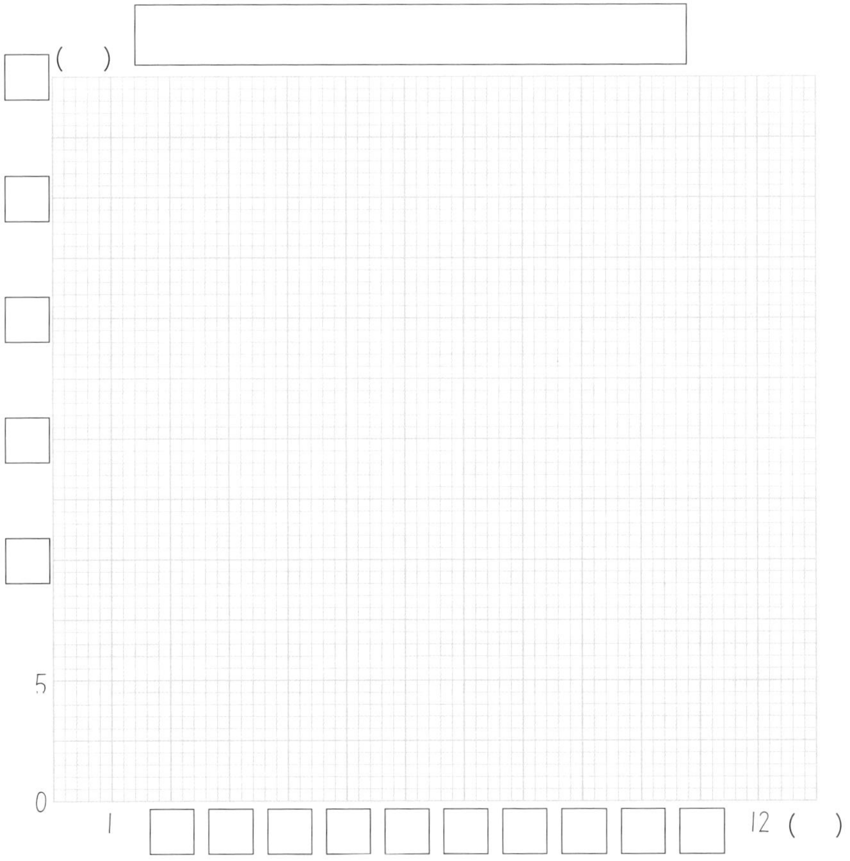

2 よう子さんは、重さが65gの同じ2まいのタオルを水にぬらして1まいは広げて、もう1まいは2つ折りにして、ほしました。2まいのタオルのかわき方をくらべましょう。

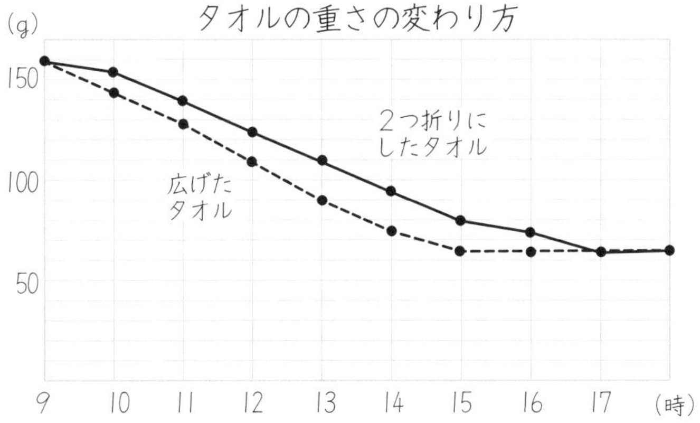

① 水にぬらしたタオルの重さは何gですか。（10点）

（　　　　　　）

② 広げたタオルがかわききったのは、ほしはじめてから何時間後ですか。また、2つ折りのタオルがかわききったのは、それより何時間後ですか。（各10点）

広げたタオル（　　　　　　）　2つ折りのタオル（　　　　　　）

③ 2つのグラフで、下がり方が急になっているのは、どちらですか。（10点）

（　　　　　　）

30 折れ線グラフ④

1 シドニーと東京の1年間の気温の変《か》わり方をくらべます。

1年間の気温の変わり方（シドニー）

月	1	2	3	4	5	6	7	8	9	10	11	12
気温（度）	22	22	21	18	15	13	12	13	15	18	19	21

① 表を見てシドニーの折《お》れ線グラフをかきましょう。（20点）

1年間の気温の変わり方

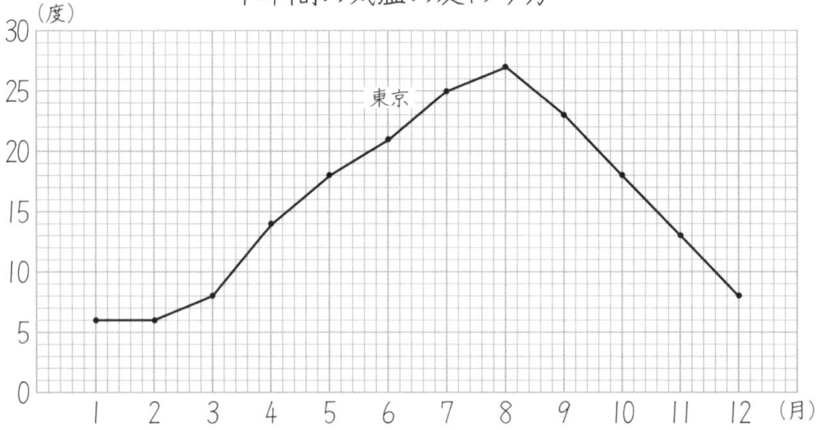

② 8月に気温が高いのは、どちらですか。（10点）

（　　　　　　　）

③ 12月に気温が高いのは、どちらですか。（10点）

（　　　　　　　）

④ 全体的《てき》に気温の変わり方がより大きいのは、どちらですか。（10点）

（　　　　　　　）

⑤ かたむきが一番急なのは、どちらですか。また、それは、何月から何月にかけてですか。（10点）

（　　　　　　　）

2 次のことがらをグラフに表そうと思います。折れ線グラフに表す方がよいと思われるものに○、ぼうグラフに表す方がよいと思われるものに△を（　）にかきましょう。（各《かく》8点）

① （　） 毎朝9時にはかった気温の1カ月の記録《きろく》

② （　） ただしさんのはんの人の体重の記録

③ （　） 日本の車の年間生産《せいさん》台数の10年間の記録

④ （　） いろいろな山の高さの記録

⑤ （　） 同じ時こくのいろいろな場所の気温の記録

31 資料の整理 ①

1 4年生20人にいちご、なし、りんご、バナナ、ぶどうのうち一番好《す》きなくだものをカードにかいてもらいました。

いちご	な　し	いちご	バナナ
な　し	りんご	バナナ	な　し
りんご	いちご	りんご	ぶどう
いちご	バナナ	な　し	いちご
バナナ	な　し	ぶどう	な　し

① 次の表にまとめて、整理しましょう。（各《かく》6点）

くだもの	人数（人）	
いちご	正	5
な　し		
りんご		
バナナ		
ぶどう		
合計	20（人）	

② 一番多いのは、どのくだものですか。（10点）

答え＿＿＿＿＿＿

2 男子15人、女子17人に、りんごとバナナのどちらが好きかをたずねました。すると、りんごが好きと答えた人は14人でした。バナナが好きと答えた人は18人で、そのうち9人が男子でした。

次の表の①～④にあてはまる数を求《もと》めましょう。（各6点）

	男（人）	女（人）	合　計
りんごが好き	①	②	14
バナナが好き	9	③	18
合　計	15	17	④

3 男子18人、女子22人に、犬とねこのどちらが好きかをたずねました。すると、犬が好きと答えたのは19人でした。ねこが好きと答えたのは21人で、そのうち13人は女子でした。

次の表の①～⑥にあてはまる数を求めましょう。（各6点）

	男（人）	女（人）	合　計
犬が好き	①	②	19
ねこが好き	③	13	④
合　計	18	⑤	⑥

32 資料の整理 ②

答えは161ページ

ただしさんの学校で、1週間にけがをした人の学年、けがをした場所、けがの種類《しゅるい》を記録《きろく》しました。

学年	場所	けがの種類	✓	学年	場所	けがの種類	✓
2	教　室	すりきず		1	階だん	すりきず	
3	運動場	打ぼく		3	ろうか	すりきず	
6	体育館	こっせつ		1	ろうか	打ぼく	
1	教　室	すりきず		3	運動場	こっせつ	
4	運動場	こっせつ		3	体育館	こっせつ	
2	ろうか	すりきず		1	教　室	すりきず	
5	体育館	ねんざ		2	階だん	すりきず	
4	教　室	すりきず		4	体育館	ねんざ	
3	ろうか	打ぼく		5	教　室	すりきず	

① けがをした場所と種類を次の表にかきましょう。（20点）

	すりきず	打ぼく	こっせつ	ねんざ	合　計
教　室					
運動場					
体育館					
ろうか					
階だん					
合　計					

② けがをした場所は、どこが一番多かったですか。（15点）

（　　　　　　）

③ けがの種類は、何が一番多かったですか。（15点）

（　　　　　　）

④ 学年とけがをした場所を次の表にかきましょう。（20点）

	教　室	運動場	体育館	ろうか	階だん	合　計
1年						
2年						
3年						
4年						
5年						
6年						
合計						

⑤ 何年生が一番多くけがをしていますか。（15点）

（　　　　　　）

⑥ けがが一番少ないのは何年生ですか。（15点）

（　　　　　　）

33 小数のたし算・ひき算 ①

学習日　／

1回目　／100点　答えは161ページ　2回目　／100点

1 (　　)の中の単位《たんい》に合わせて小数にしましょう。 (各《かく》5点)

① 3m45cm　(　　　m)

② 31cm　(　　　m)

③ 2cm6mm　(　　　m)

④ 5kg428g　(　　　kg)

⑤ 536g　(　　　kg)

2 次の□にあてはまる数をかきましょう。 (各5点)

① 0.07は、0.01が□こ集まった数です。

② 0.23は、0.01が□こ集まった数です。

③ 0.005は、0.001が□こ集まった数です。

④ 0.039は、0.001が□こ集まった数です。

⑤ 0.1が3こと、0.01が1こと、0.001が4こ合わせた数は□です。

3 1めもりが0.01の数直線があります。次のめもりを読みましょう。 (各5点)

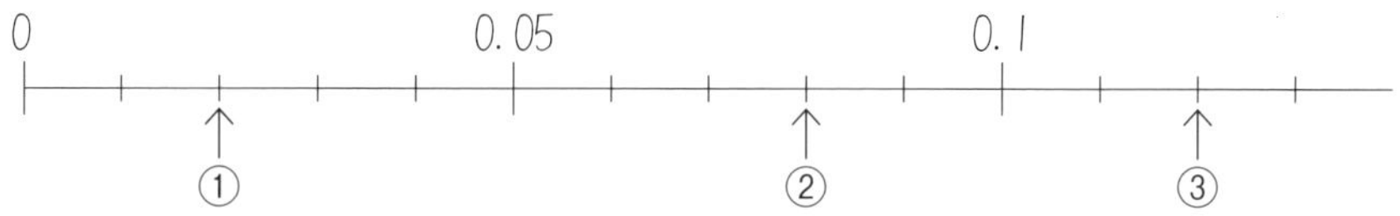

① ＿＿＿＿　② ＿＿＿＿　③ ＿＿＿＿

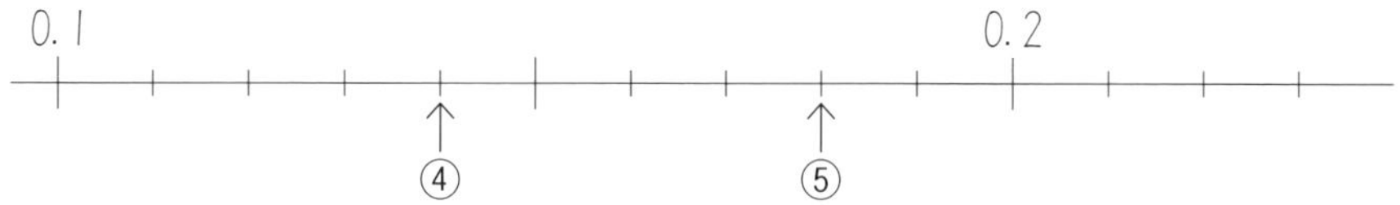

④ ＿＿＿＿　⑤ ＿＿＿＿

4 1めもりが0.001の数直線があります。次のめもりを読みましょう。 (各5点)

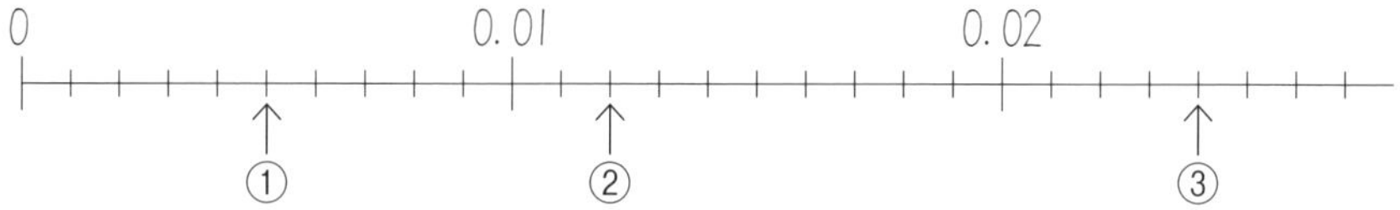

① ＿＿＿＿　② ＿＿＿＿　③ ＿＿＿＿

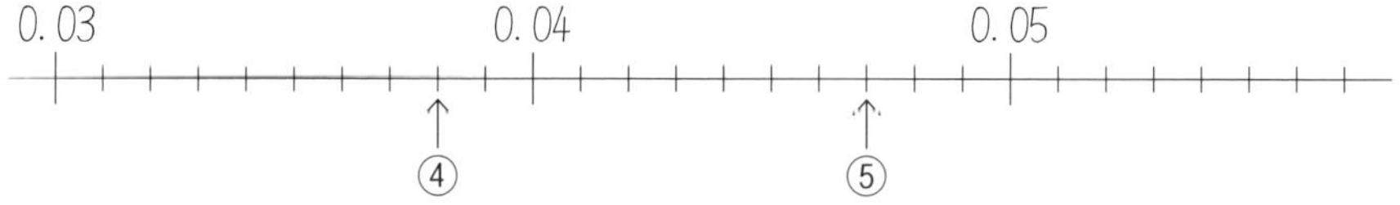

④ ＿＿＿＿　⑤ ＿＿＿＿

34 小数のたし算・ひき算②

学習日 ／

1回目 ／100点

答えは161ページ

2回目 ／100点

1 次の計算をしましょう。 (各《かく》4点)

① 3.54 + 1.23

② 4.03 + 2.51

③ 7.34 + 2.13

④ 4.53 + 5.28

⑤ 3.74 + 2.73

⑥ 4.83 + 1.98

⑦ 2.78 + 4.67

⑧ 0.08 + 0.07

⑨ 0.48 + 0.99

⑩ 7.43 + 1.57

2 重さ0.38kgのお皿に2.7kgのくだものをのせました。合わせて何kgですか。 (10点)

式

答え

3 次の計算をしましょう。 (各4点)

① 4.38 − 2.13

② 7.45 − 3.24

③ 6.79 − 1.57

④ 6.23 − 3.42

⑤ 1.43 − 0.76

⑥ 2.47 − 1.69

⑦ 4.02 − 2.56

⑧ 1.03 − 0.88

⑨ 6 − 0.78

⑩ 7 − 2.96

4 2.5mのリボンがあります。このリボンから、0.75mを切りとりました。残《のこ》りは何mですか。 (10点)

式

答え

35 小数のかけ算・わり算①

学習日 ／

1回目 ／100点

答えは161ページ

2回目 ／100点

できた！

1 次の計算をしましょう。 (各《かく》4点)

① 0.6 × 5

② 0.5 × 4

③ 0.2 × 5

④ 0.5 × 8

⑤ 1.5 × 4

⑥ 2.5 × 2

⑦ 4.5 × 6

⑧ 8.2 × 5

⑨ 3.2 × 5

⑩ 6.5 × 4

⑪ 3.8 × 5

⑫ 2.5 × 8

⑬ 3.05 × 4

⑭ 4.06 × 5

⑮ 9.25 × 2

2 次の計算をしましょう。 (各5点)

① 9.9 × 25

② 6.4 × 48

③ 6.4 × 94

④ 2.5 × 49

⑤ 9.6 × 36

⑥ 4.8 × 84

⑦ 2.8 × 45

⑧ 6.5 × 42

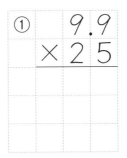

36 小数のかけ算・わり算 ②

学習日 /

1回目 /100点 → 答えは161ページ → 2回目 /100点

1 次の計算を筆算でしましょう。 （各《かく》5点）

① 0.8×7　② 0.4×5　③ 0.1×4

④ 0.98×32　⑤ 1.01×86　⑥ 2.43×41

2 リボンを3.6mずつ、23人に配ります。リボンは全部で何mいりますか。 （15点）

式

答え

3 一日に牛にゅうを4.7dL飲みます。２週間では、何dL飲みますか。 （15点）

式

答え

4 次の計算をしましょう。 （各5点）

① 4)1.6　② 5)3.5　③ 8)2.4

④ 7)4.2　⑤ 3)1.2　⑥ 6)5.4

⑦ 4)7.2　⑧ 3)7.8

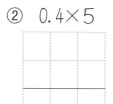

37 小数のかけ算・わり算 ③

学習日 ／

1回目 ／100点

答えは161ページ

2回目 ／100点

できた！

1 次の計算をしましょう。 (各《かく》5点)

① 24)31.2

② 84)92.4

③ 44)57.2

④ 5)19.5

⑤ 74)70.3

2 商を小数第一位《だいいちい》まで計算し、あまりも求《もと》めましょう。 (各10点)

① 24)30.5

② 45)62.6

③ 32)51.7

3 62.1kgの米を27まいのふくろに等分しました。1ふくろ分の米の重さは何kgになりますか。 (15点)

式

答え

4 28.3kgの豆を4kgずつふくろに入れます。残《のこ》らず全部ふくろに入れるとき、何ふくろいりますか。 (15点)

式

答え

5 13.5mのリボンがあります。4mずつ切っていくと、リボンは何本できて何mあまりますか。 (15点)

式

答え

38 少数倍

学習日　／

1回目　／100点

答えは161ページ

2回目　／100点

できた！

1 長さのちがう３本のテープがあります。白・黄のテープの長さは、それぞれ赤の長さの何倍になりますか。（各《かく》20点）

赤	10cm
白	12cm
黄	16cm

① 赤のテープの長さを１倍とすると、白色のテープの長さは、何倍になりますか。

式

答え

② 赤のテープの長さを１とすると、黄色のテープの長さは、何倍になりますか。

式

答え

2 ３つのペットボトルに飲み物が入っています。コーラは500mL、お茶は600mL、オレンジジュースは1800mLです。

（各20点）

① コーラの量《りょう》を１倍とすると、お茶はコーラの何倍の量になりますか。

式

答え

② オレンジジュースは、コーラの何倍の量になりますか。

式

答え

③ オレンジジュースは、お茶の何倍の量になりますか。

式

答え

39 分数のたし算・ひき算 ①

学習日 ／

1回目 ／100点

答えは161ページ

2回目 ／100点

1 次の線分図を使って、帯分数《たいぶんすう》と仮《か》分数をくらべましょう。（各《かく》4点）

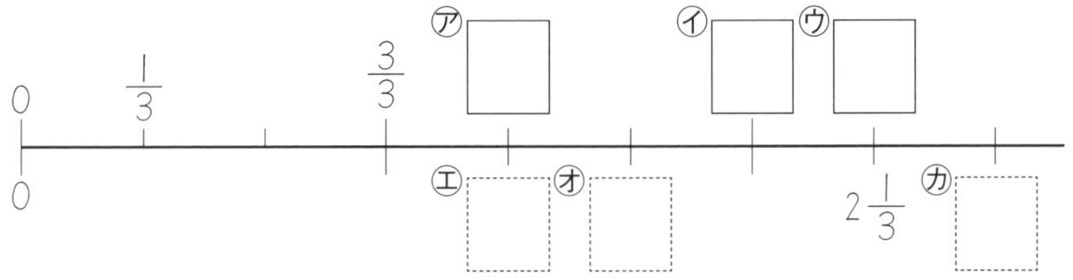

① □にあてはまる仮分数をかきましょう。

② □にあてはまる帯分数をかきましょう。

2 次の仮分数を帯分数に直しましょう。（各5点）

① $\frac{5}{3}=$　② $\frac{13}{10}=$　③ $\frac{9}{7}=$

④ $\frac{13}{6}=$　⑤ $\frac{20}{9}=$

3 次の帯分数を仮分数に直しましょう。（各5点）

① $1\frac{2}{5}=$　② $1\frac{7}{8}=$　③ $1\frac{1}{6}=$

④ $2\frac{2}{9}=$　⑤ $2\frac{7}{10}=$

4 下の数直線を見て答えましょう。（各4点）

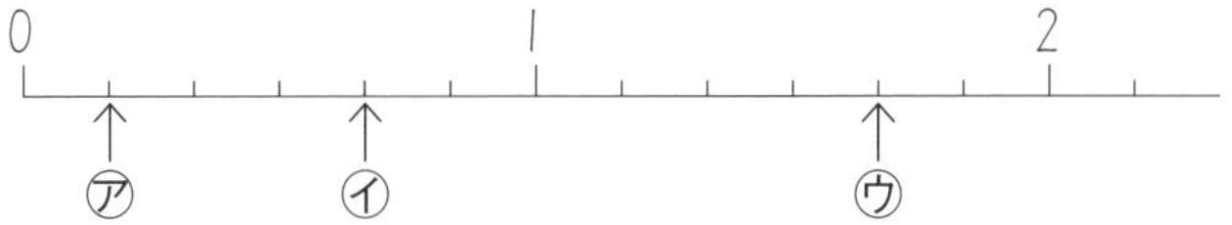

① ㋐～㋒のめもりが表す数を分数でかきましょう。

㋐ □　㋑ □　㋒ □

② $1\frac{1}{6}$を表すめもりに↑をかきましょう。

5 次の分数の大小を□に不等号《ふとうごう》をかいて表しましょう。（各5点）

① （ $\frac{27}{4}$ □ $6\frac{2}{4}$ ）　② （ $3\frac{2}{5}$ □ $\frac{18}{5}$ ）

40 分数のたし算・ひき算②

1 $\frac{11}{4}$を帯分数《たいぶんすう》に直します。

□にあてはまる数や言葉をかきましょう。（各《かく》5点）

・11÷$\boxed{①}$＝2あまり$\boxed{②}$

・商の$\boxed{③}$は帯分数の整数部分に、あまりの3は帯分数の$\boxed{④}$にあたります。

・このことから、$\frac{11}{4}$を帯分数に直すと$\boxed{⑤}$になります。

2 $3\frac{1}{2}$を仮《か》分数に直します。

□にあてはまる数をかきましょう。（各5点）

・3は$\frac{\boxed{①}}{2}$と表せます。

・$3\frac{1}{2}=\frac{\boxed{②}}{2}+\frac{\boxed{③}}{2}$

・このことから、$3\frac{1}{2}$を仮分数に直すと、$\boxed{④}$になります。

3 次の仮分数を帯分数か整数に直しましょう。（各4点）

① $\frac{6}{2}=$　② $\frac{20}{10}=$　③ $\frac{10}{7}=$

④ $\frac{13}{3}=$　⑤ $\frac{15}{9}=$

4 次の帯分数を仮分数に直しましょう。（各4点）

① $1\frac{4}{5}=$　② $2\frac{7}{9}=$　③ $3\frac{1}{6}=$

④ $2\frac{2}{9}=$　⑤ $1\frac{3}{10}=$

5 下の数直線を見て答えましょう。（各5点）

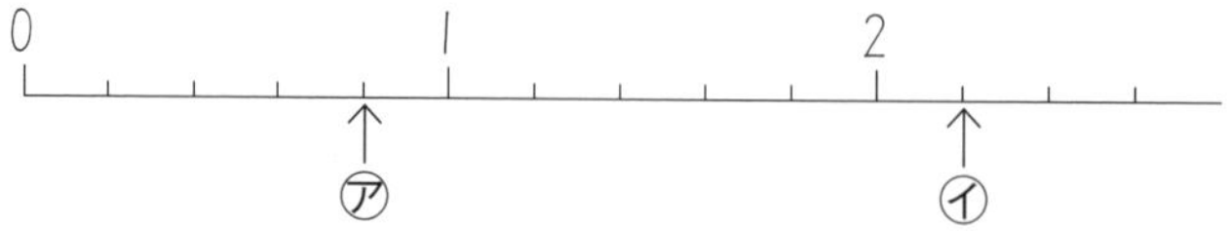

① ㋐、㋑のめもりが表す数を分数でかきましょう。

㋐ □　㋑ □

② $1\frac{3}{5}$を表すめもりに↑をかきましょう。

41 分数のたし算・ひき算 ③

学習日

1回目 /100点

答えは162ページ

2回目 /100点

できた！

1 次の計算をしましょう。整数になるものは整数に直し、仮《か》分数《ぶんすう》は帯《たい》分数に直しましょう。 （各《かく》5点）

① $\frac{5}{8}+\frac{3}{8}=$

② $\frac{4}{6}+\frac{7}{6}=$

③ $\frac{4}{5}+\frac{3}{5}=$

④ $\frac{10}{11}+\frac{12}{11}=$

⑤ $\frac{3}{10}+\frac{7}{10}=$

⑥ $\frac{10}{7}+\frac{5}{7}=$

2 次の計算をしましょう。整数になるものは整数に直し、仮分数は帯分数に直しましょう。 （各5点）

① $\frac{7}{4}-\frac{3}{4}=$

② $\frac{13}{5}-\frac{3}{5}=$

③ $\frac{14}{9}-\frac{5}{9}=$

④ $\frac{23}{10}-\frac{3}{10}=$

⑤ $\frac{15}{11}-\frac{2}{11}=$

⑥ $\frac{19}{8}-\frac{2}{8}=$

3 牛にゅうが$\frac{6}{5}$Lあります。$\frac{3}{5}$L飲むと、残《のこ》りは何Lになりますか。 （10点）

式

答え ＿＿＿＿＿＿＿＿

4 $\frac{5}{7}$mの白いリボンがあります。青いリボンは、白のリボンより$\frac{2}{7}$m長いです。 （各10点）

① □にあてはまる数をかきましょう。

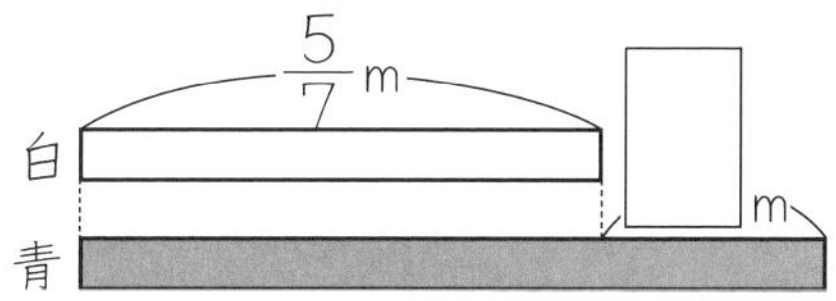

② 青いリボンは何mですか。

式

答え ＿＿＿＿＿＿＿＿

5 $\frac{5}{9}$mの赤いテープがあります。白いテープは、赤いテープより$\frac{7}{9}$m長いです。白いテープは何mですか。 （10点）

式

答え ＿＿＿＿＿＿＿＿

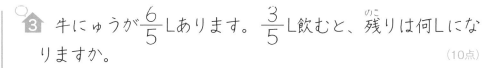

42 分数のたし算・ひき算④

答えは162ページ

1 次の計算をしましょう。整数や帯分数《たいぶんすう》で答えましょう。

（各《かく》7点）

① $1\frac{1}{4}+\frac{2}{4}=$　② $\frac{2}{7}+2\frac{5}{7}=$

③ $2\frac{2}{6}+2\frac{3}{6}=$　④ $2+3\frac{4}{7}=$

⑤ $1\frac{5}{6}+\frac{3}{6}=$

2 次の計算をしましょう。整数や帯分数で答えましょう。

（各7点）

① $2\frac{3}{4}-\frac{2}{4}=$　② $3\frac{5}{6}-2\frac{3}{6}=$

③ $3\frac{2}{5}-\frac{4}{5}=$　④ $2\frac{2}{7}-1\frac{3}{7}=$

⑤ $5-3\frac{3}{4}=$

3 ジュースが2Lありました。兄が$\frac{2}{5}$L、弟が$1\frac{1}{5}$L飲みました。何L残《のこ》っていますか。

（10点）

式

答え ＿＿＿＿＿＿

4 さとうを昨日《きのう》は$1\frac{1}{4}$kg、今日は$2\frac{2}{4}$kg使いました。合わせて、何kg使いましたか。

（10点）

式

答え ＿＿＿＿＿＿

5 油を$2\frac{3}{7}$L使うと、残りが$3\frac{6}{7}$Lになっていました。はじめに何Lあったのでしょう。

（10点）

式

答え ＿＿＿＿＿＿

答えは162ページ

43 式と計算 ①

1 次の計算はどの部分をはじめに計算しますか。その部分に └─┘ の印《しるし》をつけ、□ に答えをかきましょう。 (各《かく》4点)

① 2＋3×6＝□

② (12＋6)×5＝□

③ 36÷(18÷6)＝□

④ 15÷5＋5＝□

⑤ 900÷(82－57)＝□

⑥ 720－(380＋170)＝□

⑦ (46＋28)×19＝□

⑧ 23－(8－5)＝□

⑨ (26×31－206)÷25＝□

⑩ 37＋(30－578÷34)＝□

2 計算の順番《じゅんばん》をかいてから、計算をしましょう。 (各12点)

① 49×17＋67＝

〈例《れい》〉
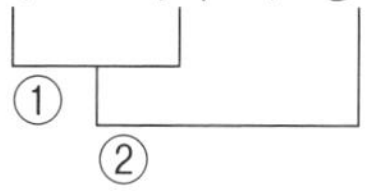

② 14×36＋18×25＝

③ 43×37－31×26＝

④ 245÷7＋265＝

⑤ (7×8－6)÷2＝

44 式と計算②

1 次の計算をしましょう。 （各《かく》6点）

① 50−(23+17)＝

② 100−(36−24)＝

③ 90÷(14−5)＝

④ 30×(26+1)＝

⑤ 180+50×3＝

2 □にあてはまる数をかきましょう。 （各6点）

① (10+3)×16＝10×16+□×16

② 36×4−16×4＝(36−□)×4

③ 18+32＝□+18

④ 19×8＝8×□

⑤ 6.8×5+3.2×5＝(6.8+□)×5

3 次の問題を1つの式で表して計算しましょう。 （各10点）

① 1本80円のえんぴつ6本と、1さつ130円のノートを5さつ買いました。代金はいくらになりますか。

式

答え ＿＿＿＿＿＿

② 折《お》り紙が100まいあります。31人の子どもに、1人2まいずつ配りました。残《のこ》りは何まいですか。

式

答え ＿＿＿＿＿＿

③ 6本で480円のえんぴつと、4さつで520円のノートを買いました。このえんぴつ1本とノート1さつのねだんを合わせると何円ですか。

式

答え ＿＿＿＿＿＿

④ 600円の筆箱1つと、1ダース540円のえんぴつを半ダース買いました。代金はいくらですか。

式

答え ＿＿＿＿＿＿

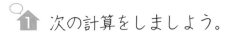

45 変わり方 ①

学習日 /

1回目 /100点　答えは162ページ　2回目 /100点

1 箱にあめ玉が10こあります。食べた数と残《のこ》りの数を調べました。

① どのように変《か》わるか次の表にかきましょう。 (20点)

食べた数（こ）	1	2	3	4	5	
残りの数（こ）	9					

② 食べたあめ玉の数を□、残りの数を○として、上の表の□と○の関係《かんけい》を式に表しましょう。 (15点)

式

③ 食べた数が7このとき、残りの数は何こになりますか。 (15点)

式

答え

2 正三角形の1辺《へん》の長さとまわりの長さの関係を調べました。

① どのように変わるか次の表にかきましょう。 (20点)

1辺の長さ　(cm)	1	2	3	4	5	6	
まわりの長さ (cm)	3						

② 1辺の長さを□、まわりの長さを○として、□と○の関係を式に表しましょう。 (15点)

式

③ 1辺が10cmのとき、まわりの長さは、何cmになりますか。 (15点)

式

答え

46 変わり方 ②

1 2本のひもをはさみで切ります。切る回数とできるひもの数にはどんな関係《かんけい》があるか調べましょう。

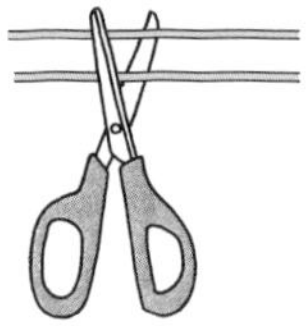

① 切る回数とひもの数を下の表にまとめましょう。 (20点)

切る回数 (回)	1	2	3	4	5
できるひもの数 (本)	4				

② 切る回数を□回、できるひもの数を○本として、□と○の関係を式に表すと、次のうちどれになりますか。
( )に○をつけましょう。 (15点)

㋐ ( ) □×4＝○

㋑ ( ) □＋3＝○

㋒ ( ) □×2＋2＝○

③ 何回切れば14本作ることができますか。 (15点)

式

答え

2 たてが4cm、横が1cmの長方形があります。横の長さを2cm、3cm、…とのばしていくと、面積《めんせき》はどのように変《か》わるか調べましょう。

① 横の長さと面積を下の表にまとめましょう。 (20点)

横の長さ (cm)	1	2	3	4	5
面積 (cm^2)	4				

② 横の長さを□cm、面積を○cm^2として、□と○の関係を式に表しましょう。 (15点)

式

③ 横の長さが15cmになると、面積は何cm^2になりますか。 (15点)

式

答え

1 春の生き物のようす

学習日 ／

1回目 ／100点　答えは163ページ　2回目 ／100点　できた！

1 春の植物について、(　　)にあてはまる言葉を□から選《えら》んでかきましょう。　(( )…各《かく》5点)

(1) サクラは、あたたかくなると(①　　)がさきます。このときは(②　　)は出ていません。

あたたかくなるとヘチマの種《たね》が(③　　)を出します。

㋐を(④　　)といい、㋑を(⑤　　)といいます。

(2) ヘチマなど、春に(①　　)をまく植物は、あたたかくなるにつれて(②　　)を出して大きく成長《せいちょう》します。

冬の間、葉を地面にはりつけていた(③　　)などの草花も、あたたかくなるにつれて(④　　)をのばし、葉をおこして(⑤　　)をさかせるようになります。

葉	芽《め》	本葉	子葉	種	タンポポ
くき	花				

(二度使うものがあります)

2 春の動物について、(　　)にあてはまる言葉を□から選んでかきましょう。　(( )…各5点)

(1) (①　　)をたまごのままですごしたカマキリは(②　　)にたまごからかえり(③　　)になります。

冬を土の中ですごしたカエルは、水の温度が(④　　)なってくると、(⑤　　)を産《う》み、(⑤)からは(⑥　　)がかえります。

(2) (①　　)なると、(②　　)の方から日本にやってくる(③　　)などの(④　　)もふえてきます。

ツバメ	よう虫	たまご	わたり鳥	高く
オタマジャクシ	冬	春	南	あたたかく

2 夏の生き物のようす

1 夏の植物について、(　　)にあてはまる言葉を□から選《えら》んでかきましょう。　(( )…各《かく》5点)

(1) サクラは夏になると(①　　　)がしげり、小さな(②　　　)ができます。

このとき、(③　　　)はさいていません。

ヘチマは気温が高くなるにつれて、葉も(④　　　)も成長《せいちょう》します。

また、夏には(⑤　　　)がさきます。

めばな

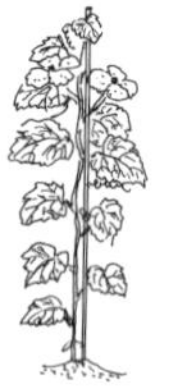

(2) 夏には、植物が大きく(①　　　)します。

えだや(②　　　)がのび、太くなります。

(③　　　)もたくさんしげり、(④　　　)があざやかになったりします。

葉	くき	実	成長	緑色	花

(二度使うものがあります)

2 夏の動物について、(　　)にあてはまる言葉を□から選んでかきましょう。　(( )…各5点)

(1) 夏が近づいてくると、カマキリは(①　　　)から(②　　　)へと成長し、活発に動きだします。

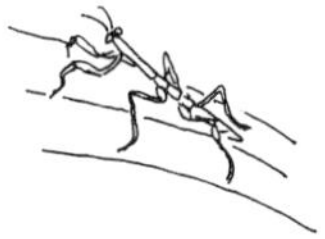

春に(③　　　)だったカエルは、夏には(④　　　)がはえて、(⑤　　　)に上がります。

(2) 土の中にいたセミの(①　　　)が木に登り、(②　　　)になります。

アゲハチョウのよう虫が大きくなり(③　　　)になったあと(④　　　)になります。

親ツバメはひなに(⑤　　　)をたくさんあたえ、暑くなるころにはひなは(⑥　　　)をします。

足	オタマジャクシ	よう虫	巣立《すだ》ち	たまご
陸《りく》	えさ	成虫	さなぎ	

(何度も使うものがあります)

3 秋の生き物のようす

学習日 ／　　1回目 ／100点　→　2回目 ／100点
答えは163ページ

1 秋の植物について（　　）にあてはまる言葉を［　　］から選《えら》んでかきましょう。　（（　）…各《かく》5点）

(1)　サクラは気温が（①　　　　）すずしくなると、葉の色が緑色から茶色や（②　　　　）に変わります。

夏ごろ（③　　　）がさいていたヘチマは、秋には（④　　　）がなり、大きく成長《せいちょう》します。

(2)　秋になると（①　　　　）が下がり、すずしくなります。

植物によっては、葉の色が黄色や赤色に（②　　　　）します。しだいに、葉やくきが（③　　　　）たりします。

そして、冬ごしのしたくとして、多くの草木は（④　　　）や種《たね》をつくります。

赤色	下がり	花	実
かれ	気温	こう葉	

（二度使うものがあります）

2 秋の動物について、（　　）にあてはまる言葉を［　　］から選んでかきましょう。　（（　）…各10点）

(1)　秋になると、カマキリの成虫は、（①　　　　）を産《う》み、気温が低《ひく》くなるにつれて、動きが（②　　　　）なります。

秋になるとアゲハチョウの（③　　　　）は（④　　　　）になります。

(2)　秋になると、動物は活動がにぶくなり、見られる（①　　　）もへってきます。

そして、多くのこん虫はこの季節《きせつ》に（②　　　　）を産みます。

たまご	にぶく	数	よう虫	さなぎ

（二度使うものがあります）

4 冬の生き物のようす

答えは163ページ

1 冬の植物について、(　　)にあてはまる言葉を[　　]から選《えら》んでかきましょう。 ((　)…各《かく》5点)

(1) 季《き》節《せつ》が冬になってさらに気温が(①　　　)、(②　　　)なると、サクラは葉が落ちて、えだには(③　　　)が出ます。

冬になるとヘチマの実は(④　　　)、その実の中には(⑤　　　)ができます。

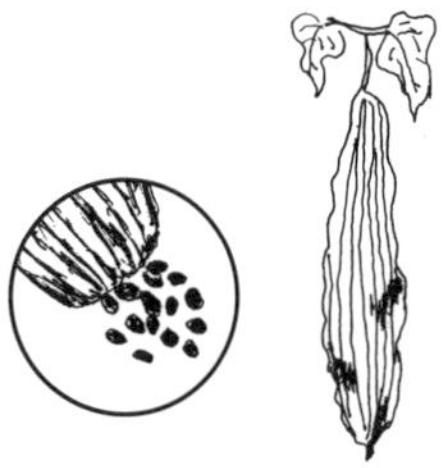

(2) 冬になると草などの(①　　　)は(②　　　)しまいます。

(③　　　)は、葉を地面に(④　　　)(⑤　　　)をすごします。

かれて	はりつけて	タンポポ	下がり	
寒く	芽《め》	冬	種《たね》	植物

(二度使うものがあります)

2 冬の動物について、(　　)にあてはまる言葉を[　　]から選んでかきましょう。 ((　)…各5点)

(1) 水中にすむカエルは、冬の間は(①　　　)の中ですごします。また、フナやメダカは、冷《つめ》たい水の中では、(②　　　)しません。

ツバメなどのわたり鳥は、寒くなると(③　　　)のあたたかいところで(④　　　)をこします。

(2) こん虫では、(①　　　)のようにたまごで冬をすごすものや、アゲハチョウのように(②　　　)ですごすもの、(③　　　)のように(④　　　)の下などにかくれて(⑤　　　)ですごすものなどがいます。

カブトムシは、(⑥　　　)で冬をすごします。

さなぎ	活動	土	葉	テントウムシ
南	冬	カマキリ	成虫《せいちゅう》	よう虫

答えは163ページ

1 植物のようすについて、正しい順《じゅん》にならべかえ、記号で答えましょう。

(1) ヘチマ　(10点)

㋐

㋑
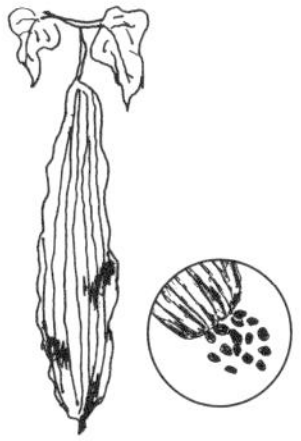

㋒

㋓

春	夏	秋	冬

(2) サクラ　(10点)

㋐

㋑

㋒

㋓

春	夏	秋	冬

2 (　　)にあてはまる言葉を[　　]から選《えら》んでかきましょう。
(( )…各《かく》10点)

(1) ナナホシテントウは春から夏にかけて(①　　　　)が高くなるにつれて、たまごから(②　　　　)、さなぎ、そして(③　　　　)へと成《せい》長《ちょう》し、活発に(④　　　　)します。

(2) ナナホシテントウは、気温が(①　　　　)なる秋から(②　　　　)にかけて、冬をこすじゅんびをしており(③　　　　)の下などにかくれて春を待ちます。

このように、生き物の活動は(④　　　　)と大きく関係《かんけい》しています。

活動　　気温　　低《ひく》く　　成虫　　よう虫　　葉　　冬

(二度使うものがあります)

6 1年を通して②

学習日　／

1回目　／100点

答えは163ページ

2回目　／100点

できた！

1 次の動物のようすを見て、あてはまる季節《きせつ》を□にかきましょう。
（各《かく》5点）

① カマキリ　□

② トノサマガエル　□

③ ナナホシテントウ　□

④ カマキリ　□

⑤ トノサマガエル　□

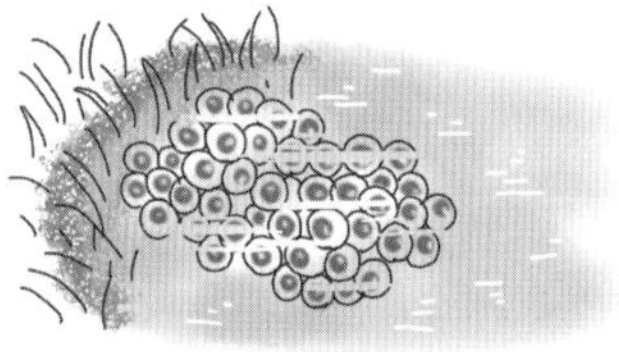

⑥ クマゼミ　□

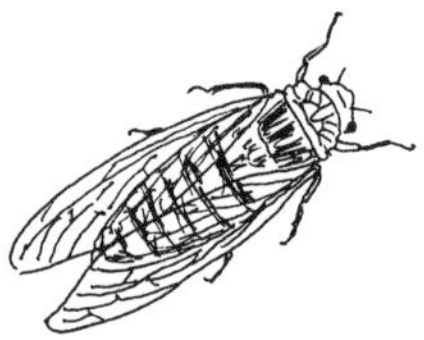

2 （　　）にあてはまる言葉を□から選《えら》んでかきましょう。
（（　）…各7点）

(1)

ツバメは春になると（①　　　）の方から日本にやってきて（②　　　）を作ったあと、たまごを産《う》んで（③　　　）を育てます。親鳥は、ひなのために何度も（④　　　）をあたえます。

秋のはじめには、ツバメのひなは飛《と》び回り、（⑤　　　）をとることができるようになります。

そして、寒くなってくると（①）の方へ飛び立っていきます。

(2) 植物は（①　　　　）なると大きく成長《せいちょう》し、動物は動きが（②　　　）になります。反対に寒くなると、植物は（③　　　）て、動物の活動は（④　　　）なります。

このように植物や動物の１年間のようすは（⑤　　　）によって変化《へんか》します。

気温	巣《す》	あたたかく	えさ	にぶく	ひな
活発	かれ	南			

（二度使うものがあります）

7 回路と電流・けん流計 ①

学習日　／

1回目　／100点　　2回目　／100点　　できた！

答えは163ページ

1 （　　）にあてはまる言葉を□から選《えら》んでかきましょう。　（各《かく》6点）

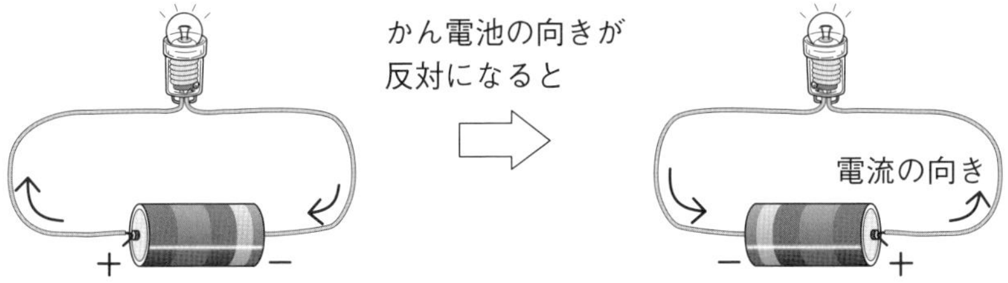

かん電池と豆電球をどう線でつなぐと（①　　　）が流れます。この電気の流れを（②　　　）といい、電気の通り道のことを（③　　　）といいます。

電流は、かん電池の（④　　　）から出て（⑤　　　）へ流れます。

かん電池の向きが反対になると、流れる電流の向きも（⑥　　　）になります。

回路	電流	電気	－極《きょく》	＋極	反対

2 けん流計の使い方について、（　　）にあてはまる言葉を□から選んでかきましょう。　（（　）…各8点）

(1) けん流計を使うことで、電流の流れる（①　　　）と（②　　　）を調べることができます。

けん流計は（③　　　）に置《お》いて使います。

けん流計をつなぎ、電流を流したら、はりのふれる（④　　　）と（⑤　　　）を見ます。

水平なところ	向き
ふれはば	強さ

（二度使うものがあります）

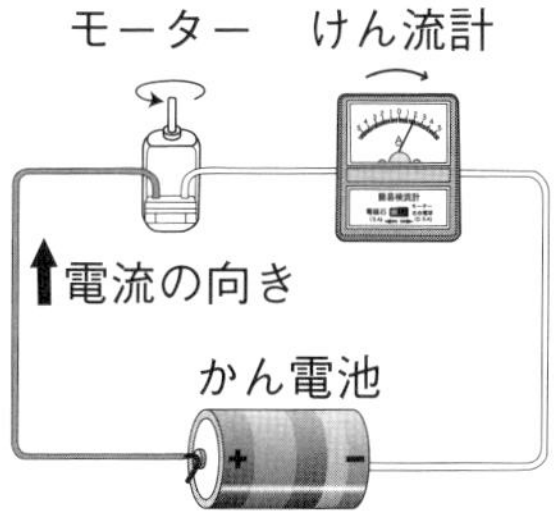

(2) 右の図では（①　　　）を流れる電流は（②　　　）へ流れ、目もりは（③　　　）になっています。

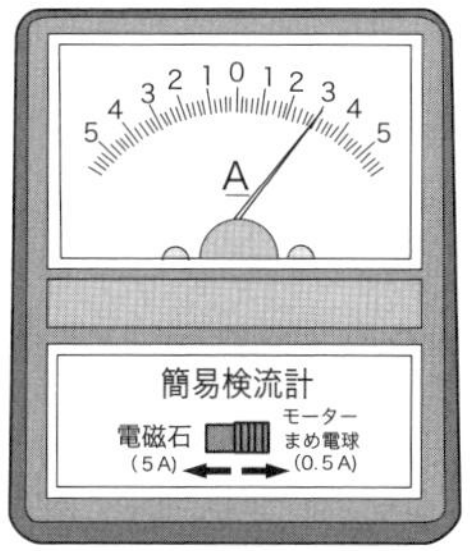

3	右から左	左から右	けん流計

8 回路と電流・けん流計 ②

答えは164ページ

1 豆電球の明かりはつきますか。つけば○、つかなければ×を（　　）にかきましょう。（各《かく》3点）

ⓐ（　　）　ⓘ（　　）　ⓤ（　　）

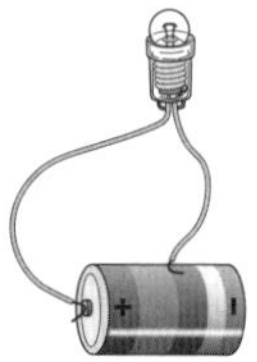

2 **1** のⓐ～ⓤの説明《せつめい》をしています。（　　）にあてはまる言葉を[　　]から選《えら》んでかきましょう。（各7点）

ⓐは（①　　）極《きょく》から出た電気は（②　　）の中を通ってかん電池にもどっていますが、（③　　）極についていません。

ⓘは＋極から出た電気は（④　　）を通って（②）の中へ入りますが、豆電球が（⑤　　）いるため、つきません。

ⓤは電気の（⑥　　）がつながっているように見えますが、よく見るとどう線のはしの（⑦　　）をはがしていないので、電気が流れません。

ビニール	はなれて	どう線	ソケット
＋	−	通り道	

3 次の（　　）にあてはまる言葉を[　　]から選んでかきましょう。（各7点）

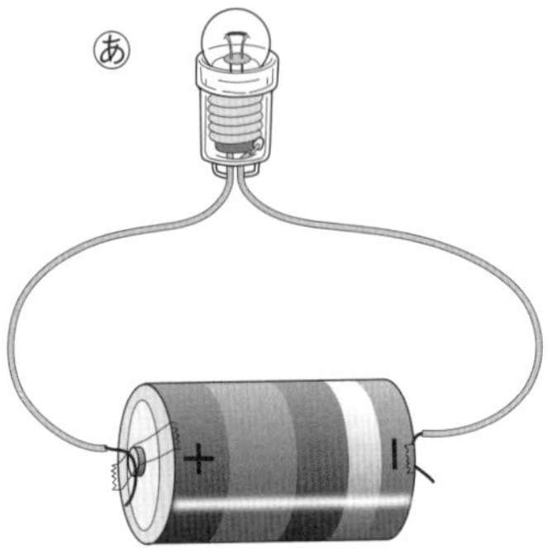

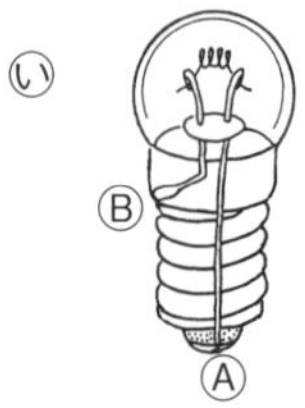

ⓐの図では、豆電球の明かりは、（①　　）。＋極から出た電気は、ⓘの図のⒷに入り、（②　　）を通って、Ⓐに出てきます。

そのあと（③　　）を通って、（④　　）極へともどってきます。

ところが、このように一つの輪《わ》につながらず、と中で（⑤　　）いると明かりは（⑥　　）。

つきます	つきません	フィラメント
どう線	−	とぎれて

9 回路と電流・けん流計 ③

学習日 ／

1回目 ／100点

答えは164ページ

2回目 ／100点

できた！

1 かん電池とモーター、けん流計をつないで図のような回路をつくりました。（　　）にあてはまる記号や言葉を［　　］から選《えら》んでかきましょう。（各《かく》12点）

(1) この回路では、電流の向きは（　　　　）になります。

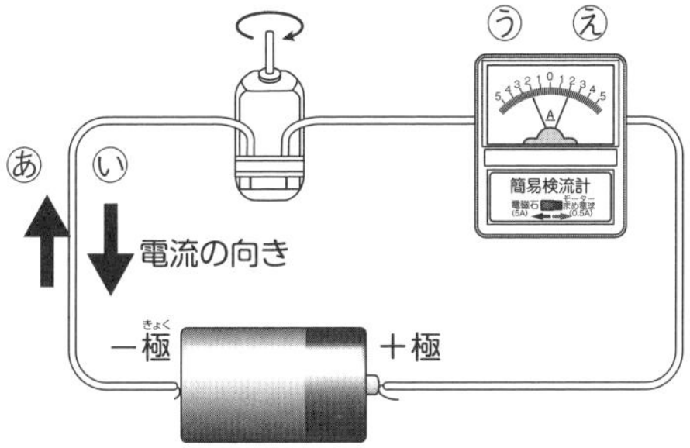

(2) けん流計のはりは（①　　　　）にふれ、目もりは（②　　　　）をさします。このときモーターは右回りでした。

(3) 次にかん電池の向きを反対にすると、けん流計のはりは（①　　　　）にふれ、モーターは（②　　　　　　　）になります。

| あ | い | う | え | 2 | 3 |
| 右回り | 左回り | | | | |

2 次の2つの回路図をそれぞれ記号を使ってかきましょう。（各20点）

	豆電球	かん電池	スイッチ
記号		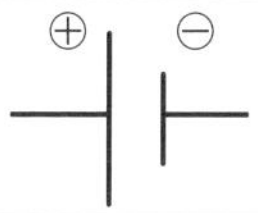	

① 直列つなぎ

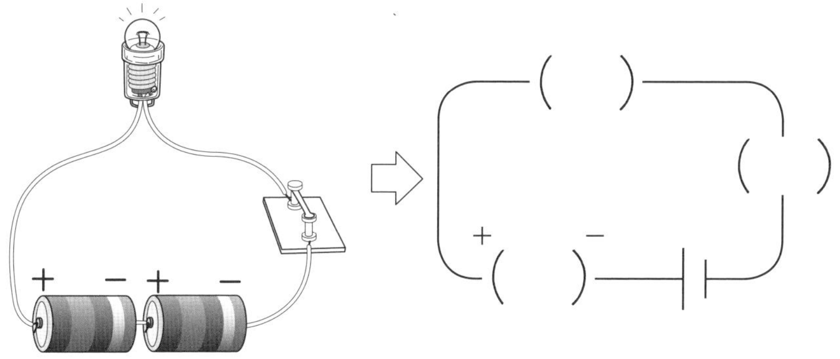

② へい列つなぎ

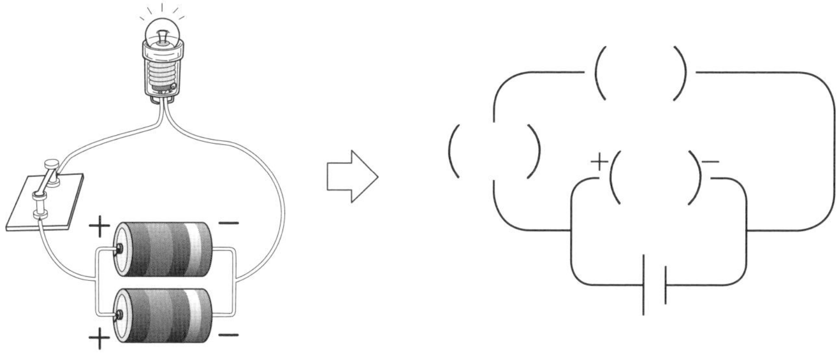

10 直列つなぎ・へい列つなぎ

1 (　　)にあてはまる言葉を[　　]から選《えら》んでかきましょう。（各《かく》6点）

Ⓐ図

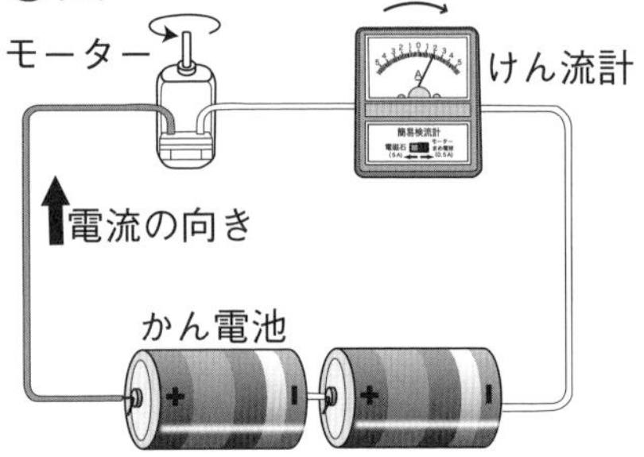

Ⓑ図

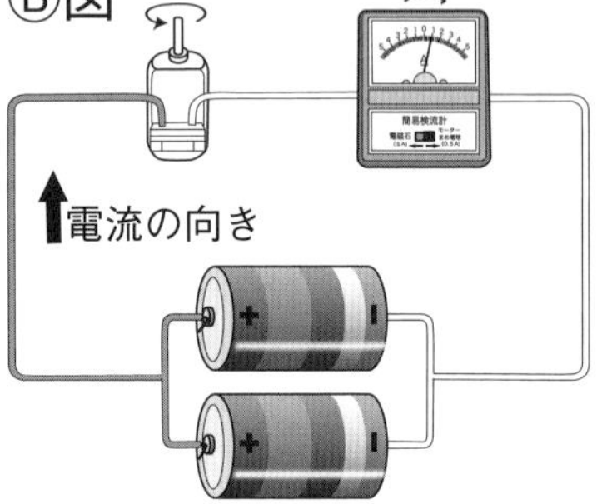

Ⓐ図のかん電池の＋極《きょく》と－極をつなぐつなぎ方を(①　　　)つなぎといいます。これは、かん電池1このときとくらべて電流の強さは(②　　　)なります。

Ⓑ図のかん電池の同じ極どうしをつなぐつなぎ方を(③　　　)つなぎといいます。これは、かん電池1このときと(④　　　)の電流が流れます。

Ⓐ図の電池を1つはずすと電流は(⑤　　　)。また Ⓑ図の電池を1つはずしても電流は(⑥　　　)。

へい列	直列	強く	同じくらい
流れません	流れます		

2 次の回路の図の中で、豆電球が点灯《てんとう》するものには○、点灯しないものには×をつけましょう。（各8点）

① (　　)

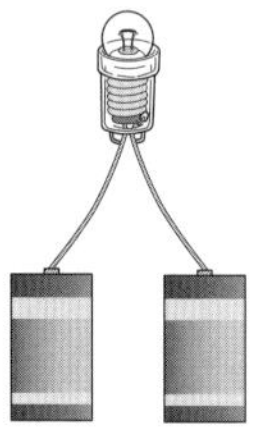

② (　　)

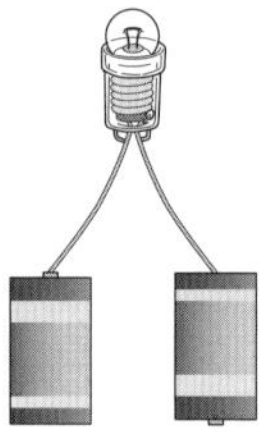

③ (　　)

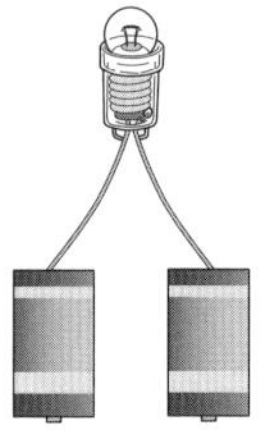

④ (　　)

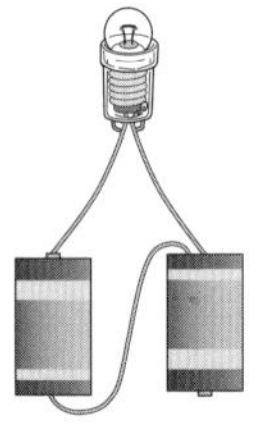

⑤ (　　)

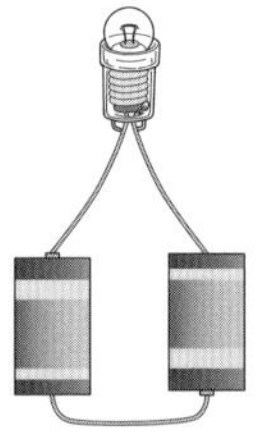

⑥ (　　)

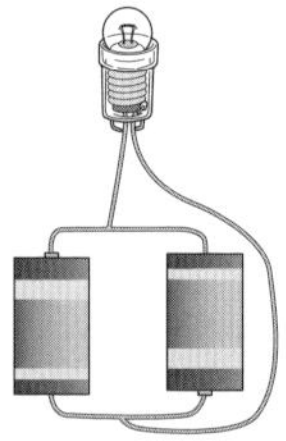

⑦ (　　)

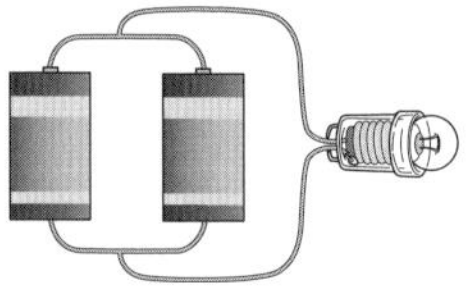

⑧ (　　)

11 気温のはかり方・百葉箱

学習日 /

1回目 /100点

答えは164ページ

2回目 /100点

できた！

1 下の図は、温度計で気温をはかっています。(　　)にあてはまる言葉を[　　]から選《えら》んでかきましょう。 ((　)…各《かく》5点)

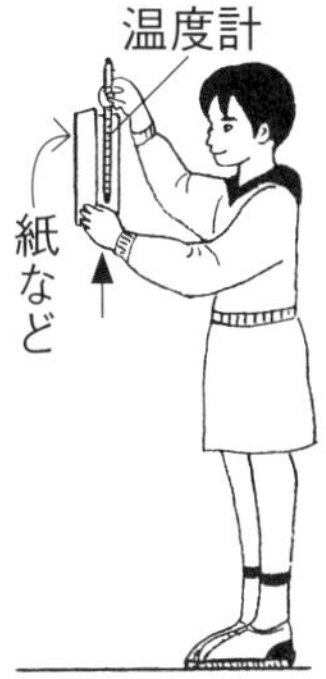

(1) 温度計は、地面から(① 　　　　)mぐらいの高さではかります。

空気の温度を(② 　　　　)といいます。

気温は(③ 　　　　)のよい、直せつ日光の(④ 　　　　)ところではかります。

気温	あたらない	1.2～1.5	風通し

(2) 温度計の目もりを読むときは、見る方向と温度計とが(① 　　　　)になるようにして読みます。

温度計の(② 　　　　)が、ちょうど目もりの上のときは、(③ 　　　　)を読みます。

目もりの上にないときは、えきの先が(④ 　　　　)方の目もりを読みます。

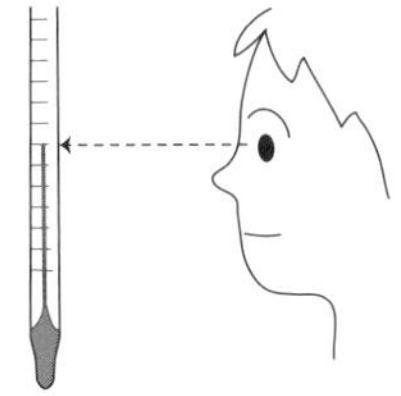

その目もり	近い	真横	えきの先

2 (　　)にあてはまる言葉を[　　]から選んでかきましょう。 ((　)…各6点)

(1) 図のようなものを(① 　　　　)といいます。これは、(② 　　　　)などをはかるためのもので(③ 　　　　)い色をしています。

この箱は(④ 　　　　)がよく、直せつ日光が(⑤ 　　　　)ように作られています。中に入っている温度計は、地面からおよそ(⑥ 　　　　)mの高さになっています。

1.2～1.5	白	風通し	百葉箱	あたらない	気温

(2) 百葉箱にはその他にも、気あつ計やしめり具合をはかるしつ度計、(① 　　　　)などが入っています。

(①) は最高《さいこう》温度や(② 　　　　)温度をはじめ、1日の(③ 　　　　)を記録《きろく》します。また、そのグラフの形から、その日の(④ 　　　　)が考えられます。

最低《さいてい》	天気	気温	記録温度計

12 太陽の高さと気温の変化

学習日 ／

1回目 ／100点 → 2回目 ／100点

答えは164ページ

できた！

1 気温の変化《へんか》について、(　　)にあてはまる言葉を［　］から選《えら》んでかきましょう。 (各《かく》8点)

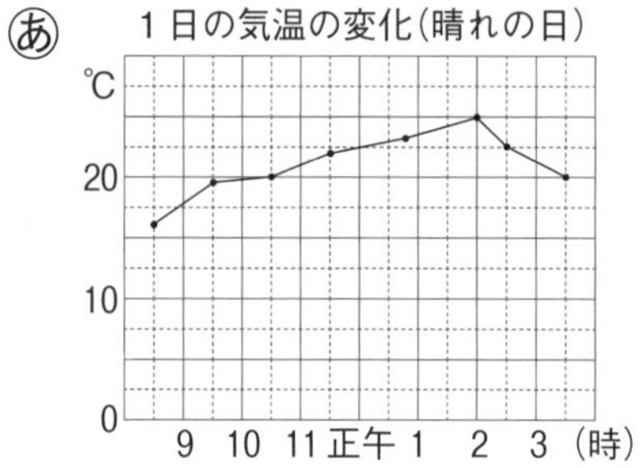

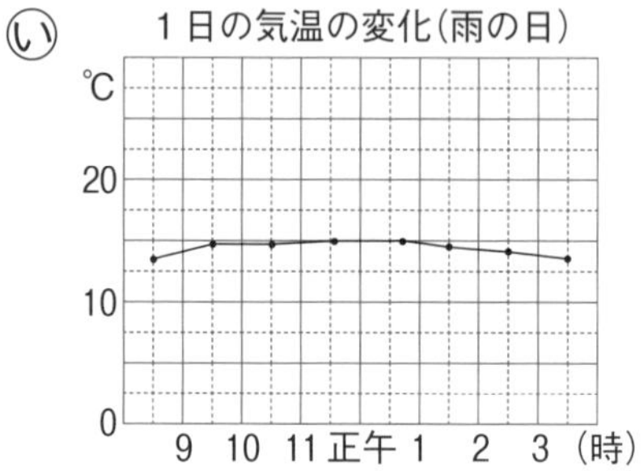

あのグラフは(①　　　)の日の気温を表し、いのグラフは(②　　　)の日の気温を表します。晴れの日のグラフは、1日の気温の変化が(③　　　)です。雨の日のグラフは、1日の気温の変化が(④　　　)です。

晴れの日の気温は、(⑤　　　)ごろが一番気温が高く、日の出前が一番気温が低《ひく》くなります。

［ 大きい　小さい　雨　晴れ　午後2時 ］

2 (　　)にあてはまる言葉を［　］から選んでかきましょう。 (各10点)

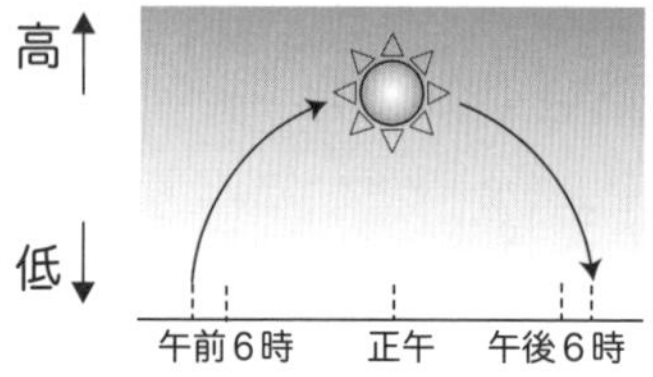

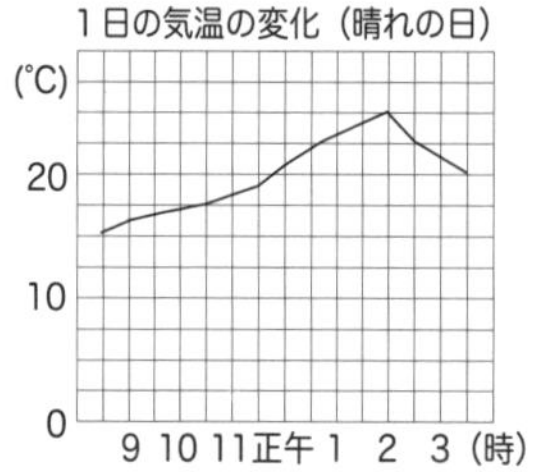

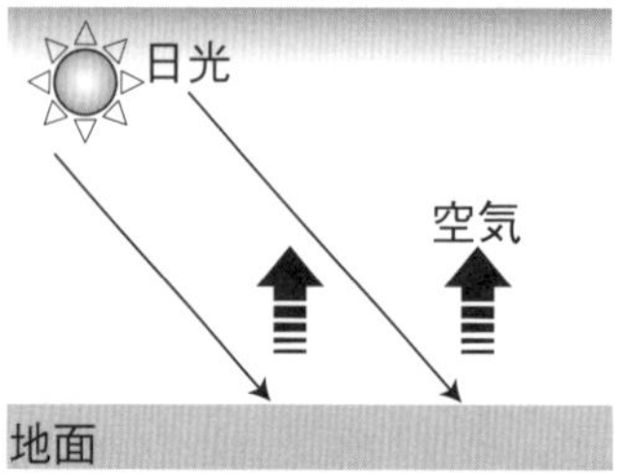

左の図のように、太陽の位置《いち》は(①　　　)ごろに一番高くなり、気温は(②　　　)ごろが一番高くなります。

このように、太陽の高さと最高《さいこう》気温は(③　　　)います。

その理由は、日光は、まず(④　　　)をあたためます。そして、あたためられた地面は(⑤　　　)をあたためます。だから、太陽の高さと最高気温の時こくは(⑥　　　)くるのです。

［ 午後2時　正午　空気　地面　ずれて ］

(二度使うものがあります)

13 月の動きと形 ①

学習日 ／

1回目 ／100点

答えは164ページ

2回目 ／100点

できた！

1 月の動きを調べるため、右のような観察《かんさつ》カードを作りました。

（　　）にあてはまる言葉を［　］から選《えら》んでかきましょう。 （各《かく》8点）

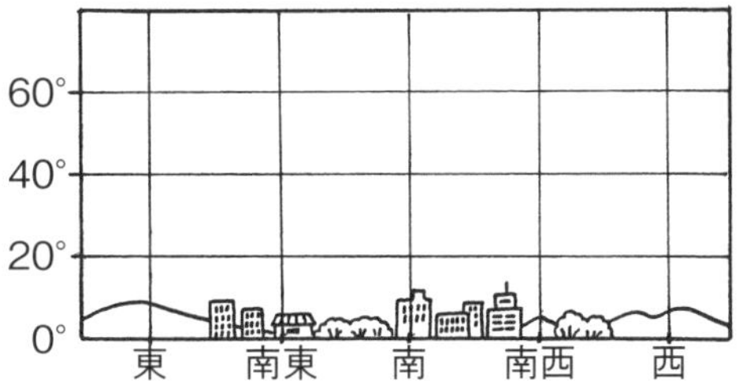

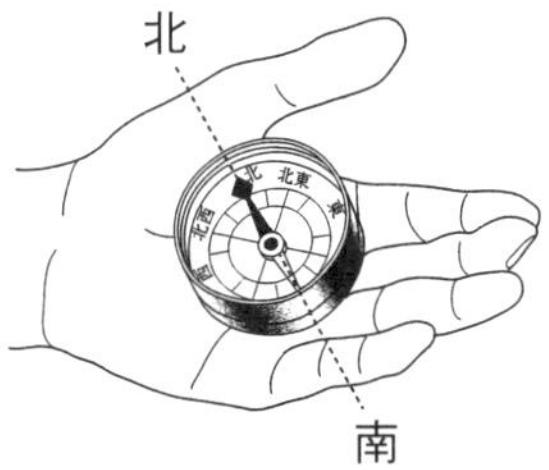

まず、同じところで観察するため、観察する場所には（①　　　　）をつけます。次に、右の図のように（②　　　　）を持って、月の見える方位《ほうい》を調べます。

そして、（③　　　　）を月のある方に向けて、方位を読みとります。

うでをのばして、にぎりこぶし1こ分で約《やく》10°となる

月の高さは、うでをのばして、にぎりこぶし１こ分を（④　　　　）として、見上げる（⑤　　　　）をはかります。

［ 指先　10°　角度　印《しるし》　方位じしん ］

2 月の見え方や動きを調べたカードが２まいあります。

（　　）にあてはまる言葉を［　］から選んでかきましょう。

（各10点）

㋐

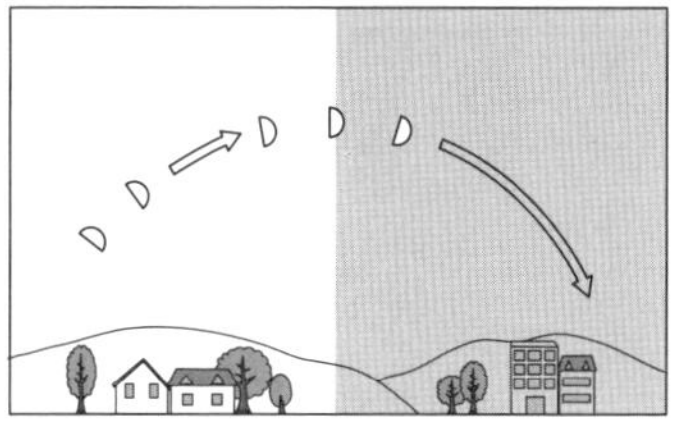

㋑

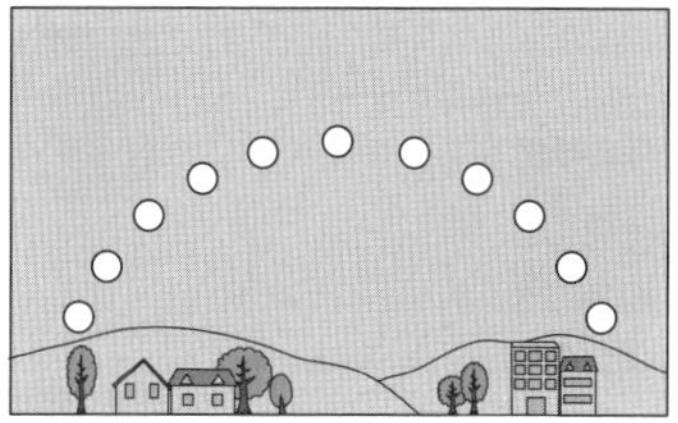

月の形は、日によって変《か》わります。

㋐の形の月を（①　　　　）、㋑の形の月を（②　　　　）といいます。

月の動き方は（③　　　　）の動き方ににています。

月の形はいろいろであっても、（④　　　　）の空から出て、（⑤　　　　）の空を通り、（⑥　　　　）の空に行って、しずんでいきます。

［ 満月《まんげつ》　半月　東　西　南　北　太陽 ］

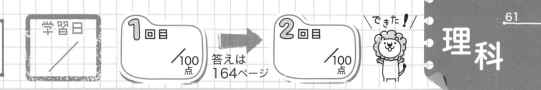

14 月の動きと形②

学習日　／

1回目　／100点

答えは164ページ

2回目　／100点

1 いろいろな形の月について、(　　)にあてはまる言葉を[　　]から選《えら》んでかきましょう。(各《かく》6点)

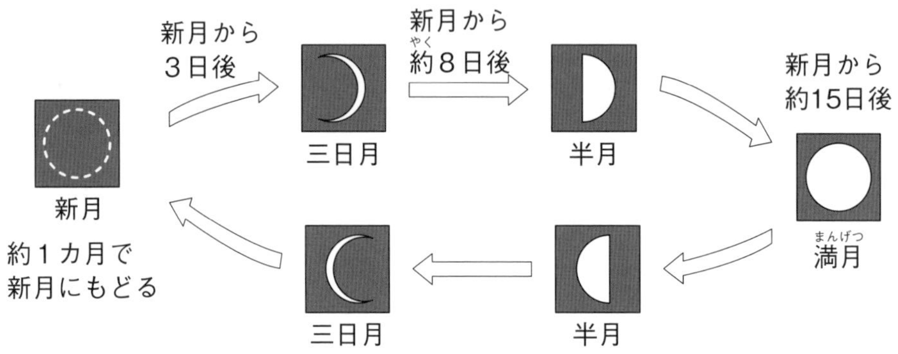

月の形は毎日少しずつ(①　　　　)。

新月から数えて3日目の月を(②　　　　)といい、満月の半分の形の月を(③　　　　)といいます。そして、新月から約15日後に(④　　　　)になります。

(⑤　　　　)は、見ることができません。新月から次の新月にもどるまで約(⑥　　　　)かかります。

[満月　新月　三日月　半月　1カ月　変《か》わります]

2 (　　)にあてはまる言葉を[　　]から選んでかきましょう。(( )…各8点)

(1) 図1は(①　　　　)の動きを表しています。満月は(②　　　　)に東の空からのぼり、(③　　　　)ごろ南の空を通り、(④　　　　)ごろに西の空にしずみます。

図1　満月の動き

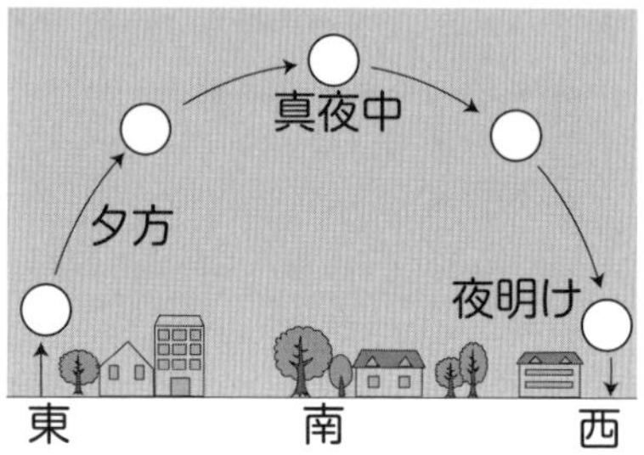

[夜明け　夕方　真夜中　満月]

(2) 図2のように半月は昼に(①　　　　)の空からのぼり、夕方には(②　　　　)の空を通って、真夜中に(③　　　　)の空にしずみます。月の動きは(④　　　　)の動きと同じです。

図2　半月の動き

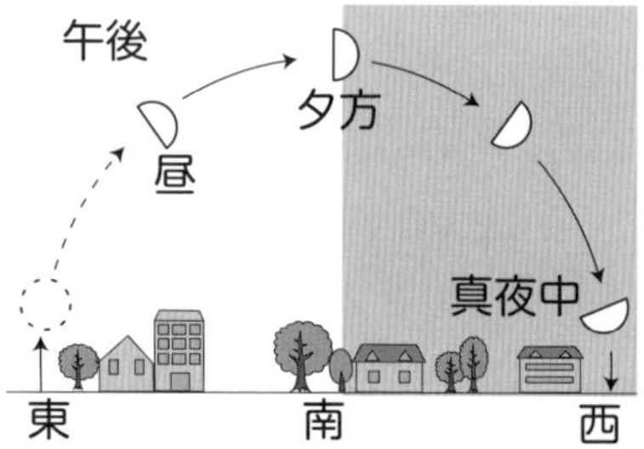

[南　西　東　太陽]

15 星の動きと星ざ ①

学習日 ／

1回目 ／100点

答えは164ページ

2回目 ／100点

できた！

1 下の図のあ、いは同じ日の、ちがう時こくに観察《かんさつ》したものです。 （各《かく》10点）

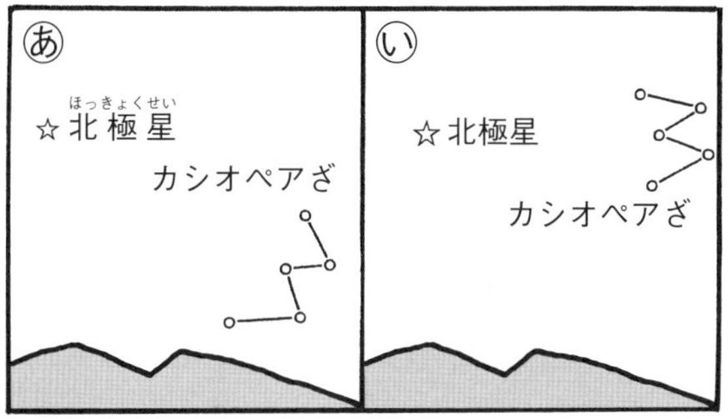

① この空の方位《ほうい》は、東、西、南、北のどれですか。
（　　　）

② あといのどちらが、早い時こくですか。 （　　　）

③ 北極星は、カシオペアざのⒶのきょりの約《やく》何倍のところにありますか。㋐〜㋒から選《えら》びましょう。 （　　　）

㋐ 5倍　　㋑ 10倍　　㋒ 15倍

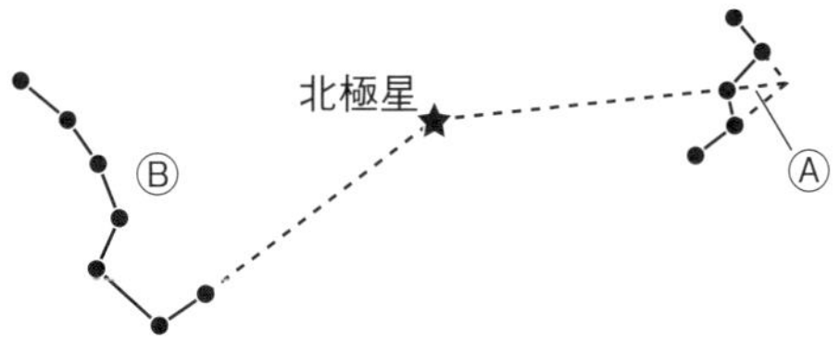

④ 北極星を中心にして、カシオペアざの反対側《がわ》にあるⒷは何ですか。 （　　　　　）

2 （　　）にあてはまる言葉を□から選んでかきましょう。 （各10点）

星には、青、黄などいろいろな（①　　　　）があります。また星は、（②　　　　）によって１等星、２等星……と分けられています。

星の集まりをいろいろな形に見立てて名前をつけたものを（③　　　　）といいます。（③）は時こくとともに見えている（④　　　　）は変《か》わりますが、その（⑤　　　　）は変わりません。

さそりざの赤色の１等星は、（⑥　　　　）です。

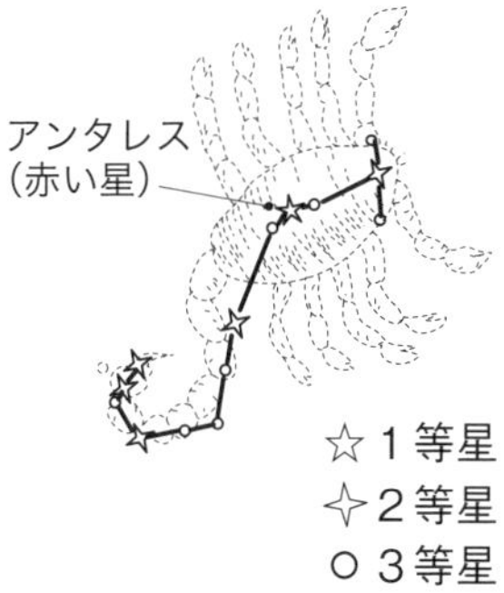

ならび方	アンタレス	位置《いち》	色	星ざ
明るさ				

16 星の動きと星ざ ②

1 夏の大三角、冬の大三角について、（　　）にあてはまる言葉を［　　］から選《えら》んでかきましょう。　（（　）…各《かく》4点）

(1) ことざの（①　　　　　）、わしざの（②　　　　　）、はくちょうざの（③　　　　　）をつなぐと三角形ができます。この三角形を（④　　　　　）といいます。これらの3つの星はすべて（⑤　　　　　）です。

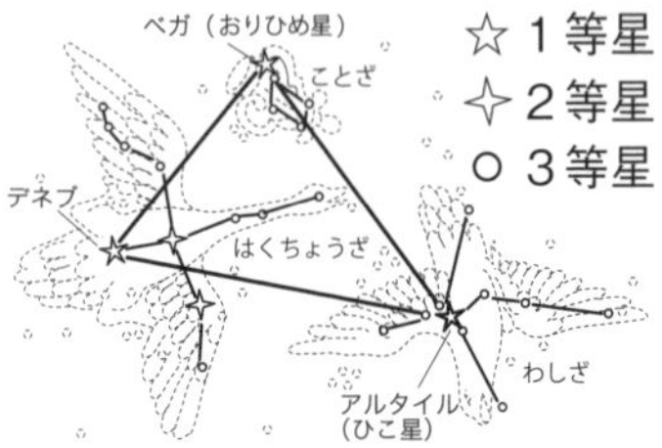

アルタイル　デネブ　ベガ　1等星　夏の大三角

(2) オリオンざの（①　　　　　）、おおいぬざの（②　　　　　）、こいぬざの（③　　　　　）をつなぐと三角形ができます。この三角形を（④　　　　　）といい、これらの3つの星はすべて（⑤　　　　　）です。

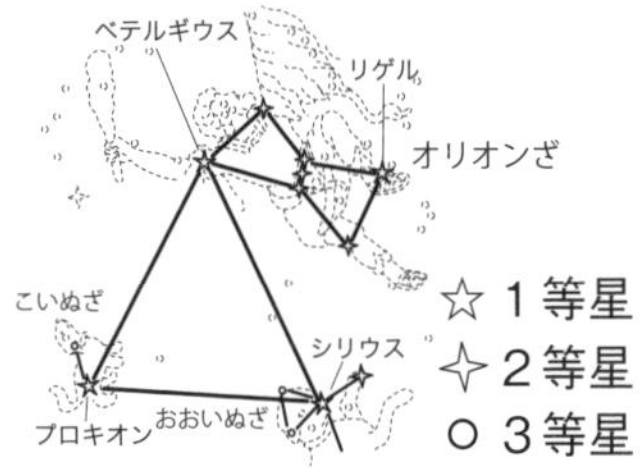

プロキオン　シリウス　ベテルギウス　1等星　冬の大三角

2 （　　）にあてはまる言葉を［　　］から選んでかきましょう。

図1

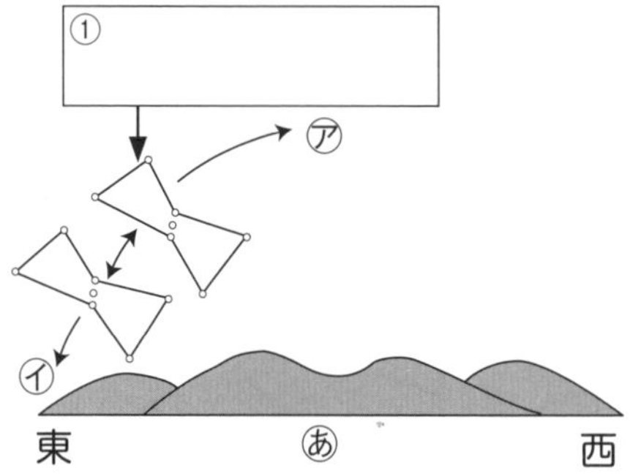

（　　　）

(1) ①、②の［　　］に星ざ名をかきましょう。　（各10点）

(2) 図1でこの星ざは、㋐㋑どちらの方角に進みますか。　（10点）

（　　　）

図2

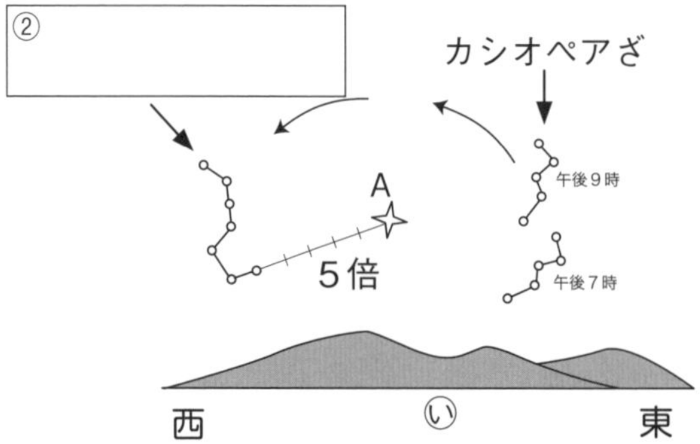

（　　　）

(3) 図1、図2の(あ)(い)に方位《ほうい》をかきましょう。　（各10点）

(4) 図2の星Aの名前は何ですか。　（10点）

（　　　）

南　北　オリオンざ　北極星《ほっきょくせい》
北斗七星《ほくとしちせい》　㋐　㋑

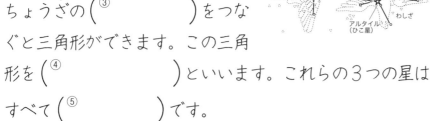

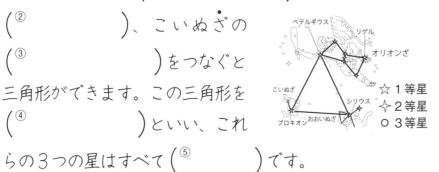

17 とじこめた空気

学習日 ／

1回目 ／100点

答えは164ページ

2回目 ／100点

できた！

1

（　　）にあてはまる言葉を［　］から選《えら》んでかきましょう。

（各《かく》6点）

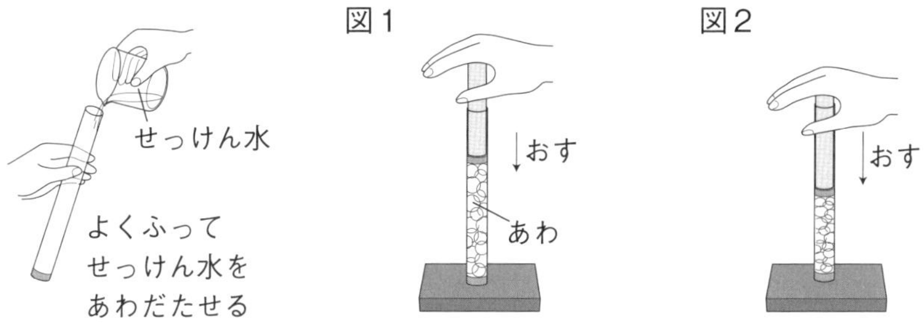

図1のようにせっけんの（①　　）をとじこめて、ぼうをおすと（①）の体積《たいせき》は（②　　）なります。

このことから（③　　）はおしちぢめることができ、（④　　）は小さくなることがわかります。

図2のようにさらに強くおすと、（⑤　　）の体積はさらに（⑥　　）なります。このとき、手にはたらく（⑦　　）とする力は、図1のときよりさらに（⑧　　）なります。

このことから、空気は（⑨　　）が小さくなるほど（⑦）とする力は（⑩　　）なるとわかります。

空気　あわ　小さく　大きく　元にもどろう　体積

（二度使うものがあります）

2

（　　）にあてはまる言葉を［　］から選んでかきましょう。

（（　）…各5点）

(1) 図は、空気でっぽうの玉が飛《と》ぶしくみを表しています。

まず、おしぼうをおしたとき、とじこめられた空気の（①　　）は（②　　）なります。

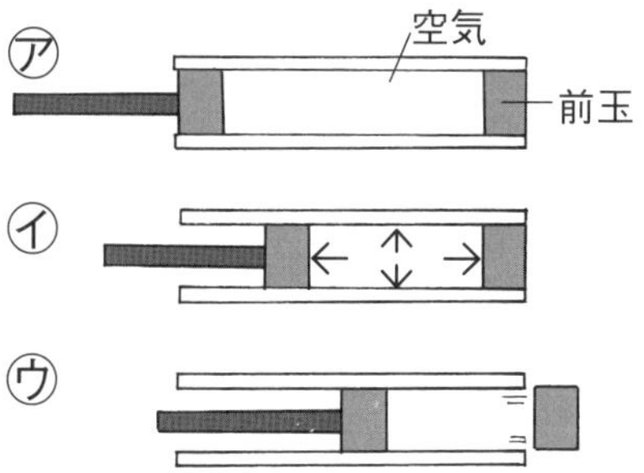

図のイのように、（③　　）空気には、（④　　）とする力がうまれます。この力が前玉をおすことで前玉が飛びます。

体積　元にもどろう　おしちぢめられた　小さく

(2) 水中で空気でっぽうをうつと、前玉は（①　　）。そのとき、同時に空気の（②　　）が出ます。

これは、つつの中の（③　　）空気が、目に（④　　）すがたで出てきたのです。

見える　とじこめられた　あわ　飛び出ます

18 とじこめた水

1 (　　)にあてはまる言葉を┆　┆から選《えら》んでかきましょう。

（各《かく》10点）

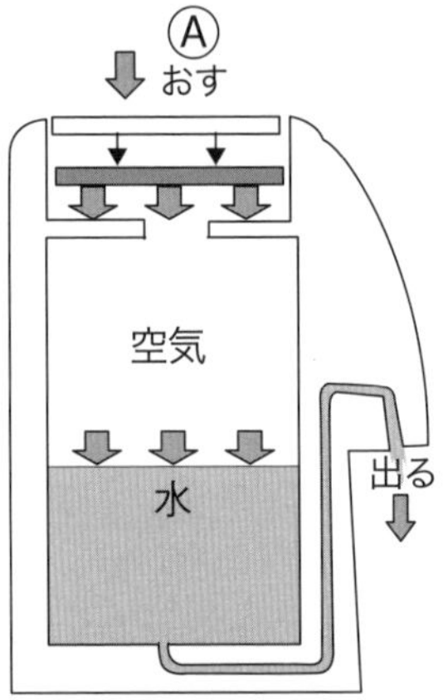

エアーポット

上の図は、エアーポットのしくみをあらわしたものです。

エアーポットのⒶをおすと(①　　　　)が出ます。

これは、Ⓐがまず(②　　　　)をおしちぢめて、その（②）が(③　　　　　　　)として(④　　　　)をおし出すのです。

エアーポットは空気の（③）とする力と、水の体積《たいせき》が(⑤　　　　　　)というせいしつを利用《りよう》したものです。

┆ 空気　　水　　元にもどろう　　変《か》わらない ┆

（二度使うものがあります）

2 (　　)にあてはまる言葉を┆　┆から選んでかきましょう。

（各10点）

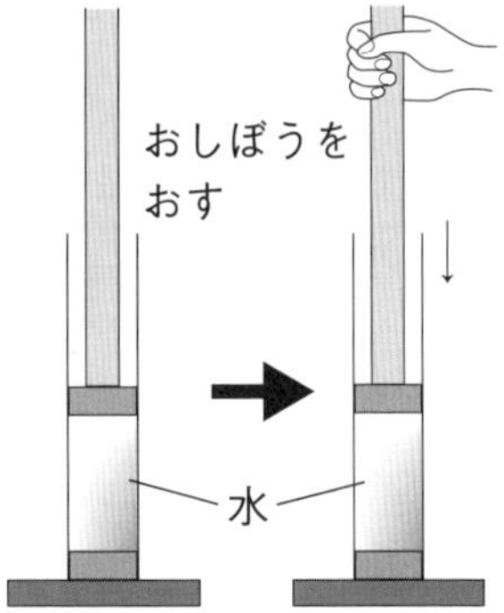

上の図のように、つつの中に(①　　　　　)をとじこめて、ぼうをおすとぼうは下に(②　　　　)ません。

とじこめた水をおしても空気のときとはちがい、(③　　　　　)は変わりません。

つまり、水は(④　　　　　　　)られません。だから(⑤　　　　　　　)とする力もはたらきません。

┆ 元にもどろう　　おしちぢめ　　水　　体積　　下がり ┆

19 ほねときん肉

学習日 ／

1回目 ／100点 → 2回目 ／100点

答えは165ページ

できた！

1 (　　)にあてはまる言葉を[　　]から選《えら》んでかきましょう。

((　)…各《かく》6点)

図1

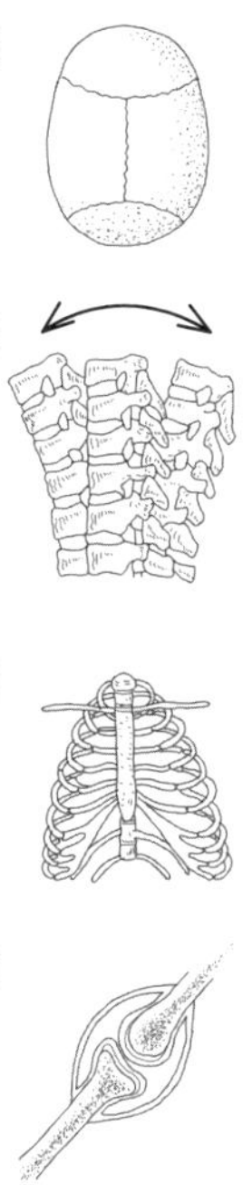

(1) ヒトのほねのつながり方には、㋐のように(①　　　　)つながり方や、㋑㋒のように(②　　　　)つながり方、㋓のように、とてもよく動くつながり方があります。

㋐は(③　　)のほね、㋑は(④　　　)のほね、㋒は(⑤　　　)のほねです。

そして、ヒトの主な動きは、図2の○印《じるし》のように、㋓の(⑥　　　)という部分のはたらきによって、行われています。

図2 ヒトのほね

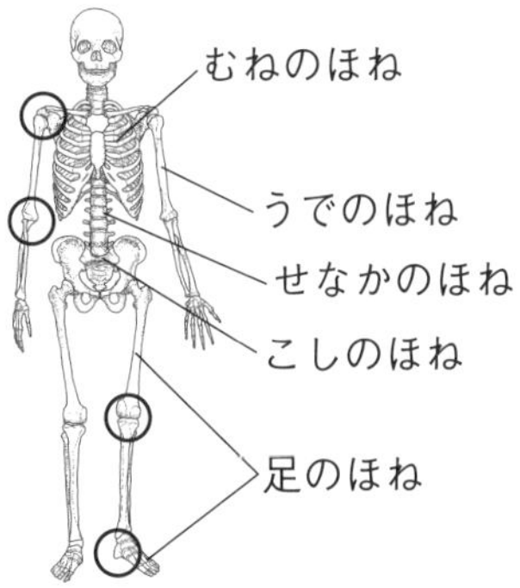

頭	むね	せなか
動かない	少し動く	関節《かんせつ》

図3 せなかのほね

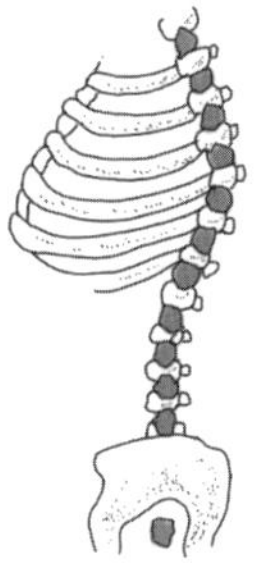

(2) (①　　　　)は多くの(②　　　)がつながっており、それらが(③　　　)ずつ動くことで、全体が曲がるようになっています。

せなか	少し	関節

2 次の図は、かたとうでのようすを表したものです。

(1) 図の①〜④の名前を[　　]から選んでかきましょう。

(各10点)

① (　　　　　)

② (　　　　　)

③ (　　　　　)

④ (　　　　　)

図1

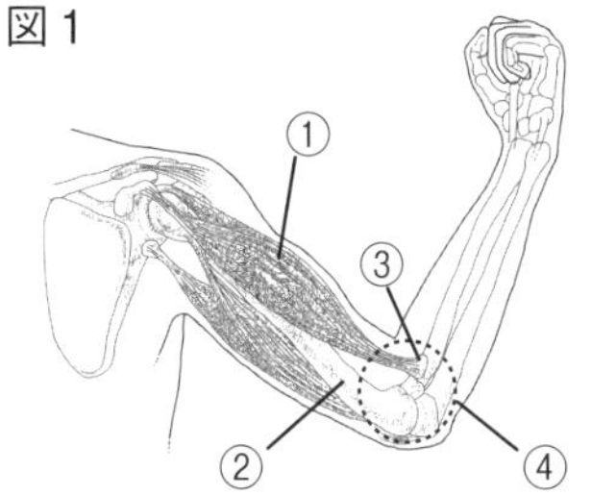

関節	ほね	きん肉	けん

(2) のばしたうでを曲げようとすると、主に①②どちらのきん肉をはたらかせるとよいですか。

(6点)

(　　　　)

図2

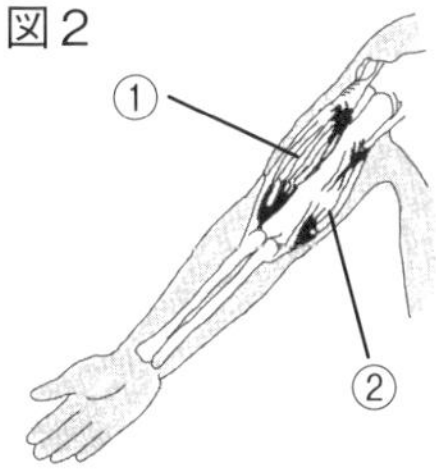

20 動物の体

学習日　／

1回目　／100点　　答えは165ページ　　2回目　／100点

できた!

1 （　　）にあてはまる言葉を［　　］から選《えら》んでかきましょう。（各《かく》7点）

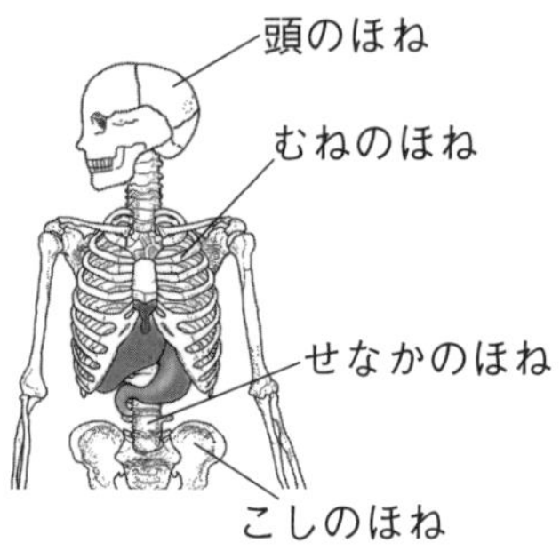

わたしたちの体は（①　　　）のほねや、（②　　　）のほねをしっかりのばすように、それらに（③　　　）きん肉をはたらかせることで、正しいしせいをたもちます。また、いくつもの（④　　　）を（⑤　　　）たり（⑥　　　）たりすることで、せなかやこしを曲げたりのばしたりできます。

きん肉	ついている	こし	せなか
ちぢめ	ゆるめ		

2 ウサギの㋐・㋑にあたるのは、トリのどこですか。（各5点）

［ウサギ］

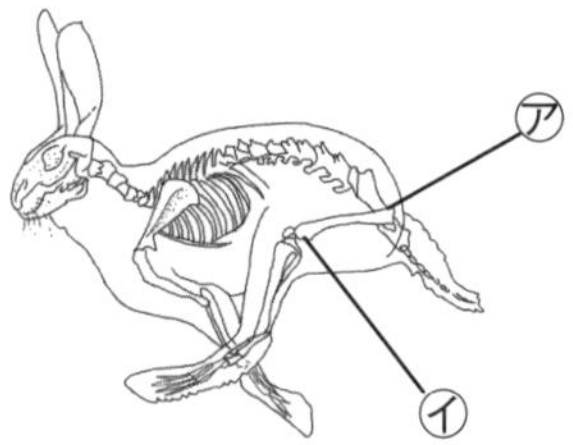

［トリ］

㋐（　　　）

㋑（　　　）

3 （　　）にあてはまる言葉を［　　］から選んでかきましょう。（各6点）

図1

図2

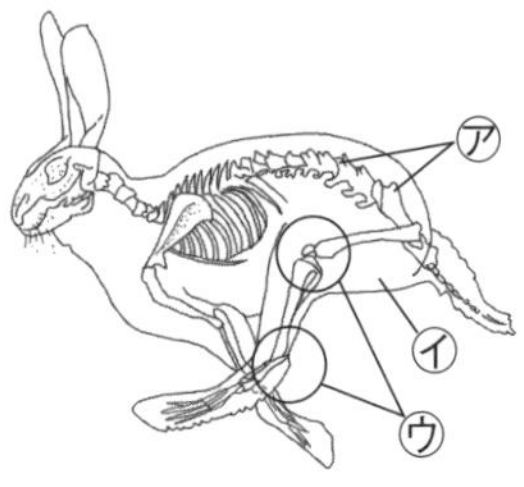

図1はウサギの体です。図2の㋐のようなかたくてじょうぶな部分を（①　　　）といい、㋑のようなやわらかい部分を（②　　　）といいます。

また、㋒のようなほねとほねの（③　　　）で曲げられるところを（④　　　）といいます。

ウサギなどの動物にも、（⑤　　　）と同じように（⑥　　　）や（⑦　　　）や（⑧　　　）があります。

関節《かんせつ》	きん肉	ほね	ヒト	つなぎ目

（二度使うものがあります）

21 温度と空気や水の体積 ①

学習日 ／

1回目 ／100点

答えは165ページ

2回目 ／100点

できた！

1 （　　）にあてはまる言葉を［　　］から選《えら》んでかきましょう。

（各《かく》8点）

図1

(1) 図1のように（①　　　　）の入ったよう器《き》をあたためるとよう器は（②　　　　）、冷やすと（③　　　　）ます。これは、空気をあたためると体積《たいせき》が（④　　　　）なり、冷やすと体積が（⑤　　　　）なるからです。

［空気　大きく　小さく　ふくらみ　へこみ］

(2) 図2のように、丸底《まるぞこ》フラスコの口を下に向けて（①　　　　）ると、せんは（②　　　　）。これは、空気はあたためられると体積が（③　　　　）なるからです。

図2

［飛《と》びます　あたため　大きく］

2 次の図を見て後の問いに答えましょう。

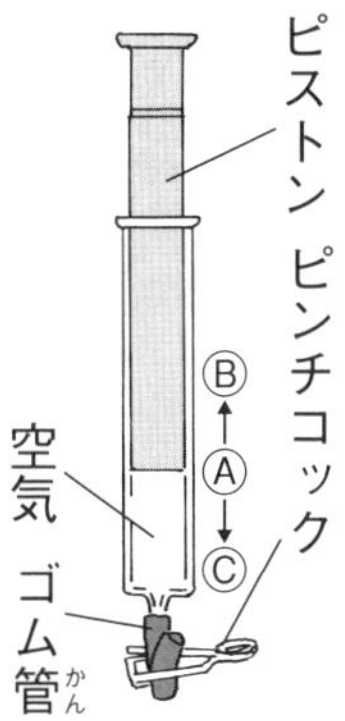

(1) 図のように、Ⓐまで空気の入ったちゅうしゃ器《き》を70℃の湯の中に入れると、ピストンはⒷ、Ⓒどちらに動きますか。（6点）

（　　）

(2) 次にちゅうしゃ器を湯から出して、元の温度にもどしました。ピストンはどの位置《いち》にもどりますか。（6点）

（　　）

(3) 最後《さいご》にちゅうしゃ器を氷水の中に入れました。ピストンはⒷ、Ⓒどちらに動きますか。（6点）

（　　）

(4) （　　）にあてはまる言葉を［　　］から選んでかきましょう。（各6点）

この実験《じっけん》から、空気の（①　　　　）は温度が（②　　　　）とふえ、温度が（③　　　　）とへることがわかりました。

［下がる　体積　上がる］

22 温度と空気や水の体積 ②

学習日 ／

1回目 ／100点

答えは165ページ

2回目 ／100点

できた！

1 （　　）にあてはまる言葉を［　］から選《えら》んでかきましょう。（各《かく》8点）

図のように（①　　　）の入った丸底《まるぞこ》フラスコを氷水で冷《ひ》やしました。すると、水面は最初《さいしょ》の位置《いち》よりも（②　　　）ました。

このことから水は（③　　　）と（④　　　）が小さくなることがわかります。

次に図のフラスコを60℃の湯につけ、（⑤　　　）ました。すると水面は、湯につける前よりも（⑥　　　）ます。

このことから水は（⑦　　　）ると（⑧　　　）が大きくなることがわかります。

上がり	下がり	冷やす	あたため
体積《たいせき》	水		

（二度使うものがあります）

2 図のように空気をとじこめたⒶの試験管《しけんかん》と、水を入れたⒷの試験管を用意しました。

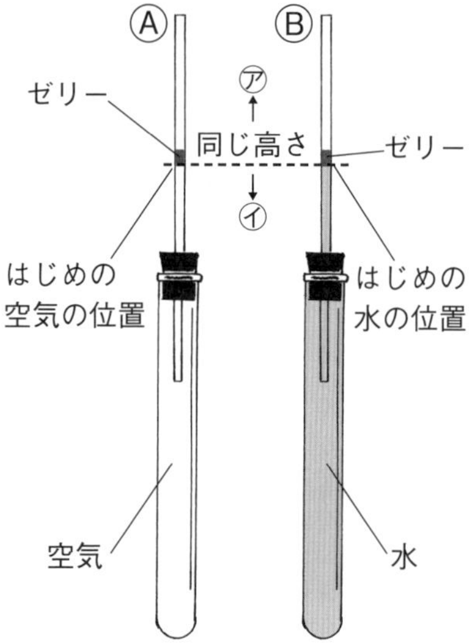

(1) ２本の試験管をしばらく湯につけておきます。ゼリーは㋐㋑のどちらに動きますか。（各9点）

Ⓐ（　　　）

Ⓑ（　　　）

(2) (1)のとき、Ⓐ、Ⓑのゼリーの位置は、どちらの方が高くなっていますか。（9点）

（　　　）

(3) この実験で、温度による体積の変化《へんか》が大きいのは、空気と水のどちらとわかりましたか。（9点）

（　　　）

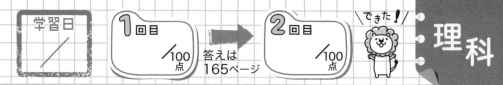

23 温度と金ぞくの体積 ①

学習日 ／

1回目 ／100点 → 2回目 ／100点

答えは165ページ

1 （　　）にあてはまる言葉を［　］から選《えら》んでかきましょう。

（（　）…各《かく》6点）

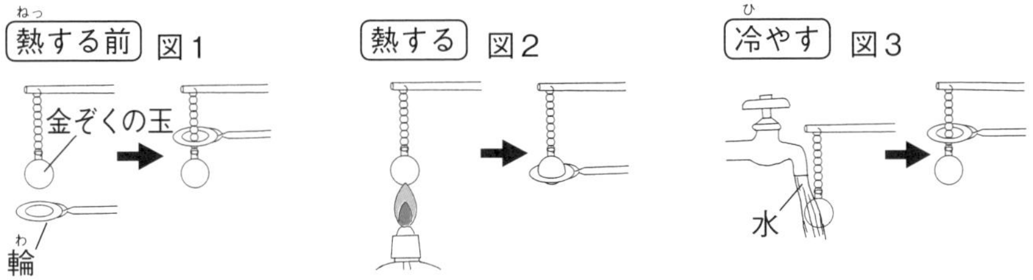

(1)　図1の金ぞくの玉は輪を（①　　　　　）が、図2で金ぞくの玉を熱すると輪を（②　　　　　）。通らなくなった金ぞくの玉を図3のように（③　　　　　）とふたたび輪を（④　　　　　）。この実験《じっけん》から（⑤　　　　　）もあたためると体積《たいせき》が（⑥　　　　　）なり、冷やすと体積が（⑦　　　　　）なることがわかります。

(2)　空気と水と金ぞくは、（①　　　　　）と体積が大きくなり、（②　　　　　）と体積は小さくなります。このうち温度による体積の変化《へんか》が一番小さいのは（③　　　　　）です。

通ります	通りません	冷やす	大きく
小さく	金ぞく	あたためる	

（二度使うものがあります）

2 図のように金ぞくのぼうをアルコールランプであたためました。

（各8点）

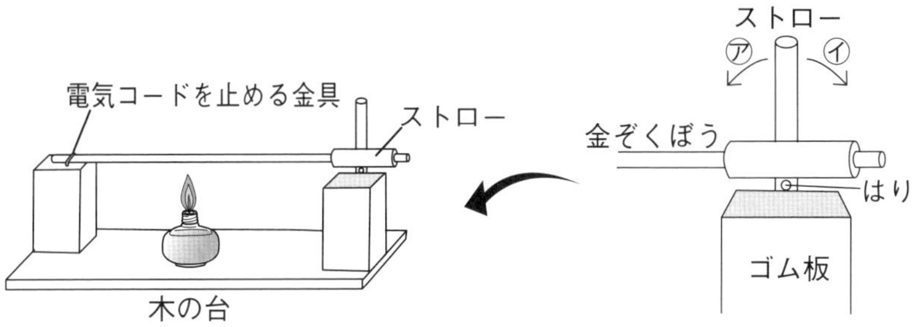

①　ストローは㋐㋑のどちらに動きましたか。

（　　　　　）

②　金ぞくのぼうはあたためると、のびますか、ちぢみますか。

（　　　　　）

3 下の図は鉄道のレールです。（　　）にあてはまる言葉を［　］から選んでかきましょう。

（各8点）

㋐
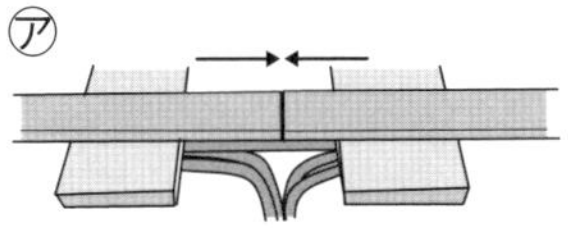

㋑
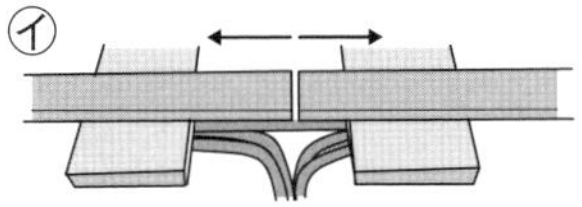

（①　　　　　）は夏のようすです。レールが（②　　　　　）います。

㋑は冬のようすです。レールに（③　　　　　）ができています。

すき間	㋐	のびて

24 温度と金ぞくの体積 ②

1 (　　)にあてはまる言葉を［　　］から選《えら》んでかきましょう。
((　)…各《かく》6点)

(1)　ジャムのびんのふたなど、金ぞくのふたが開かなくなったら、(①　　　　)の中に入れ、ふたを(②　　　　)ます。すると、金ぞくはかさが(③　　　　)るので、ふたが少し(④　　　　)なり、びんとふたにすき間ができます。そして、開けることができます。

冬の鉄道のレールのつなぎ目には、少しすき間があります。これは、夏の(⑤　　　　)でレールが(⑥　　　　)も線路が曲がらないようになっているのです。

［大きく　　湯　　ふえ　　あたため　　暑さ　　のびて］

(2)　金ぞくや水、空気などは、その温度が上がるとかさは(①　　　　)、温度が下がるとかさは(②　　　　)ます。

温度によるかさの変《へん》化《か》は、金ぞく、水、空気によってちがいます。空気の変化は、金ぞくや水より(③　　　　)、金ぞくの変化は、水や空気より(④　　　　)なります。

［へり　　ふえ　　大きく　　小さく］

2 ガスバーナーの使い方について、(　　)にあてはまる言葉を［　　］から選んでかきましょう。
(各5点)

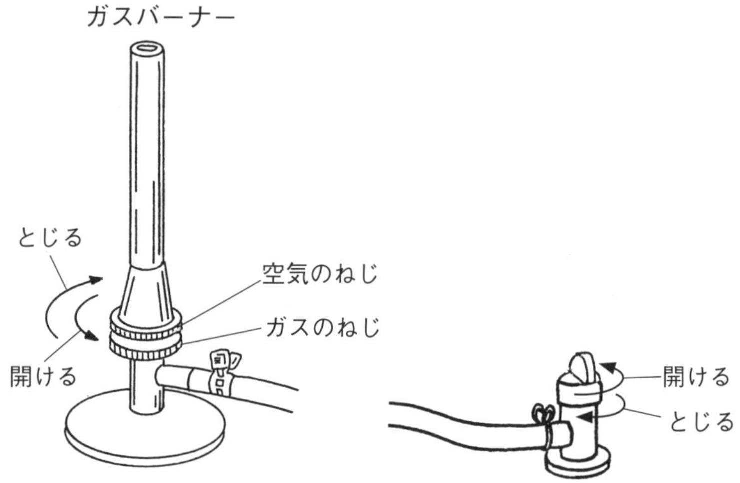

まず、(①　　　　)を開けます。次に(②　　　　)のねじを開けて火をつけます。火がついたら、(③　　　　)のねじを開けて、(④　　　　)の色が(⑤　　　　)なるように調整します。

火の消し方は、まず(⑥　　　　)のねじをとじます。そして(⑦　　　　)のねじをとじて、最《さい》後《ご》に(⑧　　　　)をしっかりとじます。

［ガス　　元せん　　空気　　青白く　　ほのお］
(二度使うものがあります)

25 金ぞくのあたたまり方

学習日 ／

1回目 ／100点

答えは165ページ

2回目 ／100点

できた！

1 図のように金ぞくのぼうの(あ)、(い)、(う)にろうをぬって、あたためる実験《じっけん》をしました。

(1) 図１、図２の実験で、ろうがとけた順《じゅん》に(　　)に(あ)〜(う)の記号をかきましょう。（各《かく》15点）

図１

①(　　→　　→　　)

図２

②(　　→　　→　　)

図１

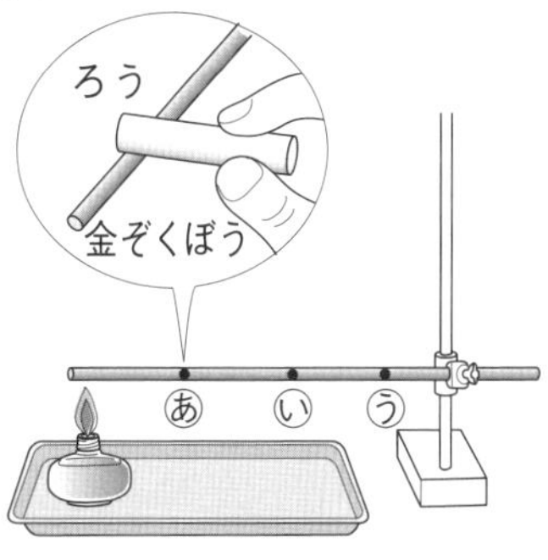

図２

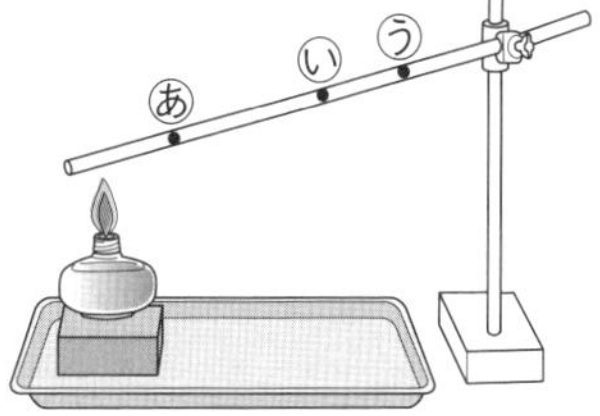

(2) (　　)にあてはまる言葉を［　　］から選《えら》んでかきましょう。（各10点）

実験の結果《けっか》から、金ぞくのぼうは、(①　　　　)に関係《かんけい》なく(②　　　　)部分から(③　　　　)に熱《ねつ》が伝《つた》わるということがわかります。

［ 熱《ねつ》した　　近い順　　かたむき ］

2 金ぞくの板をあたためる実験をしました。

図１

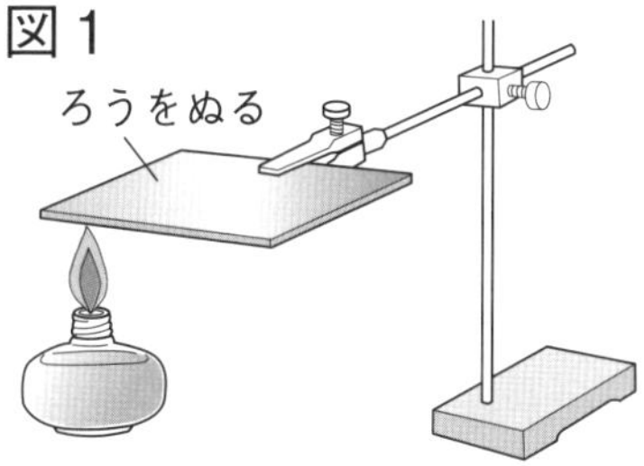

図２

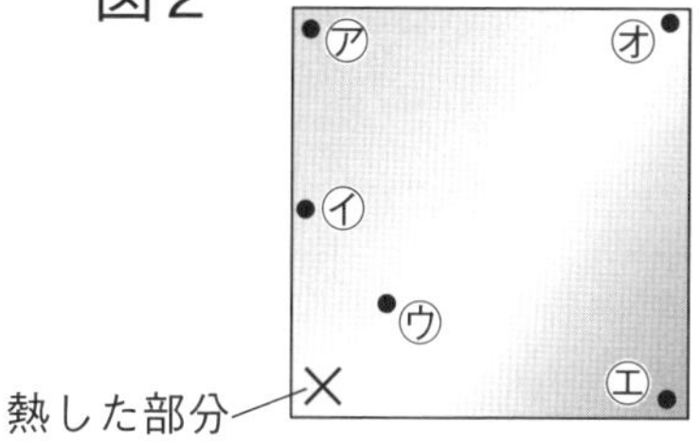

(1) 図２について、正しいもの１つに、○をつけましょう。（10点）

①(　　)㋑が３番目にろうがとけます。

②(　　)㋐と㋓と㋔のろうはとけません。

③(　　)㋒が最初《さいしょ》にろうがとけます。

(2) 下の図の×は熱した部分です。熱の伝わり方で正しいものに○をつけましょう。（各10点）

①(　　)

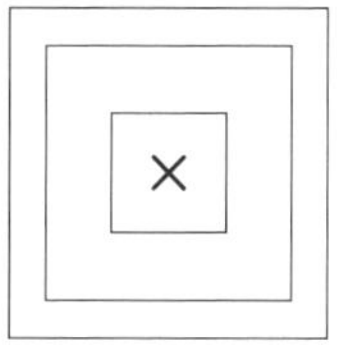

②(　　)

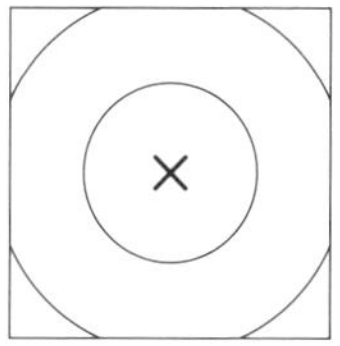

③(　　)

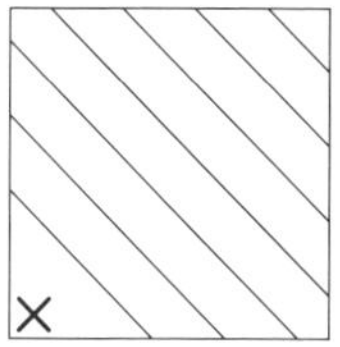

④(　　)

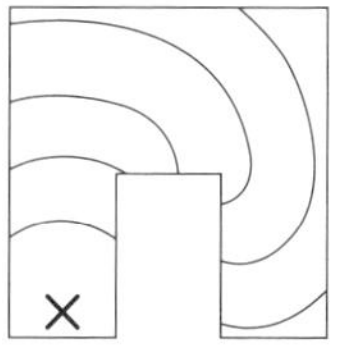

⑤(　　)

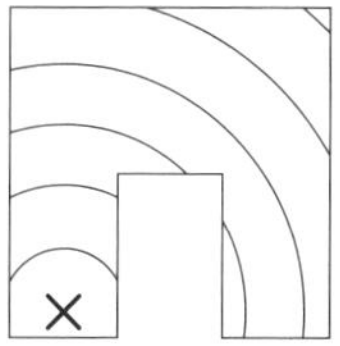

⑥(　　)

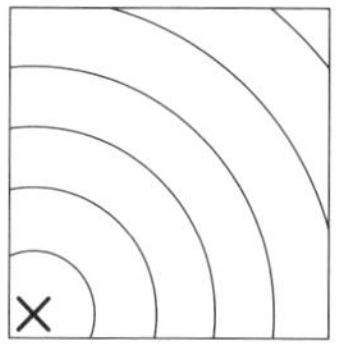

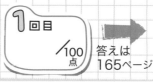

26 水や空気のあたたまり方

学習日 ／

1回目 ／100点　答えは165ページ　2回目 ／100点

できた！

1 水や空気のあたたまり方について調べました。

(1) 20℃の水の中に40℃の水と5℃の水を入れたよう器《き》を入れると、**図1**のようになりました。

　㋐と㋑には、それぞれ何℃の水が入っていますか。　(各《かく》8点)

図1

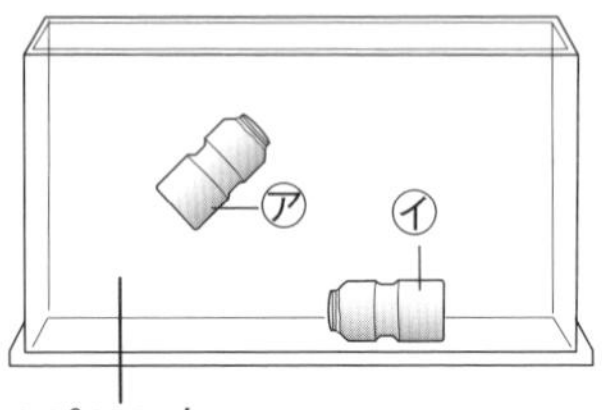

㋐（　　　）　㋑（　　　）

(2) **図2**のような実験《じっけん》をしました。絵の具は、はじめどのように動きましたか。右の図に矢印《やじるし》をかきましょう。　(7点)

図2

(3) **図2**の実験で、先にあたたまるのは、㋐と㋑のどちらですか。　(7点)

（　　　）

(4) （　　）にあてはまる言葉を［　　］から選《えら》んでかきましょう。　(各7点)

　実験の結果《けっか》から（①　　　　　　）水は上へ動き、（②　　　　　　）水は下へ動くことがわかります。

あたためられた　　温度の低《ひく》い

2 （　　）にあてはまる言葉を［　　］から選んでかきましょう。　(各7点)

　まず、ストーブの上にせんこうのけむりを近づけると、けむりは（①　　　　）に動きます。

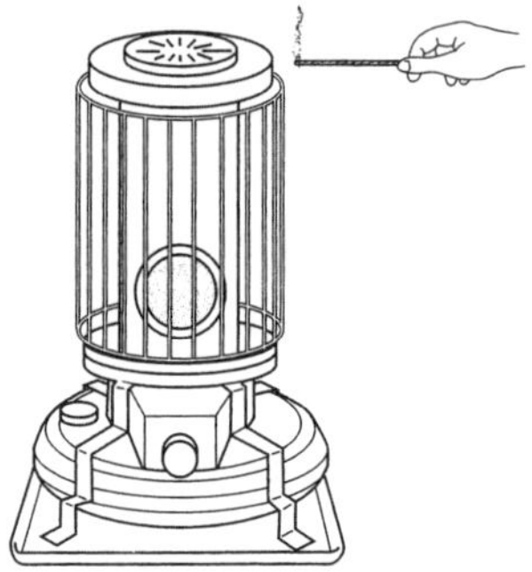

　ストーブでだんぼうしている部屋の空気の温度をはかると、上の方が（②　　　）く、下の方が（③　　　）くなっています。

　空気はあたためられると、まわりの空気より（④　　　）くなり、上の方へ動きます。そして、上の方にあった温度の低い、（⑤　　　）い空気が下の方へ下りていきます。

　このような空気のあたたまり方は（⑥　　　　）とはちがい、（⑦　　　　）とほぼ同じです。

　そのため、エアコンのだんぼうでは、空気のふき出し口を（⑧　　　　）に向けて、あたたかい空気が部屋のゆかの方へいくようにするとよいです。

高　低　軽　重　水
金ぞく　上の方　下の方

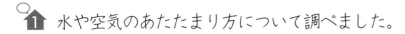

27 水をあたためる

学習日　／

1回目　／100点

答えは165ページ

2回目　／100点

できた！

1 （　　）にあてはまる言葉を［　］から選《えら》んでかきましょう。

（（　）…各《かく》8点）

(1) 水を熱《ねっ》すると、わき立ちます。このことを（①　　　　）といいます。

水が（①）するときの温度はほぼ（②　　）℃で、（①）している間の温度は（③　　　　）。

水を熱したときの温度の変化《へんか》のようす

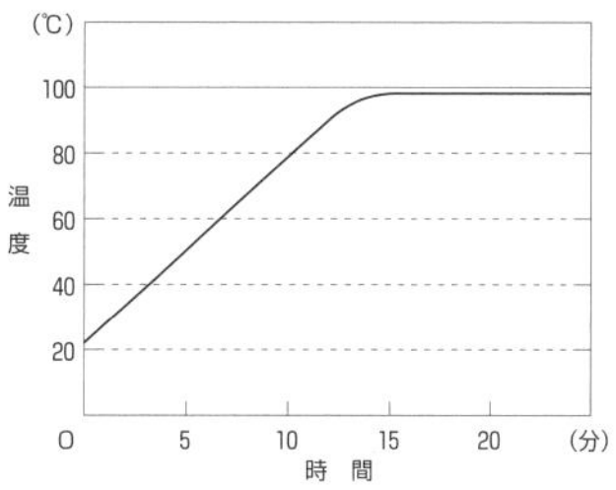

> 100　　変《か》わりません　　ふっとう

(2) ビーカーの中の㋐は水です。水はふっとうすると、㋑の（①　　　）が出ます。㋑は、水がすがたを変えた（②　　　　）です。

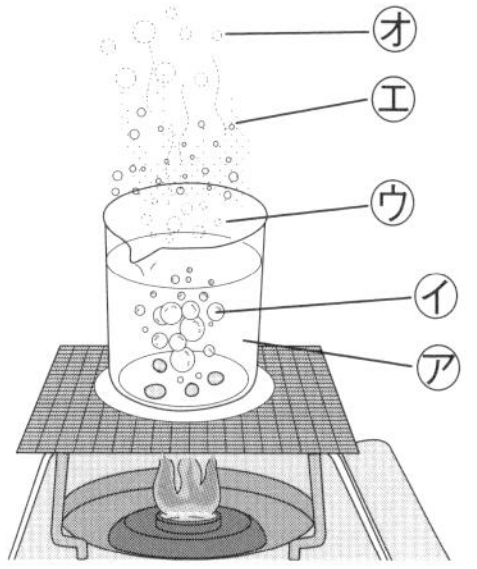

㋒は空気中に出た（③　　　　）で目に（④　　　　）。㋒が、空気中で冷《ひ》やされて㋓の（⑤　　　）になります。㋓は目に見える水つぶです。

> ゆげ　　水じょう気　　水じょう気
> あわ　　見えません

2 （　　）にあてはまる言葉を［　］から選んでかきましょう。

（各6点）

この実験《じっけん》で水を熱するときは、図1のようにビーカーに㋐の（①　　　　）を入れます。

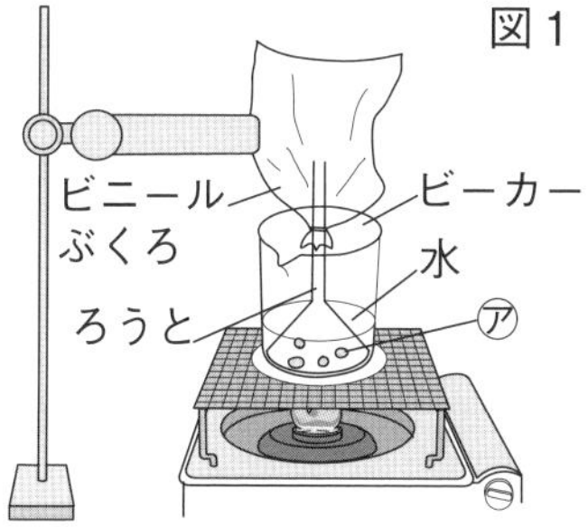

図1

水の中から出てきたあわを、図2のように集めるとふくろが（②　　　）ます。

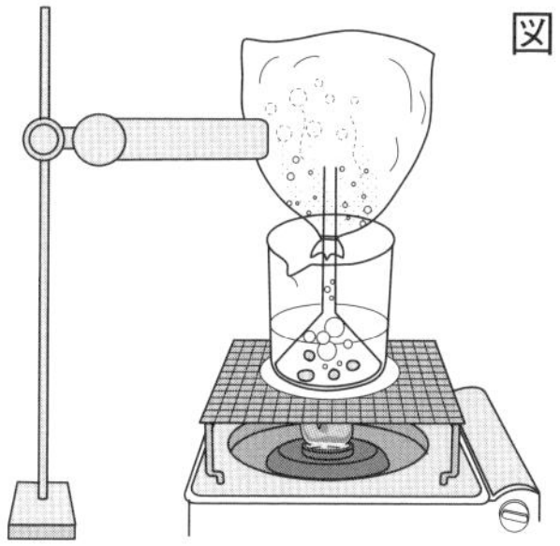

図2

しかし、熱するのをやめると、ふくろは（③　　　）ます。

そして、ふくろの中には（④　　　）がたまります。

この実験から、あわの正体は、（⑤　　　）がすがたを変えた（⑥　　　　）だとわかります。

> しぼみ　　ふくらみ　　ふっとう石
> 水　　水　　水じょう気

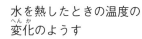

28 水を冷やす

答えは166ページ

1 (　　)にあてはまる言葉を□から選《えら》んでかきましょう。

（各《かく》8点）

水を入れた試験管《しけんかん》をビーカーの中に入れ、そのまわりには(①　　　)を入れます。次に温度計を試験管の底《そこ》に(②　　　　)ように入れます。

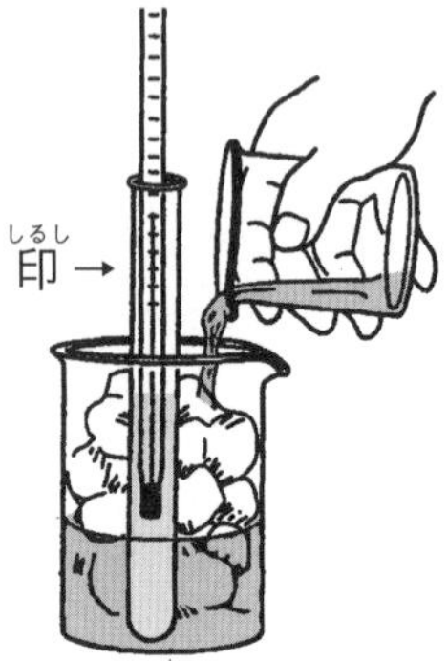

ビーカーの氷に(③　　　　　)をかけ、試験管の水の温度とようすを観察《かんさつ》します。

水の温度が下がり(④　　　　)になると、氷ができはじめます。

水と氷がまじっている間の温度は(⑤　　　　)で、全部が(⑥　　　)になると、温度はまた下がりはじめます。

試験管に入れた水面の高さに印をしておいて、こおらせると、氷の面の位置《いち》が(⑦　　　　)なります。水は氷になるとかさが(⑧　　　　)ことがわかります。

ふれない	ふえる	高く	氷	食塩水《しょくえんすい》	0℃

（二度使うものがあります）

2 (　　)にあてはまる言葉を□から選んでかきましょう。

（各6点）

図1

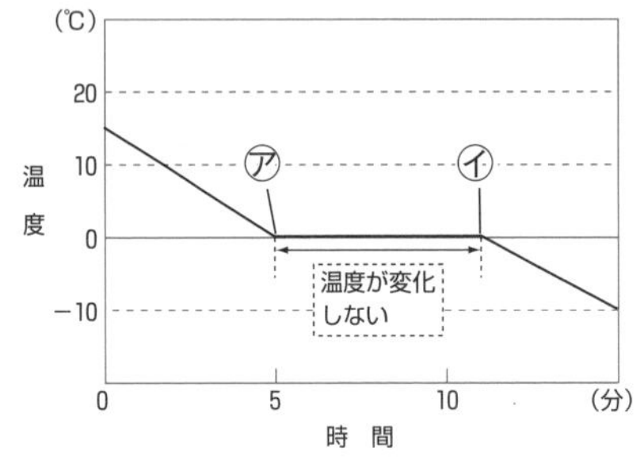

図2

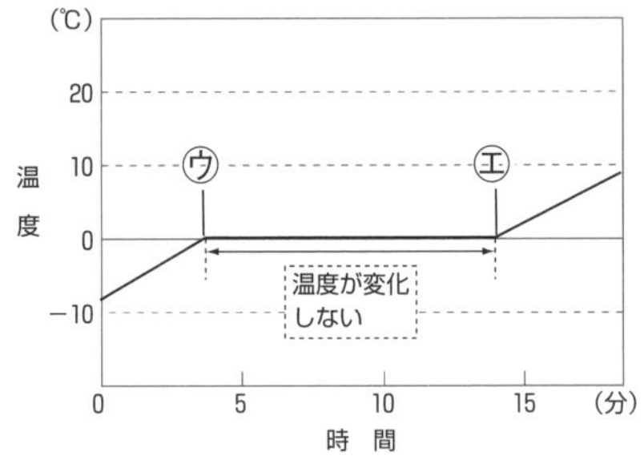

図1のグラフは(①　　　　　　)ときの温度の変化《へんか》を、図2は(②　　　　　　)ときの温度の変化を表しています。

図1の㋐は、水が(③　　　　　　　　)ときを、㋑は、水全体が(④　　　　　　)ときを表しています。

図2では、氷がとけはじめるときが(⑤　　　　)で、氷全体が水になったときが(⑥　　　　)で表されています。

水がこおる	氷になった	氷がとける
こおりはじめる	㋒	㋓

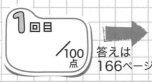

29 固体・えき体・気体 ①

1 (　　)にあてはまる言葉を［　　］から選《えら》んでかきましょう。

((　)…各《かく》7点)

(1) 水は(①　　　)によって氷や(②　　　　　)にすがたを変《か》えます。水のようなすがたを(③　　　　　)、氷のようなかたまりを(④　　　　)、水じょう気のような目に見えないすがたを(⑤　　　　)といいます。

［えき体　気体　固体《こたい》　水じょう気　温度］

(2) 水は熱するとおよそ(①　　　)℃でふっとうし、えき体から(②　　　　)に変わります。また、水を冷やすと(③　　)℃でこおりはじめ、(④　　　　)から(⑤　　　　)に変わります。

［0　100　えき体　気体　固体］

2 氷をビーカーに入れてあたためると、やがて氷はすべてとけて水になりました。さらにあたためていくと、水がふっとうし、水の量《りょう》がへっていきました。

((　)…各5点)

(1) この実験《じっけん》で、水のすがたは、どのように変化《へんか》しましたか。順《じゅん》になるように(　　)に、えき体、気体、固体のどれかをかきましょう。

(①　　　　)→(②　　　　)→(③　　　　)

(2) 氷が水になりはじめたときの温度は何度ですか。

(　　　　℃)

(3) 水がふっとうしているときの温度は何度ですか。

(　　　　℃)

(4) 水のすがたが変化したのは、何によりますか。

(　　　　)

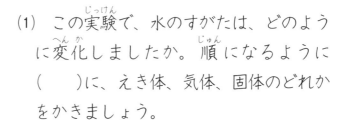

30 固体・えき体・気体 ②

学習日　／

1回目　／100点

答えは166ページ

2回目　／100点

できた！

1 次の10このものを、固体《こたい》・えき体・気体の３つに分けます。それぞれ(　　)に記号で答えましょう。 （( )…各《かく》5点）

㋐ 水

㋑ くぎ

㋒ 空気

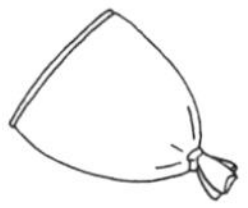

㋓ 食塩《しょくえん》

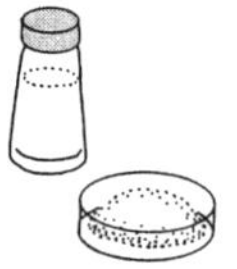

㋔ ヘリウムガス（ふうせんの中）

㋕ 氷 かきごおり

㋖ アルコール

㋗ サラダ油

㋘ 鉄板

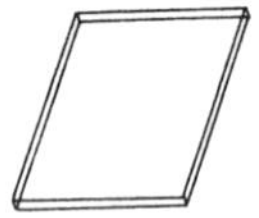

㋙ ソーダ水のあわ

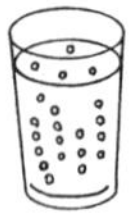

(1) 固体のものを選《えら》んで記号をかきましょう。

(　　　)(　　　)(　　　)(　　　)

(2) えき体のものを選んで記号をかきましょう。

(　　　)(　　　)(　　　)

(3) 気体のものを選んで記号をかきましょう。

(　　　)(　　　)(　　　)

2 図１のように、氷の上から食塩水をビーカーに入れて、試《し》験管《けんかん》の水をどんどん冷《ひ》やしました。 （各５点）

図１

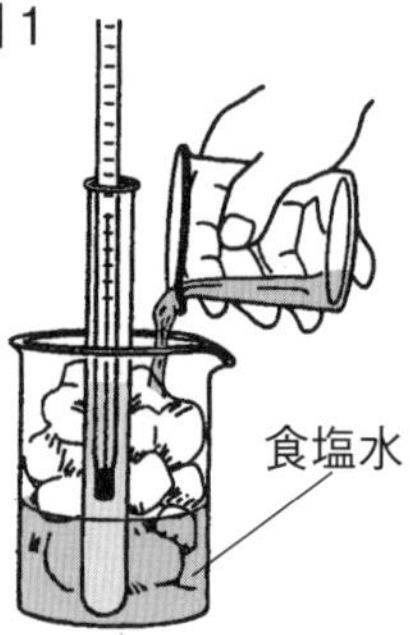

図２

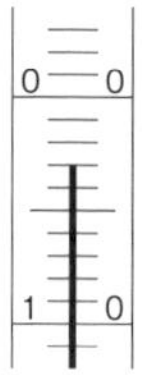

(1) 図１のとき、試験管の水はどうなりますか。

(　　　　　　　　)

(2) (1)のようになると体積《たいせき》はどうなりますか。

(　　　　　　　　)

(3) さらに冷やすと図２のような温度になりました。何度になりましたか。

(　　　　　　　　)

3 次の文で正しいものには○、まちがっているものには×をつけましょう。 （各７点）

① (　　) 水をあたためると、気体になります。

② (　　) 固体の氷は、－15℃のような低《ひく》い温度にはできません。

③ (　　) 水は100℃にならなくても水じょう気になります。

④ (　　) 鉄はえき体になりません。

⑤ (　　) アルコールは気体になります。

1 図のように土で山をつくって、地面のかたむきと水の流れる速さを調べました。（　　）にあてはまる言葉を［　　］から選《えら》んでかきましょう。（各《かく》9点）

図１

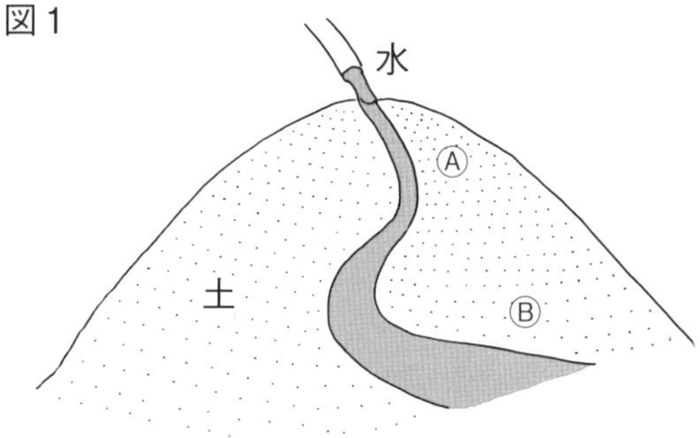

図２

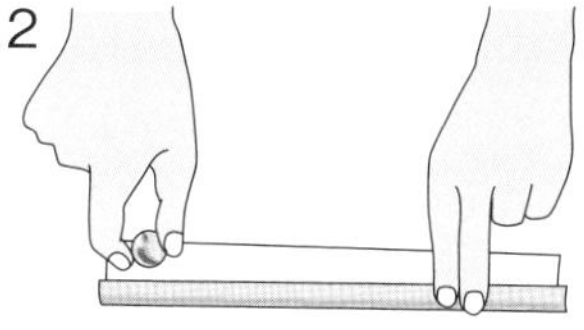

ビー玉をころがす

図１のⒶ、Ⓑの水の流れを調べる前に、それぞれの場所の地面の（①　　　　）を図２のビー玉を使って調べました。

すると、Ⓐの方が（②　　　　　　　　）は速く、Ⓑの方がゆっくりでした。

それぞれのかたむきは、（③　　　）の方が（④　　　）よりも大きいとわかりました。

その結果《けっか》、水の（⑤　　　）は、かたむきが（⑥　　　　）ほど速いので、Ⓐの方が速く流れることがわかりました。

ビー玉のころがり	Ⓐ	Ⓑ	かたむき
大きい	流れ		

2 図のような水たまりの水のゆくえを考えました。次の（　　）にあてはまる言葉を［　　］から選んでかきましょう。（各6点）

天気のよい日は水は（①　　　　　）となって（②　　　　　）に出ていきます。

また、水は地面に（③　　　　　）ます。

空気中にじょう発する

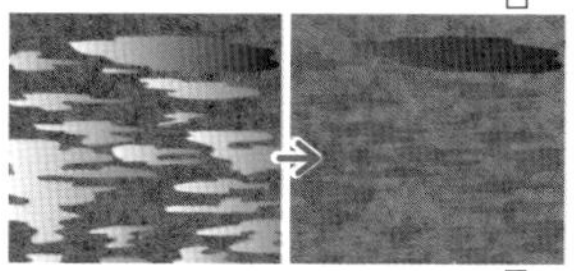

地下にしみこむ

しみこみ　　空気中　　水じょう気

3 コップに、あ土、いすな、うじゃりを入れて水を流しました。（　　）にあてはまる言葉を［　　］から選んでかきましょう。（各7点）

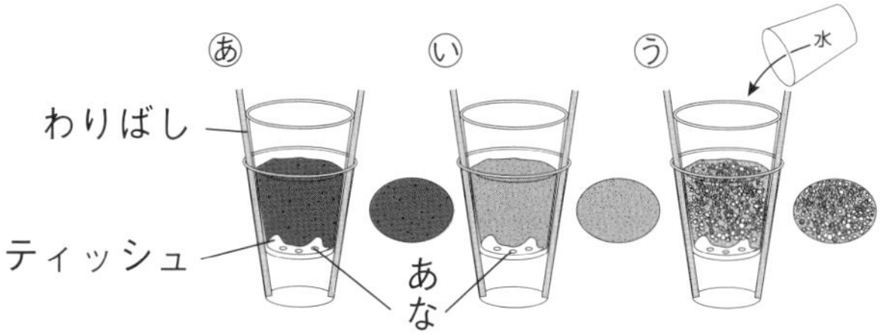

一番速く水が流れ出たのは（①　　　）で、次に速く水が流れ出たのは（②　　　）で、一番おそかったのは（③　　　）でした。

これより、水のしみこみやすいのは、つぶが（④　　　　）方だとわかりました。

あ　　い　　う　　大きい

32 自然界の水のすがた

答えは166ページ

1 （　　）にあてはまる言葉を［　　］から選《えら》んでかきましょう。

（（　）…各《かく》6点）

(1)　右の図のように、日なたに３日間コップを置《お》いておくと㋑のラップシートには（①　　　　）がついて、水の量《りょう》が（②　　　　）いました。また、㋐の水の量も（③　　　　）いました。

水は（④　　　　）しなくても（⑤　　　　）して、空気中へ（⑥　　　　）となって出ていきます。

［ へって　　水てき　　水じょう気　　じょう発　　ふっとう ］

（二度使うものがあります）

(2)　せんたく物がかわくのは、服などにふくまれた水が（①　　　　）して、空気中に（②　　　　）となって出ていくからです。

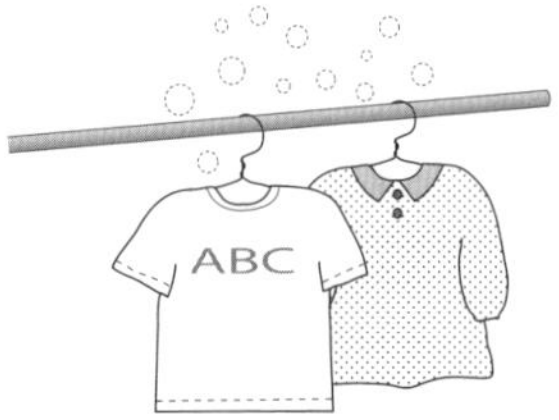

じょう発は、（③　　　　）でもおきますが、(③) よりも（④　　　　）の方が多くじょう発します。

［ 日なた　　日かげ　　水じょう気　　じょう発 ］

2 （　　）にあてはまる言葉を［　　］から選んでかきましょう。

（（　）…各4点）

(1)　冷《ひ》やしておいた飲み物のびんを冷《れい》ぞう庫から出しておくと、びんの外側《がわ》に水てきがつきました。

びんについた水てきは（①　　　　）にあった（②　　　　）が、びんに（③　　　　）水にすがたを変《か》えたものです。このように空気中には、いつも目に見えないかたちで（④　　　　）がふくまれています。その多い、少ないを表すのが（⑤　　　　）です。

［ 空気中　　水じょう気　　水じょう気　　しつ度　　冷やされて ］

(2)　水は熱《ねっ》しなくても、川や海、（①　　　　）などからじょう発して（②　　　　）となって空気中へ出ていきます。

水じょう気は、空の高いところで（③　　　　）て、㋐の（④　　　　）になります。それが、水のつぶになって落ちてくる㋑を（⑤　　　　）といいます。

［ 雨　　雲　　地面　　冷やされ　　水じょう気 ］

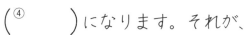

1 方位と地図記号 ①

1 （　　）にあてはまる言葉を［　］から選《えら》んでかきましょう。

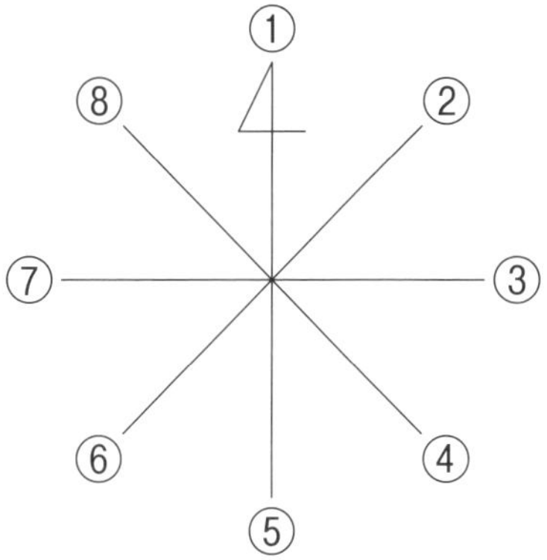

東	西	南	北
北東	南東	北西	
南西	八方位		

(1)　このような方位《ほうい》の表し方を何といいますか。（4点）

（　　　　　）

(2)　①～⑧の方角を何といいますか。（各《かく》4点）

①（　　　）　②（　　　）

③（　　　）　④（　　　）

⑤（　　　）　⑥（　　　）

⑦（　　　）　⑧（　　　）

2 地図のかき方として、正しいものには○を、まちがっているものには×をつけましょう。（各5点）

①（　　）地図はふつう北を上にしてかく。

②（　　）地図はふつう南を上にしてかく。

③（　　）地図には方位記号を入れてかく。

④（　　）地図記号を入れると、わかりやすくなる。

3 次の地図記号と意味の合うものを線で結《むす》びましょう。（各4点）

①  ・　　・㋐  昔使われていた消ぼう用の道具。

②  ・　　・㋑  赤十字のしるしをもとにつくったもの。

③  ・　　・㋒  けいぼうを交わらせたもの。

④  ・　　・㋓  神社の入り口にあるとりい。

⑤  ・　　・㋔  ゆうびんのマーク。

4 次の地図記号が表しているものを［　］から選び、記号でかきましょう。（各3点）

① 　② 　③ 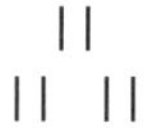　④ 

（　　　）（　　　）（　　　）（　　　）

⑤ 　⑥ 　⑦ 　⑧ 

（　　　）（　　　）（　　　）（　　　）

㋑図書館	㋒くだもの畑	㋖田	㋙畑
㋜工場	㋠寺	㋨港	㋯市役所

② 方位と地図記号 ②

学習日 ／

1回目 ／100点　答えは166ページ　2回目 ／100点

できた！

社会

1 次の地図を見て後の問いに答えましょう。

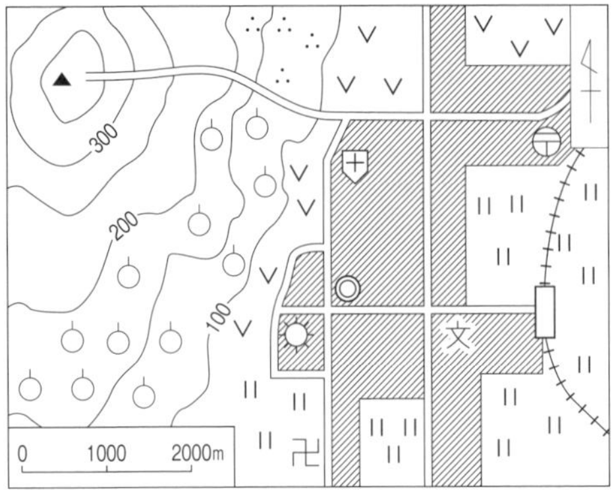

(1) 地図の▲の印《しるし》は何を表していますか。 (8点)

(　　　　　)

(2) ▲は、市役所から見てどの方角ですか。八方位《はちほうい》で答えましょう。 (8点)

(　　　　　)

(3) 工場は、学校から見てどの方角にありますか。 (8点)

(　　　　　)

(4) ▨は、町を表しています。町のまわりの土地は何に使われていますか。2つかきましょう。 (各《かく》8点)

(　　　　　)(　　　　　)

(5) 次の文で正しいものには○を、まちがっているものには×をつけましょう。 (各5点)

① (　　) 駅から線路にそって南へ進むと、ゆうびん局がある。

② (　　) 山のしゃ面は、茶畑とくだもの畑に利用《りよう》されている。

③ (　　) 町の中に入っていない建物《たてもの》は、寺だけである。

2 次の地図を見て、後の問いに答えましょう。

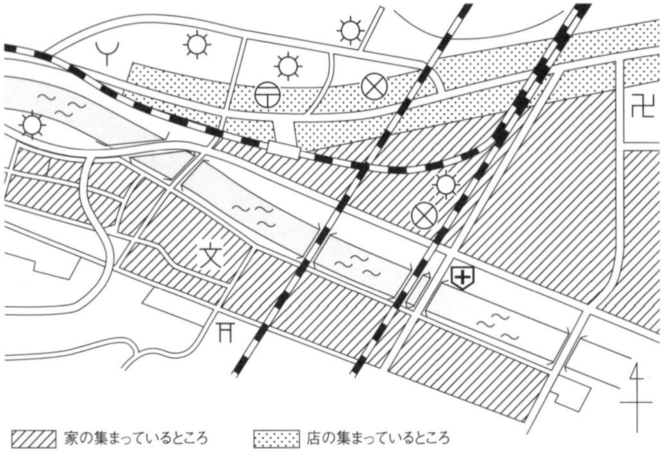

(1) 家が多いのは、駅の北側《がわ》と南側のどちらですか。 (5点)

(　　　　　)

(2) 工場が集まっているのは、東西南北のどの方角ですか。 (8点)

(　　　　　)の方角

(3) ゆうびん局と神社は、駅から見てどの方角ですか。(各8点)

① ゆうびん局 (　　　　)　② 神社 (　　　　)

(4) けいさつしょは、いくつありますか。 (8点)

(　　　　　)

(5) 川のそばにある建物は、工場と何ですか。 (8点)

(　　　　　)

3 等高線

学習日　／

1回目　／100点　答えは167ページ　2回目　／100点　できた！

1 次の図は、山を真上と真横から見た図です。

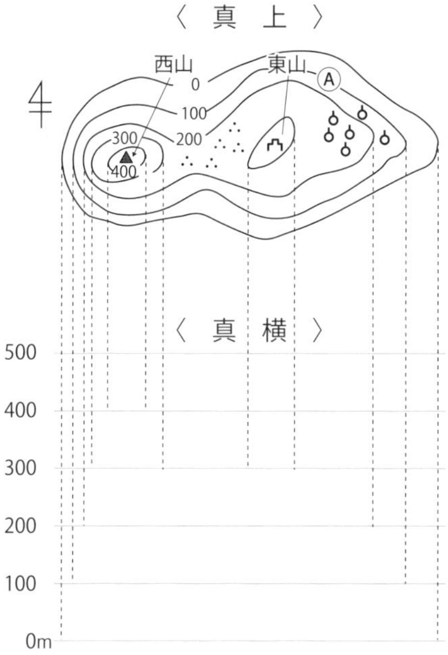

(1) 真横から見た図をかきましょう。 (15点)

(2) Ⓐの線を何といいますか。 (10点)

(　　　　　)

(3) 西山と東山の高さは、それぞれ何m以上《いじょう》ですか。 (各《かく》５点)

① 西山(　　　　)m以上

② 東山(　　　　)m以上

(4) 西山と東山のしゃ面は、どちらが急ですか。 (10点)

(　　　　　)

(5) 西山と東山の間のしゃ面は、何に利用《りよう》されていますか。 (10点)

(　　　　　)

2 次の地図を見て、後の問いに答えましょう。

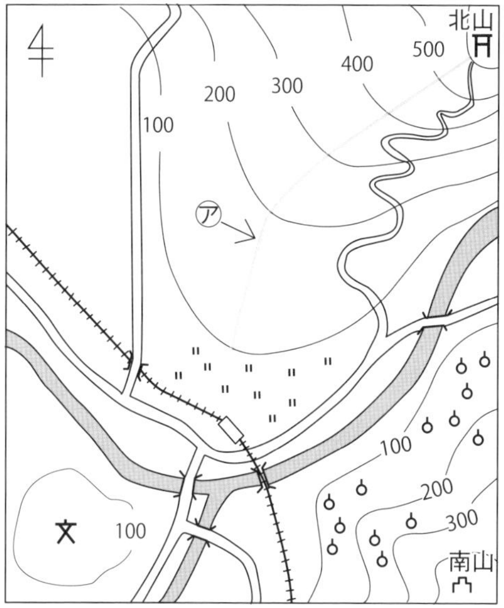

(1) 山ちょうに神社があるのは、北山と南山のどちらですか。 (5点)

(　　　　　)

(2) (1)の山は、何m以上の高さがありますか。 (10点)

(　　　　)m以上

(3) 学校は、何m以上の高さのところにありますか。 (10点)

(　　　　)m以上

(4) くだもの畑があるのは、高さ何m～何mの間ですか。 (10点)

(　　　　m～　　　　m)

(5) 北山で、㋐のように等高線が外に出ているところは、尾《お》根《ね》か谷のどちらですか。 (10点)

(　　　　　)

4 地図のしゅくしゃく

1 次の地図を見て、（　　）にあてはまる言葉を［　］から選《えら》んでかきましょう。 （（　）…各《かく》8点）

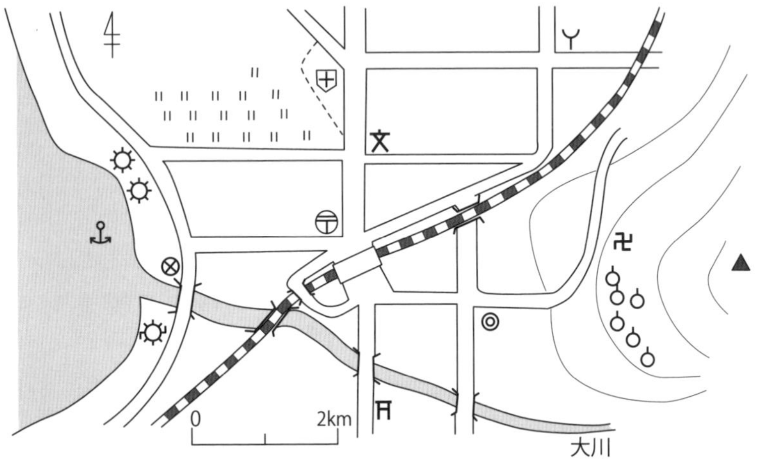

(1) 地図は、実さいの長さをちぢめて表しています。上の地図上では、1kmの長さが（①　　　）となっています。1km＝1000m＝100000cmなので、（②　　　）になります。このどのくらいちぢめたかを（③　　　）といいます。

これは、（④　　　）：100000 とかいたり、0 1kmと図でしめす場合もあります。

1cm	100000	しゅくしゃく	1	$\frac{1}{100000}$

(2) 駅から西に向かうと、⊗の記号があります。これは（①　　　）です。駅からのきょりは、地図上では約《やく》2.5cmなので、実さいは（②　　　）です。また、学校は駅から（③　　　）の方角にあり、地図上では約1.5cmなので、きょりは（④　　　）です。駅から南に行くと川があり、橋をわたると神社があります。地図上では約（⑤　　　）cmですから、実さいは2kmです。

2	1.5km	2.5km	北	けいさつしょ

2 次の条件《じょうけん》の地図での、実さいのきょりを求《もと》めましょう。

(1) 50000分の1の地図で、大阪《おおさか》駅と大阪城《じょう》を線でまっすぐ結《むす》ぶと6cmでした。 （14点）

6cm×50000＝［　　　］cm＝［　　　］m

＝［　　　］km

(2) 1000000分の1の地図で、大阪市役所と神戸《こうべ》市役所を直線で結ぶと3cmでした。 （14点）

式

答え　　　　km

5 ごみのゆくえ ①

学習日　／

1回目　／100点

答えは167ページ

2回目　／100点

1 ごみは、分別《ぶんべつ》してしゅう集されます。

次のごみは、どのように分けられますか。(　　)に記号をかきましょう。　((　)…各《かく》6点)

㋐

(生ごみ)

㋑

㋒

(アルミかん)

㋓

(紙くず)

㋔

(ペットボトル)

㋕

㋖

㋗

㋘

① もえるごみ ……… (　　　)(　　　)

② もえないごみ ……… (　　　)(　　　)

③ しげんごみ ……… (　　　)(　　　)(　　　)

④ 大《おお》型《がた》ごみ ……… (　　　)(　　　)

2 ごみの出し方、集め方について、正しい文には○をまちがっている文には×をつけましょう。　(各4点)

① (　　　) ごみはどこにでも出してよい。

② (　　　) ごみはもえるごみ、もえないごみ、しげんごみなどに分けて出す。

③ (　　　) こわれた冷《れい》ぞう庫やテレビなどは生ごみといっしょに出す。

④ (　　　) ごみは決められた曜日に決められた場所に出す。前の夜に出さない。

3 次の絵は、家の近くにあるごみステーションにしめされている表です。　(各10点)

① 紙くずや生ごみなど、もえるごみはいつ出しますか。

(　　　　　　　　)

② 毎週水曜日に出すごみはどんなごみですか。

(　　　　　　　　)

③ ごみは、決められた日の何時までに出しますか。

(　　　　　　　　)

6 ごみのゆくえ ②

答えは167ページ

1 もえるごみは、せいそう工場に持っていき、もやします。次の図を見て、後の問いに答えましょう。

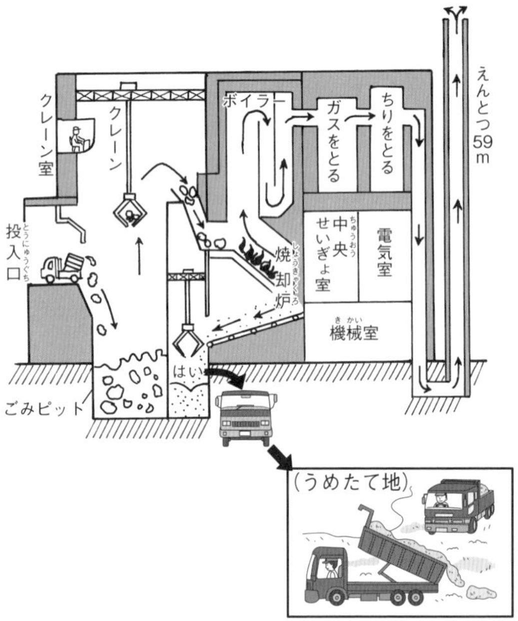

① ごみを集めたり、ためておくところはどこですか。 (10点)

(　　　　　　)

② ごみがもえるのを管《かん》理《り》しているところは、どこですか。 (10点)

(　　　　　　)

③ もやしてできたはいは、どこに持っていきますか。 (10点)

(　　　　　　)

④ ごみをもやした後のけむりから、何と何をとってえんとつから外に出しますか。 (各《かく》10点)

(　　　　　　)(　　　　　　)

2 ふえつづけるごみをへらそうと、3R《スリーアール》という取り組みがあります。つぎのRに合うものを線で結《むす》びましょう。 (各10点)

① リユース（R）（すてずに何回も使う） •　　• ㋐ 新聞紙を、しげんごみに出して再生《さいせい》紙をつくる。

② リサイクル（R）（使ったものを一度原料《げんりょう》にして新しいせい品をつくる） •　　• ㋑ 飲んだ牛にゅうびんは、牛にゅう屋さんに返す。

③ リデュース（R）（ごみをできるだけ出さないようにする） •　　• ㋒ マイバッグを使い、ビニールぶくろをもらわない。

3 次の㋐～㋓のような品物はどのしげんごみからリサイクルして作られますか。[　]から選《えら》んでかきましょう。 (各5点)

㋐ アルミかん (　　　　　　)

㋑ ごみぶくろ、シート、バッグ (　　　　　　)

㋒ ビールびん (　　　　　　)

㋓ ノート、本、トイレットペーパー (　　　　　　)

ペットボトル	古新聞	あきかん	あきびん

7 水のゆくえ

学習日 ／

1回目 ／100点　答えは167ページ　2回目 ／100点

できた！

1 家庭で1日に使われている水の量《りょう》を調べました。次の図を見て、1日に1人が使っている水の量を（　　）にかきましょう。（各《かく》10点）

せんたく ……………… 約《やく》（①　　　　）L

台　所 ……………… 約（②　　　　）L

手あらい・その他 … 約（③　　　　）L

おふろ ……………… 約（④　　　　）L

トイレ ……………… 約（⑤　　　　）L

1日に使う量 約（⑥　　　　）L

2 家庭で使う水は、どのようにして水道のじゃ口までできていますか。図を見て（　　）にあてはまる言葉をかきましょう。（各10点）

①（　　　　）ふった雨は、木の葉やえだをつたわって土にしみこみ、水をたくわえます。

⇓

川

⇓

②（　　　　）水をためて発電したり、こう水をふせいだりします。

⇓

川

⇓

③（　　　　）水をきれいに消どくして、飲んでも安全な水にします。

⇓

④（　　　　）それぞれの地いきに水を送り出します。

⇓

家庭

8 じょう水場と下水しょり場

学習日 ／

1回目 ／100点　答えは167ページ　2回目 ／100点

できた！

社会

1 次の図は、じょう水場のしくみを表しています。

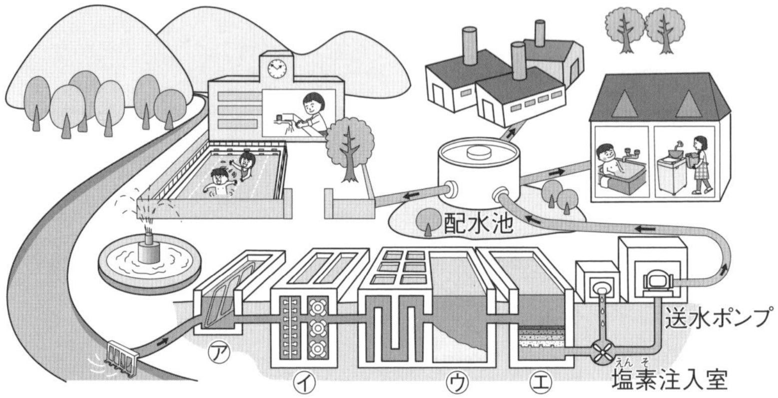

(1) ㋐～㋓の名前を［　　］から選《えら》んでかきましょう。（各《かく》10点）

㋐（　　　　　　　）　㋑（　　　　　　　）

㋒（　　　　　　　）　㋓（　　　　　　　）

かくはん池	ちんでん池	ろか池	ちんさ池

(2) 下の文は(1)の㋐～㋓でおこなわれています。（　　）にあてはまる記号をかきましょう。（各5点）

①（　　）すなや大きなごみをしずめる。

②（　　）水をすなやじゃりのそうを通じて、きれいな水にする。

③（　　）薬を入れて水をかきまぜる。

④（　　）薬で小さなごみを固《かた》めてしずめる。

2 次の図は、家庭や工場で使われた水が、Ⓐに集められるようすを表しています。

(1) Ⓐは、じょう水場と下水しょり場のどちらですか。（8点）

（　　　　　　　　）

(2) Ⓐの説明《せつめい》に合うもの２つに○をつけましょう。（各8点）

①（　　）すなや大きなごみをとりのぞいて、きれいな水にする。

②（　　）きれいにした水をためておき、家庭におくる。

③（　　）かんきょうに害《がい》のない水にして、川や海に流す。

④（　　）消どくして飲める水にする。

(3) Ⓐから出てくる水が、利用《りよう》されるもの２つに○をつけましょう。（各8点）

①（　　）飲み水　②（　　）公園の池

③（　　）プール　④（　　）工場の機械《きかい》をあらう

9 水の流れ

学習日 ／

1回目 ／100点

答えは167ページ

2回目 ／100点

できた！

1 次の図は、水の流れをまとめたものです。

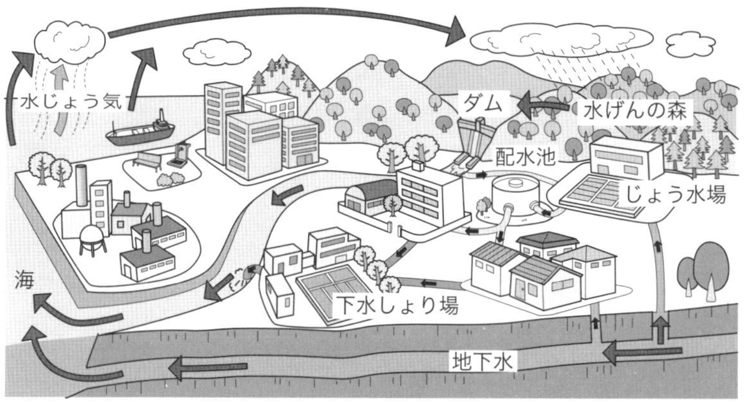

(1) □にあてはまる言葉を□から選《えら》んでかきましょう。 (各《かく》10点)

雨 → ①（　　） → ②（　　） → ③（　　） → 家庭・学校など → ④（　　） → 川から海へ → 雨

下水しょり場　　じょう水場　　水げんの森　　ダム

(2) (1)の①〜④と、つながりのある文を選んで（　　）に記号をかきましょう。 (各5点)

①（　　）　②（　　）　③（　　）　④（　　）

㋐ 雨の量《りょう》が少ないときも、水不足《みずぶそく》にならないように川の水の量を調節《ちょうせつ》する。

㋑ ふった雨水を地下水としてたくわえる。

㋒ 家庭や工場などで使われた水をきれいにする。

㋓ 川の水を取り入れて、飲める水にする。

2 次の絵を見て、森林と水の関係《かんけい》について（　　）にあてはまる言葉を□から選んでかきましょう。 (各8点)

山に広がる森林は（①　　　　）とよばれ、水をしっかりとたくわえるはたらきをしています。

雨が長くふらなくても川の水がなくならないのは（②　　　　）や（③　　　　）が森林にたくわえられ、山の土できれいにされて、少しずつ流れ出ているからです。水は、まさに（④　　　　）からのおくりものなのです。

このほかに、森林は山くずれや（⑤　　　　）をふせいだりするはたらきもします。

雨水　　こう水　　自然《しぜん》　　緑のダム　　雪どけ水

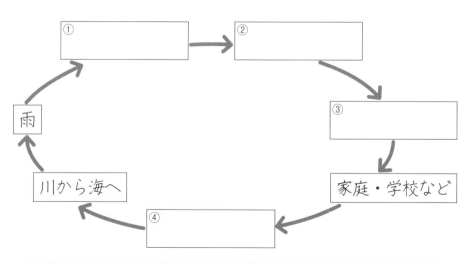

10 かぎられた水を大切に

学習日 ／

1回目 ／100点

答えは167ページ

2回目 ／100点

できた！

社会

1 次の絵は、食べ物を育てるときに必要《ひつよう》になる水の量《りょう》を表しています。

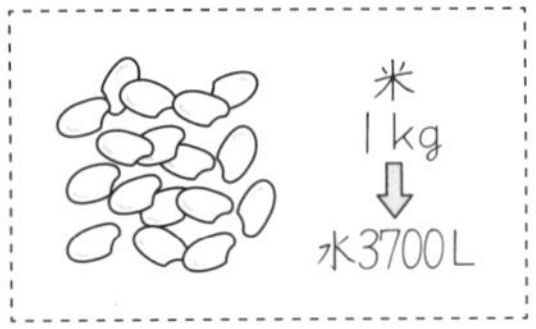

ほとんど日本で作られているもの

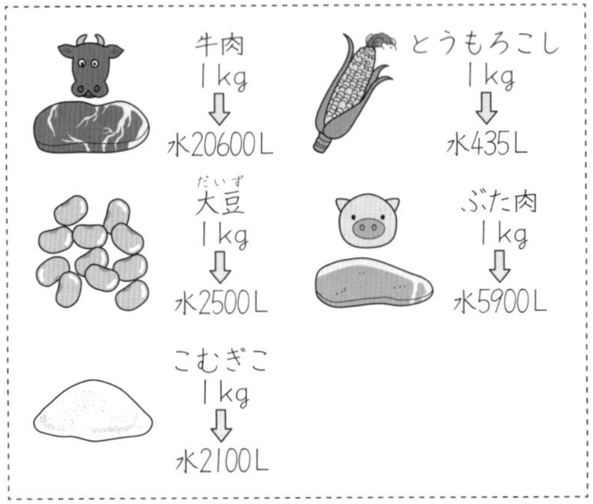

外国から買っている食べ物

(1) 育てるときに水を一番多く使う食べ物の名前と、その量をかきましょう。 (各《かく》5点)

名前（　　　　）　　水の量（　　　　　　）L

(2) 外国で水不足《みずぶそく》がおこると、どうなりますか。（　　）にあてはまる言葉を［　］から選《えら》んでかきましょう。 (各10点)

外国で水不足がおこると、（①　　　　）を育てられなくなって、食べ物のねだんが（②　　　　）なり、（③　　　　）なったりする。

高く	低《ひく》く	買えなく	食べ物

2 次の絵は、かぎられた水を大切にするためにできることを表しています。

① 食器《しょっき》あらい　② 水せんトイレ　③ せんたく

(大きなビルなどのしせつで)

（　　）□　（　　）□　（　　）□

(1) ①～③で、できることを㋐～㋒から選んで（　　）に記号をかきましょう。 (各10点)

㋐ おふろの残《のこ》り湯を使う。

㋑ 下水しょりされたきれいな水を使う。

㋒ じゃ口をこまめにしめる。

(2) ①～③はⒶ～Ⓒのどれにあたりますか。□に記号をかきましょう。 (各10点)

Ⓐ 節水《せっすい》（水を節約《せつやく》する）

Ⓑ 水の再利用《さいりよう》（水をくり返し利用する）

Ⓒ 水の再生《さいせい》利用（使用した水をきれいな水にして利用）

11 自然災害から人々を守る

1 次の地図を見て、後の問いに答えましょう。

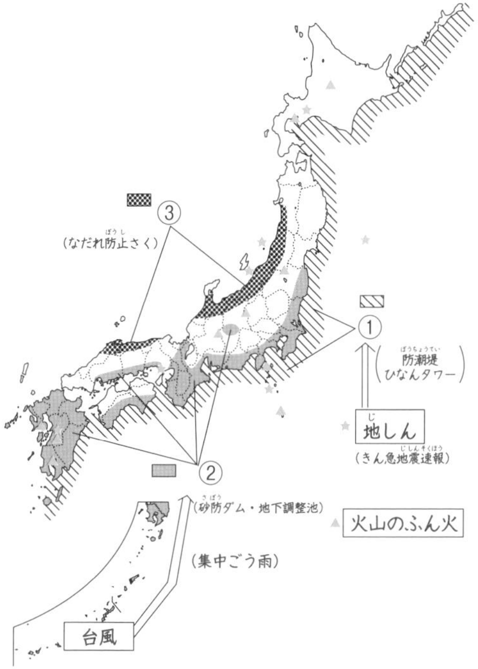

(1) ①～③の災害《さいがい》を［　　］から選《えら》んでかきましょう。（各《かく》10点）

①	
②	
③	

雪害　　津波《つなみ》　　風水害

(2) 次の災害にあたる言葉を、図を見てかきましょう。（各10点）

① 日本のどこでおきてもふしぎではないが、特《とく》に1995年の阪神《はんしん》・淡路《あわじ》と、2011年の東日本でおきた災害。

（　　　　　　）

② 1990年雲仙普賢岳《うんぜんふげんだけ》、2014年御嶽山《おんたけさん》では、とつぜんばく発して火山ばいやガスなどがふき出した。

（　　　　　　）

(3) ①～③の災害の中で、気候《きこう》に関係《かんけい》のあるものを記号でかきましょう。（各10点）

（　　　　）（　　　　）

2 次の図は、（ハザードマップ・ひなんタワー・地下調整池）のどれを表していますか。（　　）に名前を書いて、関係のある説明《せつめい》と線で結《むす》びましょう。（各10点）

①
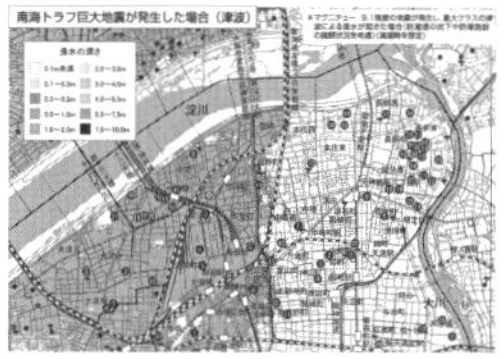

（　　　　　　）　•　　•　㋐ 大雨のとき、雨水をためるために、地下につくったトンネル。

②

（　　　　　　）　•　　•　㋑ 津波のおきやすいところでは、住民《じゅうみん》がひなんするための場所。

③

©東京都建設局
（　　　　　　）　•　　•　㋒ 災害がおきそうなところを地図上で表したもの。

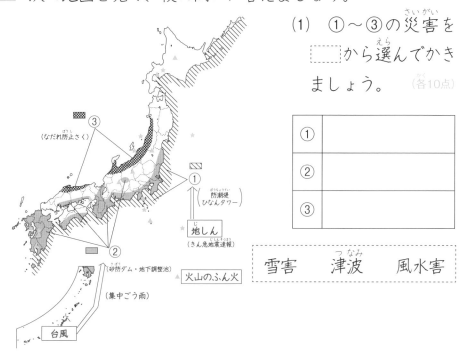

12 自然災害（地震）にそなえる

1 自然災害《しぜんさいがい》にそなえた取り組みです。□と（　　）にあてはまる言葉を⬚から選《えら》んでかきましょう。

（Ⓐ～Ⓒは各《かく》10点、①～⑤は各6点）

Ⓐ □（市町村・消防《しょうぼう》・警察《けいさつ》）
- （①　　　　　）の作成《さくせい》
- 電気などのライフライン
- 人命救助《きゅうじょ》

Ⓑ □（近所・地いき）
- 救出訓練《くんれん》
- （②　　　　　）場所にいっしょに行く
- （③　　　　　）倉庫《そうこ》の点けん

Ⓒ □（家族）
- （④　　　　　）や飲《いん》料水《りょうすい》をそなえる
- （⑤　　　　　）などがたおれないようにする
- 家族で安全かくにんをする

Ⓐ～Ⓒ

公助　　自助　　共助《きょうじょ》

①～⑤

ひなん　ハザードマップ
家具　ぼうさい　食料品

2 次の写真について、後の問いに答えましょう。

(1) ㋐・㋑の災害の名前をかきましょう。

（各10点）

㋐

©伊丹市役所

1995年1月17日に兵庫県《ひょうごけん》南部でおきた地震《じしん》。

（　　　　　　　）大震災《だいしんさい》

㋑

©名取市図書館

2011年3月11日に東北地方を中心におきた地震。

（　　　　　　　）大震災

(2) ㋑によりおきた災害は、（大雨・大雪・津波《つなみ》）の中のどれですか。

（10点）

（　　　　　）

(3) 次の写真は、地震に対するどんな取り組みを表していますか。⬚から選んで、記号で答えましょう。

（10点）

［　　　］

㋐ 防災訓練
㋑ 耐震《たいしん》工事がされた建物
㋒ ひなん場所をしめすかん板

13 地いきを守る（稲むらの火）

1 次のポスターを見て、後の問いに答えましょう。

©和歌山県広川町

安政南海地震《あんせいなんかいじしん》がおきた日が、「稲《いな》むらの火」の話にちなんで、「世界津波《つなみ》の日」として世界共通《きょうつう》の記念日《きねんび》になった。

(1) 11月5日は、何の日ですか。（10点）

（　　　　　　　　　　）

(2) (1)は、何の話にちなんで決められましたか。（10点）

（　　　　　　　　　　）

(3) (2)について、次の（　　）にあてはまる言葉を［　　］から選《えら》んでかきましょう。（各《かく》10点）

安政南海地震がおこったあと、潮《しお》が大きく引いて、ふだんは見られないような広いすな原や岩底《いわぞこ》があらわれました。浜口梧陵《はまぐちごりょう》は、（①　　　　）がおそってくると思い、自分の畑に積《つ》んであった（②　　　　）に火をつけました。それを消そうと村人が、（③　　　　）にかけつけたことで（①）からのがれました。

［高台　　稲むら　　津波］

2 次の図を見て、後の問いに答えましょう。

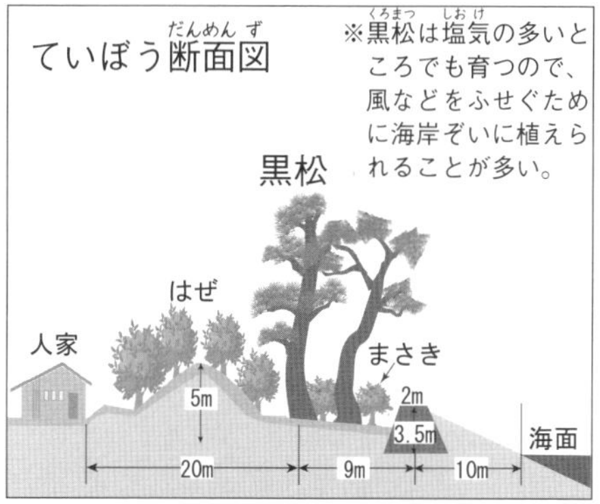

©和歌山県広川町

(1) 浜口梧陵は、地震の後に村が津波におそわれないように何をつくりましたか。（10点）

広村（　　　　　　　　）

(2) (1)に黒松を植えたのはなぜですか。（　　）にあてはまる言葉をかきましょう。（各10点）

黒松は、（①　　　　）に強く、海岸ぞいでも育つので、（②　　　　）と（③　　　　）をふせぐだけなく、（④　　　　）が村に流れこんでくるのもふせぐためです。

［漁船《ぎょせん》　　津波　　塩気　　風］

14 地いきを開く

学習日 /

1回目 /100点 → 答えは168ページ → 2回目 /100点

できた！

1 次の地図を見て、後の問いに答えましょう。

(1) ①～③の場所と図を選《えら》んで記号で答えましょう。

（〔 〕（ ）…各《かく》6点）

① 那須野《なすの》が原用水《はらようすい》（栃木《とちぎ》県）

〔　　〕（　　）

② 広村《ひろむら》ていぼう（和歌山《わかやま》県）

〔　　〕（　　）

③ 通潤《つうじゅん》用水（熊本《くまもと》県）

〔　　〕（　　）

Ⓐ

©山都町教育委員会

Ⓑ

©和歌山県広川町

Ⓒ

©那須野ケ原土地改良区連合

(2) ②の工事に使われた道具の中で、土をほりだす道具に○をつけましょう。

（4点）

てんびん（　）　くわ（　）　もっこ（　）

©那須野が原博物館

2 次の図を見て、後の問いに答えましょう。

(1) 1・①と③は、あといのどちらと関係《かんけい》していますか。

（各6点）

① 〔　　　〕　③ 〔　　　〕

あ

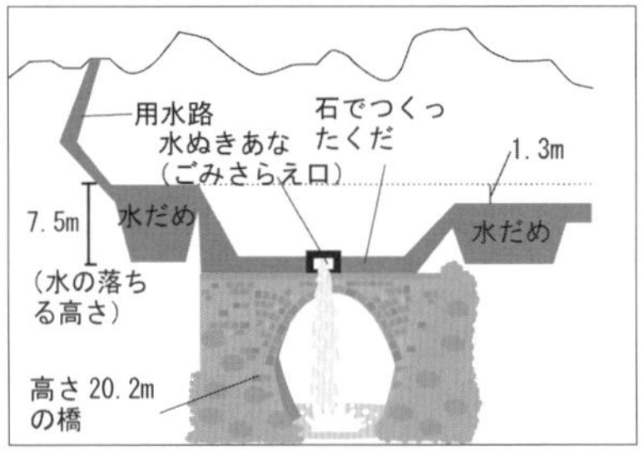

い

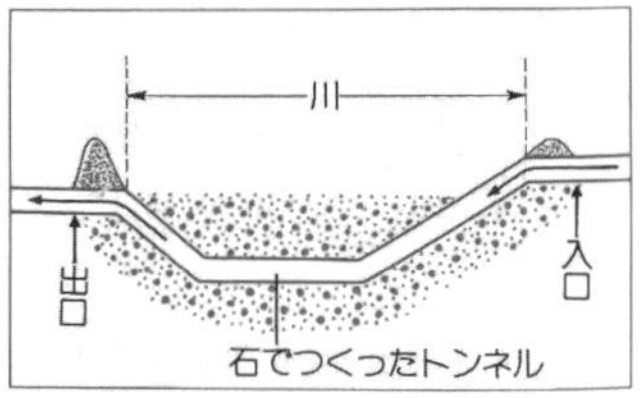

©那須野ケ原土地改良区連合

(2) 次の文にあてはまる言葉を［　］から選んでかきましょう。

（（ ）…各8点）

通潤用水は、台地よりも（①　　　）土地を流れている川の水を台地に流すため、水の（②　　　）力を利用《りよう》して橋より（③　　　）台地に水をふき上げさせた。

> 高い　低《ひく》い　落ちる

那須野が原用水は、川が流れていないところの（④　　　）を通れる（⑤　　　）をつくって、（⑥　　　）全体に水を流れるようにした。

> 台地　トンネル　川底《かわぞこ》

15 日本のすがた ①

1 次の地図を見て、(　　)にあてはまる言葉を［　］から選《えら》んでかきましょう。（各《かく》4点）

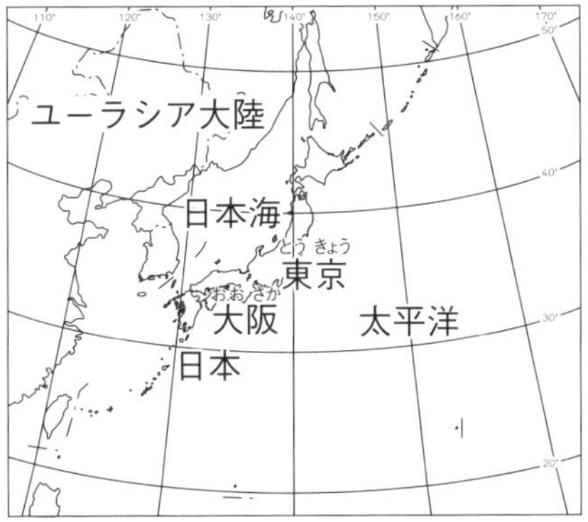

日本は、(①　　　　　　)大陸《たいりく》の東側《がわ》にあって、東は(②　　　　　)、西は(③　　　　　)といった海にかこまれた細長い島国で、およそ(④　　　　　)kmあります。

また、日本列島は［(⑤　　　　　)(⑥　　　　　)(⑦　　　　　)(⑧　　　　　)］という4つの大きな島と、約《やく》(⑨　　　　　)ほどの小さな島からできていて、人口は、約(⑩　　　　　　)人です。

太平洋	九州《きゅうしゅう》	ユーラシア	本州《ほんしゅう》	日本海
3300	7000	1億《おく》2000万	四国《しこく》	北海道《ほっかいどう》

2 次の日本地図を見て、後の問いに答えましょう。

(1) ㋐～㋗の地方名をかきましょう。（各4点）

㋐(　　　　　　)地方

㋑(　　　　　　)地方

㋒(　　　　　　)地方

㋓(　　　　　　)地方

㋔(　　　　　　)地方

㋕(　　　　　　)地方

㋖(　　　　　　)地方　㋗(　　　　　　)地方

(2) 沖縄《おきなわ》県は、何地方ですか。（4点）

(　　　　　　)地方

(3) (　　)にあてはまる言葉をかきましょう。（各《かく》6点）

日本の都道府県《とどうふけん》を見ると、都は(①　　　　　)、道は北海道、府は(②　　　　　)と(③　　　　　)があり、都道府県合計数は(④　　　　　)です。

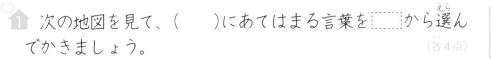

16 北海道・東北地方 ①

学習日 ／

1回目 ／100点 → 2回目 ／100点

答えは168ページ

できた！

1 表のヒントは、それぞれの県を代表するものです。地図やヒントから、①～⑦の県名を[　　]から選《えら》んでかきましょう。

（各《かく》8点）

岩手《いわて》	山形《やまがた》
青森《あおもり》	宮城《みやぎ》
秋田《あきた》	福島《ふくしま》
北海《ほっかい》	

	県　名	ヒント
①	道	乳牛《にゅうぎゅう》
②	県	りんご
③	県	中尊寺《ちゅうそんじ》（平泉《ひらいずみ》）
④	県	松島《まつしま》
⑤	県	なまはげ
⑥	県	さくらんぼ
⑦	県	野口英世《のぐちひでよ》

乳牛

りんご

中尊寺（平泉）

松島

なまはげ

さくらんぼ

野口英世

2 次の①～④はどの県ですか。（　　）にあてはまる県名を[　　]から選んでかきましょう。

（各6点）

①

（　　　県）

②

（　　　県）

③
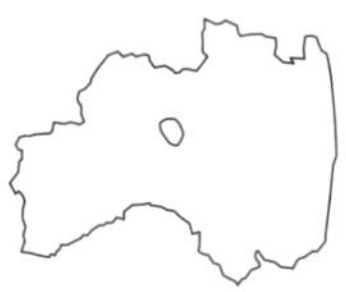
（　　　県）

④

（　　　県）

山形　福島　岩手　青森　秋田

3 北海道地方の地形を調べます。①～⑤にあてはまる山《さん》脈《みゃく》・川・平野などを[　　]から選んで記号をかきましょう。

（各4点）

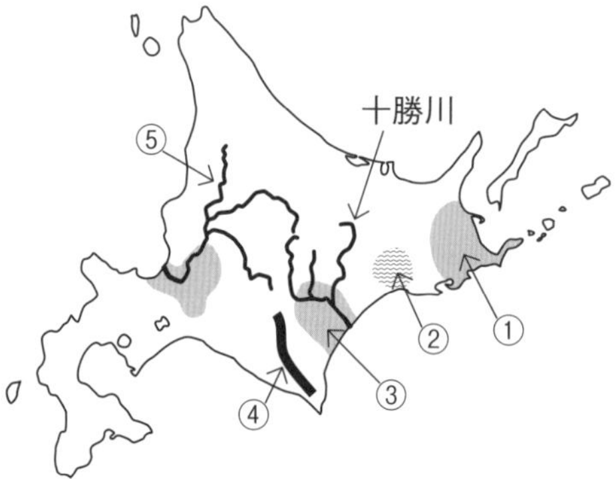

	記　号
①	
②	
③	
④	
⑤	

㋐釧路湿原《くしろしつげん》　㋑日高《ひだか》山脈　㋒石狩《いしかり》川

㋓十勝《とかち》平野　㋔根釧《こんせん》台地

17 北海道・東北地方 ②

学習日　／

1回目　／100点　　2回目　／100点

答えは168ページ

できた！

1 次の絵にあてはまる県名を［　］から選《えら》んでかきましょう。

（各《かく》6点）

①

さくらんぼ

（　　　　県）

②

なまはげ

（　　　　県）

③

世界遺産《いさん》　平泉《ひらいずみ》

（　　　　県）

④

日本三景《さんけい》　松島《まつしま》

（　　　　県）

⑤

猪苗代湖《いなわしろこ》

（　　　　県）

⑥

りんご

（　　　　県）

福島《ふくしま》　岩手《いわて》　青森《あおもり》　山形《やまがた》　宮城《みやぎ》　秋田《あきた》

2 次の①～④にあてはまる山脈《さんみゃく》・川・平野を［　］から選んで記号をかきましょう。

（各5点）

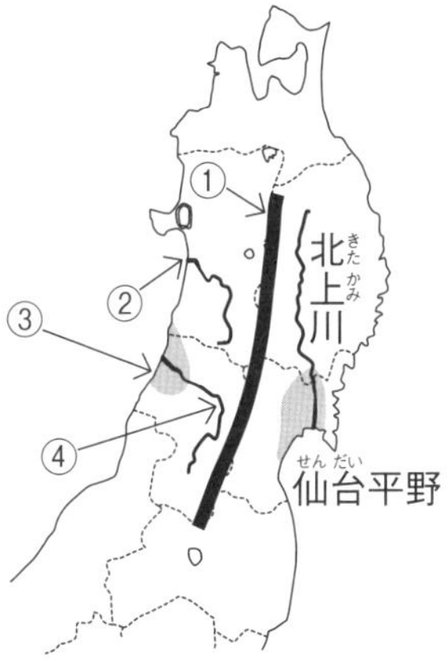

	記号
①	
②	
③	
④	

㋐雄物《おもの》川
㋑奥羽《おうう》山脈
㋒最上《もがみ》川
㋓庄内《しょうない》平野

3 下の地図を見て、後の問いに答えましょう。

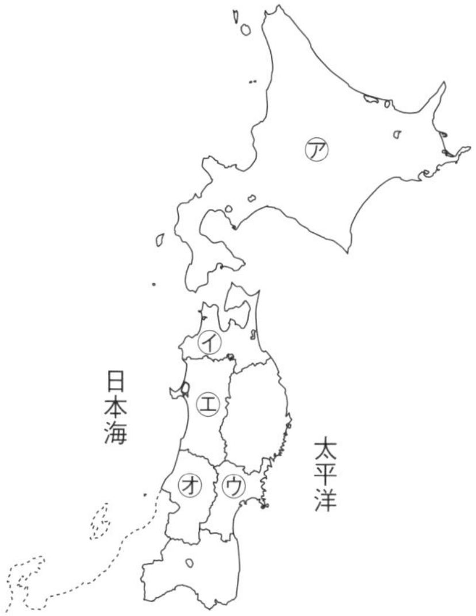

(1) 北海道《ほっかいどう》について二番目に広い県はどこですか。（7点）

（　　　　県）

(2) これらの地方の一番南にある県名はどこですか。

（7点）

（　　　　県）

(3) 次の祭りがおこなわれている道・県名をかきましょう。

（各6点）

㋑ ねぶた祭り……（　　　　）

㋐ さっぽろ雪まつり……（　　　　）

㋒ 仙台七夕《たなばた》まつり……（　　　　）

㋓ 竿燈《かんとう》まつり……（　　　　）

㋔ 花笠《はながさ》まつり……（　　　　）

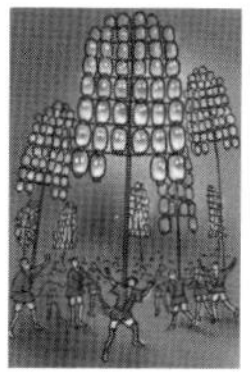
竿燈まつり

18 関東地方 ①

1 表のヒントは、それぞれの県を代表するものです。地図やヒントから、①～⑦の県名を▭から選《えら》んでかきましょう。

（各《かく》8点）

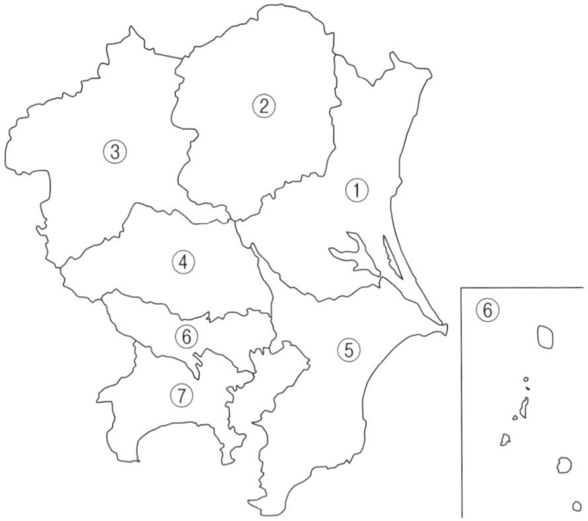

埼玉《さいたま》　千葉《ちば》
栃木《とちぎ》　東京《とうきょう》
群馬《ぐんま》　茨城《いばらき》
神奈川《かながわ》

	県　名	ヒント
①	県	水戸納豆《みとなっとう》
②	県	ぎょうざ
③	県	草津温泉《くさつおんせん》
④	県	草加《そうか》せんべい
⑤	県	成田国際《なりたこくさい》空港
⑥	都	国会議事堂《ぎじどう》
⑦	県	中華街《ちゅうかがい》

水戸納豆

ぎょうざ

草津温泉

草加せんべい

成田国際空港

国会議事堂

中華街

2 次のシルエットは何県ですか。▭から選んで記号をかきましょう。

（各8点）

① 
（おすわりした犬）
（　　　）

② 
（つばさを広げたつる）
（　　　）

③ 
（犬）
（　　　）

㋐東京都　㋑神奈川県　㋒群馬県　㋓茨城県

3 関東《かんとう》地方の地形を調べます。①～④にあてはまる山地・川・平野などを▭から選んで記号をかきましょう。（各5点）

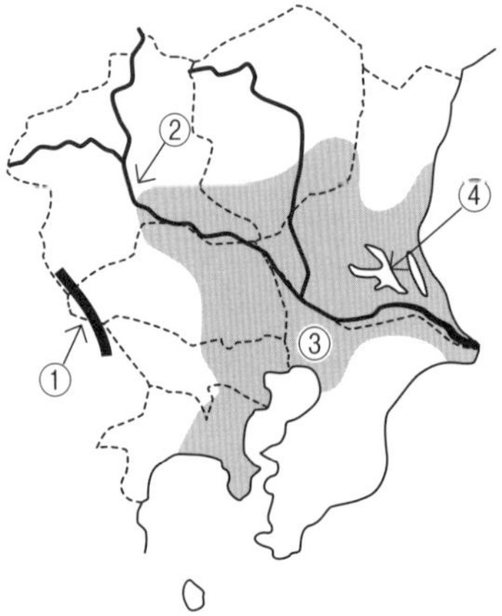

	記　号
①	
②	
③	
④	

㋐霞ヶ浦《かすみがうら》　㋑関東山地
㋒利根川《とねがわ》　㋓関東平野

19 関東地方 ②

1 次の食べ物は、どの県とつながりがありますか。線で結《むす》びましょう。 (各《かく》5点)

① 草加《そうか》せんべい ② ぎょうざ ③ 水戸納豆《みとなっとう》 ④ ピーナッツ

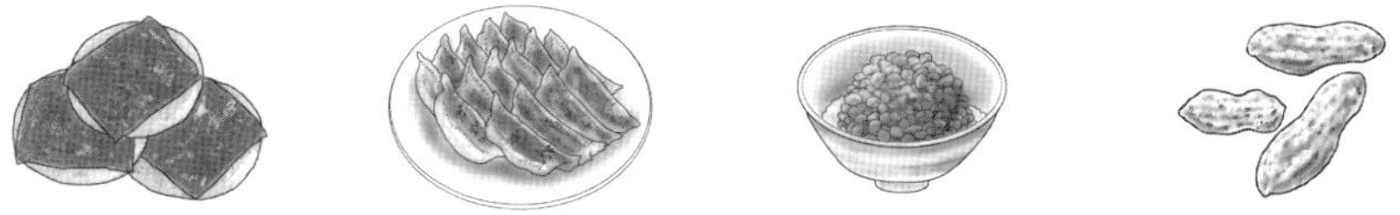

㋐ 栃木《とちぎ》県 ㋑ 埼玉《さいたま》県 ㋒ 千葉《ちば》県 ㋓ 茨城《いばらき》県

2 次の県とつながりのある文を選《えら》んで記号をかきましょう。 (各6点)

① 東京都《とうきょうと》 (　　　) ② 群馬《ぐんま》県 (　　　)

③ 千葉県 (　　　) ④ 神奈川《かながわ》県 (　　　)

㋐ 箱根《はこね》や鎌倉《かまくら》などの観光地《かんこうち》が有名。

㋑ 日本の首都で、小笠原諸島《おがさわらしょとう》が世界自然遺産《しぜんいさん》に登録《とうろく》されている。

㋒ 草津温泉《くさつおんせん》など温泉がたくさんあり、高原野菜《やさい》も有名。

㋓ ディズニーランドや成田国際《なりたこくさい》空港がある。

3 次の地図の----は、高速道路を表しています。(　　)にあてはまる県名を[　　]から選んでかきましょう。((　)…各8点)

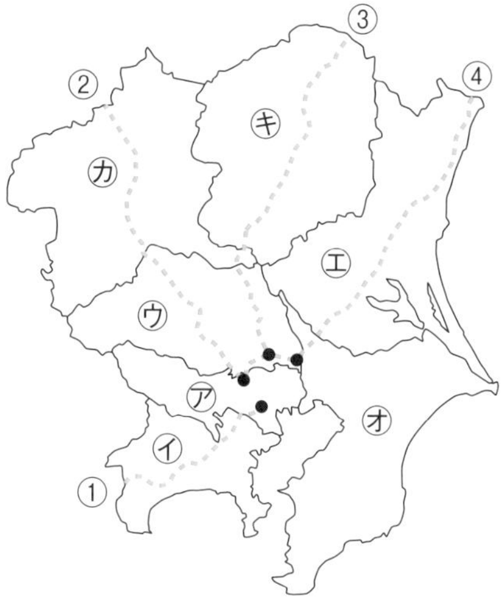

千葉県	神奈川県
茨城県	東京都
栃木県	埼玉県
群馬県	

(1) ①の東名《とうめい》高速道路と②の関越《かんえつ》自動車道は、㋐から始まります。㋐はどこですか。 (　　　　)

(2) ①〜④の高速道路が通る県名をかきましょう。

① 東名高速道路

(㋐)→(㋑　　　　)

② 関越自動車道 (関東と越後《えちご》〔新潟《にいがた》県〕を結ぶ道路)

(㋐)→(㋒　　　　)→(㋕　　　　)

③ 東北《とうほく》自動車道

(㋒)→(㋕)→(㋖　　　　)

④ 常磐《じょうばん》自動車道 (常陸《ひたち》〔茨城県〕と磐城《いわき》〔福島《ふくしま》県〕を結ぶ道路)

(㋒)→(㋔　　　　)→(㋓　　　　)

20 中部地方 ①

1

表のヒントは、それぞれの県を代表するものです。地図やヒントから、①～⑨の県名を［　］から選《えら》んでかきましょう。（各《かく》7点）

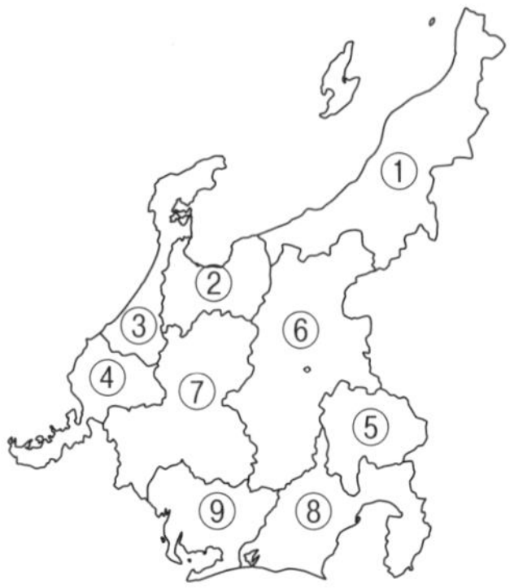

山梨《やまなし》　石川《いしかわ》　新潟《にいがた》　愛知《あいち》　長野《ながの》　岐阜《ぎふ》　静岡《しずおか》　富山《とやま》　福井《ふくい》

	県　名	ヒント
①	県	コシヒカリ
②	県	チューリップ
③	県	輪島《わじま》ぬり
④	県	越前《えちぜん》ガニ
⑤	県	ぶどう
⑥	県	信州《しんしゅう》そば
⑦	県	白川郷《しらかわごう》
⑧	県	お茶
⑨	県	自動車

2

次のシルエットは、ある形ににています。あてはまる県名と線で結《むす》びましょう。（各4点）

① （クワガタのつの）・
② （ゴジラ）・
③ （金魚）・

・㋐ 新潟県
・㋑ 愛知県
・㋒ 静岡県

3

中部《ちゅうぶ》地方の地形を調べます。①～⑤にあてはまる山脈《さんみゃく》・川・平野・島を［　］から選んで記号をかきましょう。（各5点）

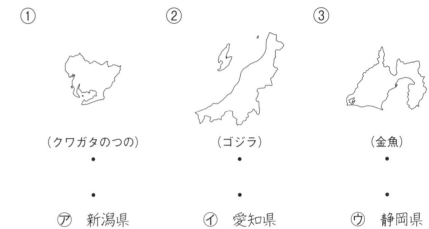

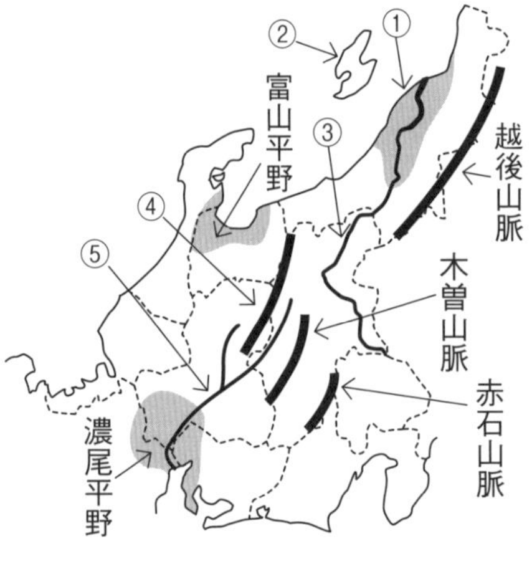

	記　号		記　号
①		④	
②		⑤	
③			

㋐越後《えちご》平野　㋑木曽《きそ》川　㋒飛騨《ひだ》山脈　㋓信濃《しなの》川　㋔佐渡島《さどがしま》

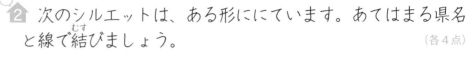

21 中部地方 ②

学習日 ／

1回目 ／100点　答えは168ページ　2回目 ／100点

できた!

1 次の絵は県の特産品《とくさんひん》を表してます。①～⑥にあてはまる県名を［　］から選《えら》んでかきましょう。 （各《かく》6点）

① ホタルイカ

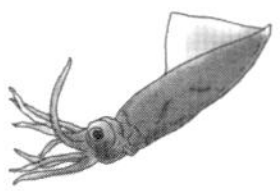

（　　　県）

② 信州《しんしゅう》そば

（　　　県）

③ 越前《えちぜん》ガニ

（　　　県）

④ ぶどう

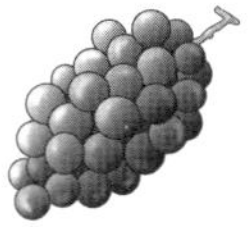

（　　　県）

⑤ お茶

（　　　県）

⑥ コシヒカリ

（　　　県）

富山《とやま》　長野《ながの》　新潟《にいがた》　静岡《しずおか》　山梨《やまなし》　福井《ふくい》

2 次の文とつながりのある県を線で結《むす》びましょう。 （各5点）

① 「名古屋《なごや》コーチン」というにわとりが有名。　・　　・　㋐石川《いしかわ》県

② 世界遺産《いさん》の白川郷《しらかわごう》がある。　・　　・　㋑愛知《あいち》県

③ 伝《でん》とう工芸品《こうげいひん》「輪島《わじま》ぬり」が有名。　・　　・　㋒岐阜《ぎふ》県

3 次の地図を見て、後の問いに答えましょう。

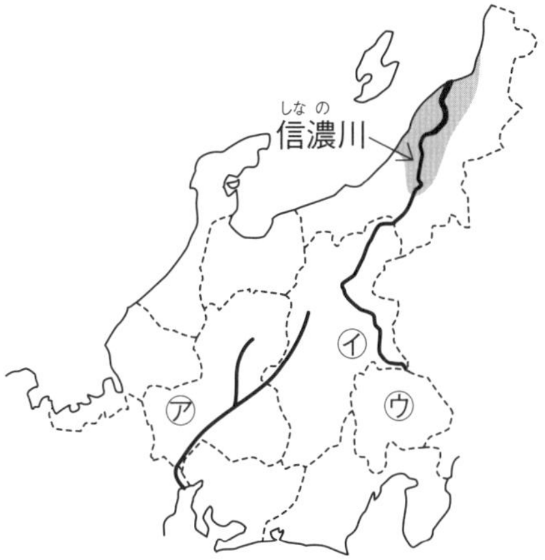

(1) 海に面していない㋐～㋒の県名をかきましょう。 （各8点）

㋐（　　　県）

㋑（　　　県）

㋒（　　　県）

(2) 中部《ちゅうぶ》地方について正しいものには○を、まちがっているものには×をつけましょう。 （各5点）

①（　　）日本の中央部で3000mをこえる高い山が多い。

②（　　）日本一長い信濃川は、富山県に流れ出ている。

③（　　）この地方は、太平洋側《がわ》に流れる川と日本海側に流れる川がある。

④（　　）日本海側に面している県は、太平洋側に面している県より多い。

⑤（　　）南部は冬に雪が多い。

22 近畿地方 ①

学習日　／

1回目　／100点　答えは168ページ　2回目　／100点

できた！

社会

1 表のヒントは、それぞれの県を代表するものです。地図やヒントから、①～⑦の県名を［　］から選《えら》んでかきましょう。（各《かく》8点）

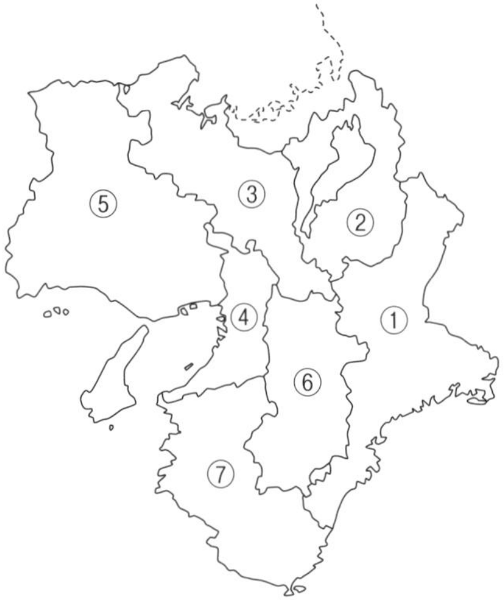

京都《きょうと》　奈良《なら》
三重《みえ》　大阪《おおさか》
滋賀《しが》　兵庫《ひょうご》
和歌山《わかやま》

	県　名	ヒント
①	県	伊勢神宮《いせじんぐう》
②	県	琵琶湖《びわこ》
③	府《ふ》	金閣《きんかく》
④	府	たこ焼《や》き
⑤	県	甲子園《こうしえん》球場
⑥	県	東大寺《とうだいじ》（大仏《だいぶつ》）
⑦	県	紀州梅《きしゅううめ》

伊勢神宮

琵琶湖

金閣

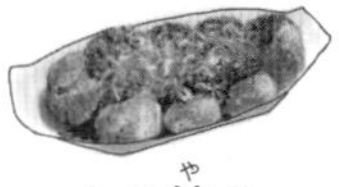
たこ焼《や》き

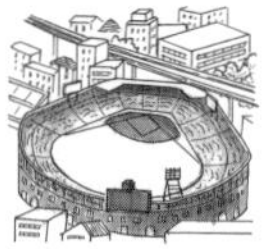
甲子園球場

東大寺（大仏）

紀州梅

2 次の①～④は、どの県ですか。線で結《むす》びましょう。（各5点）

①

②

③

④

㋐　奈良県　　㋑　京都府　　㋒　滋賀県　　㋓　兵庫県

3 近畿《きんき》地方の地形を調べます。①～④にあてはまる山地・川・平野などを［　］から選んで記号をかきましょう。（各6点）

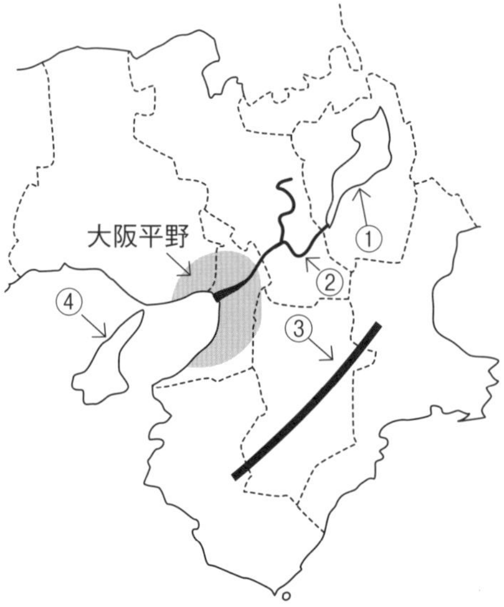

	記　号
①	
②	
③	
④	

㋐琵琶湖　　㋑紀伊《きい》山地
㋒淀川《よどがわ》　　㋓淡路島《あわじしま》

23 近畿地方 ②

学習日 /

1回目 /100点　答えは169ページ　2回目 /100点

できた！

1 次の①～④の□に県名を、(　　)に食品の記号をかきましょう。
(□、(　)…各《かく》5点)

① □県(　,　)

② □県(　,　)

③ □府《ふ》(　,　)

④ □県(　,　)

㋐ 松阪牛《まつさかうし》

㋑ 日本酒

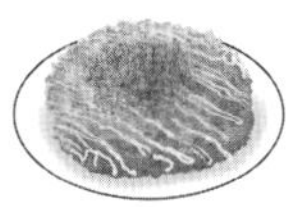
㋒ お好《この》み焼《や》き

㋓ 明石《あかし》のタコ

㋔ 伊勢《いせ》エビ

㋕ 紀州梅《きしゅううめ》

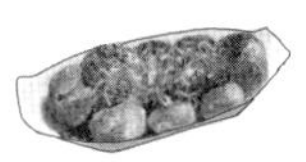
㋖ たこ焼き

㋗ みかん

2 次の文にあてはまる府県を□から選《えら》んでかきましょう。
(各10点)

① 世界遺産《いさん》の金閣《きんかく》や銀閣《ぎんかく》があるところ。
(　　　府)

② 淡路《あわじ》島がある県。
(　　　県)

③ 関西国際《かんさいこくさい》空港があるところ。
(　　　府)

④ 「近畿《きんき》の水がめ」といわれる琵琶湖《びわこ》がある県。
(　　　県)

⑤ 世界遺産の高野山《こうやさん》がある県。
(　　　県)

⑥ しかせんべいや大仏《だいぶつ》が有名な県。
(　　　県)

和歌山《わかやま》　大阪《おおさか》　奈良《なら》　京都《きょうと》
滋賀《しが》　兵庫《ひょうご》　三重《みえ》

24 中国・四国地方 ①

学習日 ／

1回目 ／100点 答えは169ページ 2回目 ／100点

できた！

社会

1 表のヒントは、それぞれの県を代表するものです。地図やヒントから、①～⑨の県名を［　］から選《えら》んでかきましょう。（各《かく》7点）

鳥取《とっとり》	高知《こうち》	岡山《おかやま》
香川《かがわ》	山口《やまぐち》	愛媛《えひめ》
徳島《とくしま》	島根《しまね》	広島《ひろしま》

	県　名	ヒント
①	県	二十世紀《にじっせいき》なし
②	県	出雲大社《いずもたいしゃ》
③	県	もも太郎《たろう》
④	県	原爆《げんばく》ドーム
⑤	県	ふぐ
⑥	県	鳴門《なると》のうずしお
⑦	県	讃岐《さぬき》うどん
⑧	県	みかん
⑨	県	カツオ

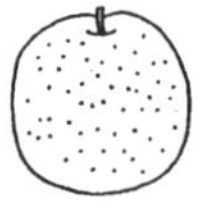
二十世紀なし

出雲大社

もも太郎

原爆ドーム

ふぐ

鳴門のうずしお

讃岐うどん

みかん

カツオ

2 次の①～③は、どの県ですか。線で結《むす》びましょう。（各4点）

①

②

③

㋐ 島根県　㋑ 愛媛県　㋒ 鳥取県

3 中国《ちゅうごく》・四国《しこく》地方の地形を調べます。①～⑤にあてはまる山地・川・平野・湖を［　］から選んで記号をかきましょう。（各5点）

	記　号
①	
②	
③	
④	
⑤	

㋐宍道湖《しんじこ》　㋑四万十川《しまんとがわ》　㋒讃岐平野　㋓中国山地
㋔四国山地

25 中国・四国地方 ②

学習日 ／

1回目 ／100点

答えは169ページ

2回目 ／100点

1 次の絵を見て、あてはまる県名をかきましょう。 （各《かく》8点）

① カツオ

（　　　　県）

② もも太郎《たろう》

（　　　　県）

③ みかん

（　　　　県）

④ 原爆《げんばく》ドーム

（　　　　県）

⑤ 讃岐《さぬき》うどん

（　　　　県）

⑥ 鳴門《なると》のうずしお

（　　　　県）

2 次の地図を見て、正しいもの3つに○をつけましょう。 （各4点）

①（　　）この地方は四国《しこく》地方である。

②（　　）北は日本海、南は瀬戸内海《せとないかい》である。

③（　　）この地方に原子爆弾《げんしばくだん》が落とされた広島《ひろしま》県がある。

④（　　）人口が多い県ばかりである。

⑤（　　）この地方には、せぼねのような中国《ちゅうごく》山地がある。

3 中国・四国地方には3つの海があります。次の文にあてはまる県を［　　］から選《えら》んでかきましょう。 （各8点）

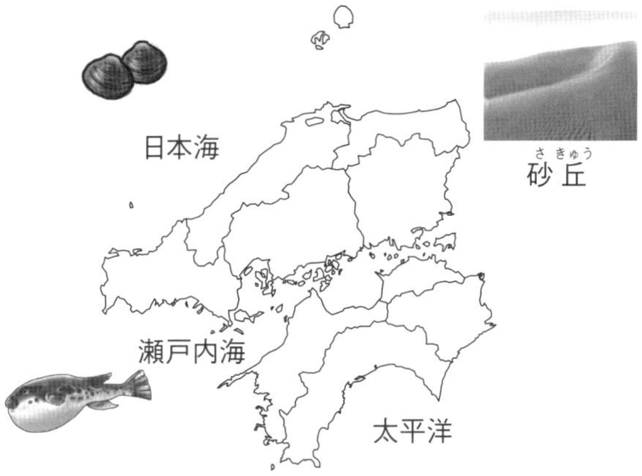

高知《こうち》	広島
鳥取《とっとり》	山口《やまぐち》
徳島《とくしま》	島根《しまね》
香川《かがわ》	愛媛《えひめ》
岡山《おかやま》	

① 日本海に面していて、砂丘が有名な県

（　　　　県）

② 日本海と瀬戸内海に面していて、ふぐが有名な県。

（　　　　県）

③ 日本海に面していて、宍道湖《しんじこ》でとれるしじみが有名な県。

（　　　　県）

④ 瀬戸内海に面していて、かきの養《よう》しょくが有名な県。

（　　　　県）

⑤ 太平洋に面していて、四万十川《しまんとがわ》のある県

（　　　　県）

26 九州地方 ①

学習日 ／

1回目 ／100点

答えは169ページ

2回目 ／100点

1 表のヒントは、それぞれの県を代表するものです。地図やヒントから、①～⑧の県名を[　　]から選《えら》んでかきましょう。

(各《かく》8点)

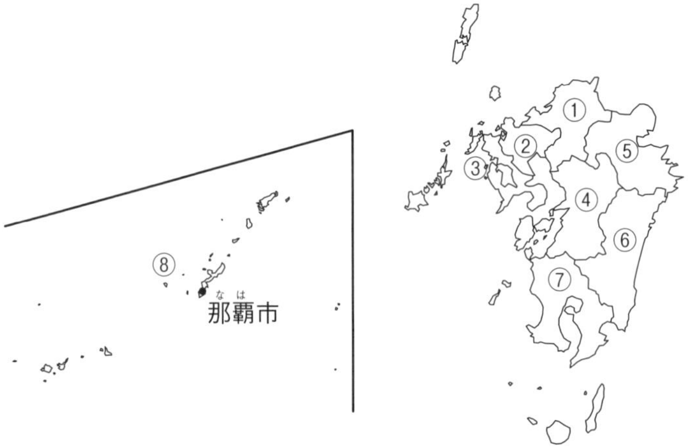

長崎《ながさき》
大分《おおいた》
福岡《ふくおか》
沖縄《おきなわ》
佐賀《さが》
宮崎《みやざき》
熊本《くまもと》
鹿児島《かごしま》

	県　名	ヒント
①	県	博多《はかた》ラーメン
②	県	吉野ヶ里遺跡《よしのがりいせき》
③	県	カステラ
④	県	阿蘇山《あそさん》
⑤	県	別府温泉《べっぷおんせん》
⑥	県	地鳥《じどり》
⑦	県	桜島《さくらじま》
⑧	県	シーサー

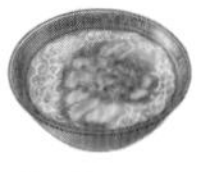
博多ラーメン

吉野ヶ里遺跡

カステラ

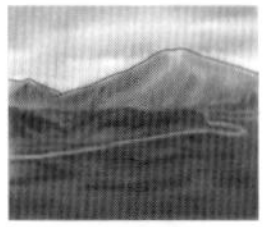
阿蘇山

別府温泉

地鳥

桜島

シーサー

2 九州《きゅうしゅう》地方の地形を調べます。①～③にあてはまる山地・川・平野を[　　]から選んで記号をかきましょう。 (各6点)

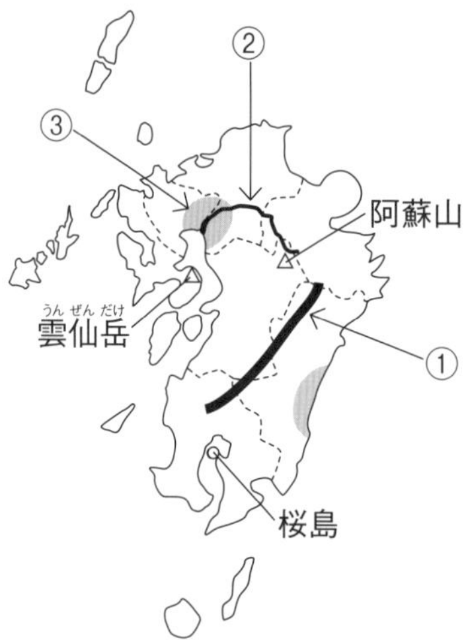

	記　号
①	
②	
③	

㋐筑後川《ちくご》　㋑筑紫平野《つくし》
㋒九州山地　㋓宮崎平野

3 九州地方の県がさかさまになっています。(　　)にあてはまる県名をかきましょう。 (各6点)

小さい島がたくさんあるね。

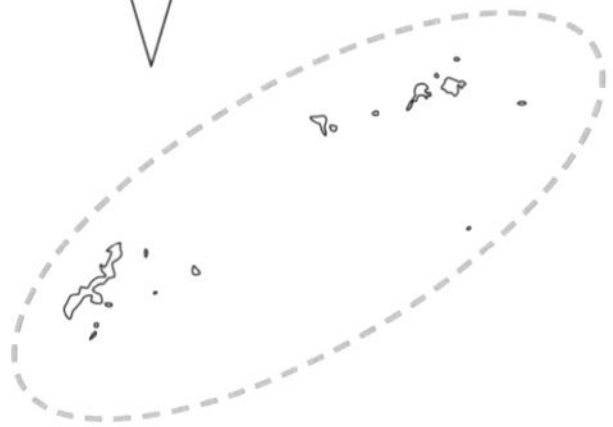

(① 　　県)

海に面しているのは左側《がわ》だね。

(② 　　県)

カニのハサミのような形だね。

(③ 　　県)

27 九州地方 ②

学習日 ／

1回目 ／100点　答えは169ページ　2回目 ／100点　できた！

1 次の名物と県名を線で結《むす》びましょう。 (各《かく》7点)

①

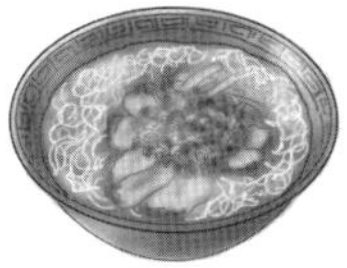

博多《はかた》ラーメン

②

シーサー

③

吉野ヶ里遺跡《よしのがりいせき》

④

桜島《さくらじま》

㋐ 沖縄《おきなわ》県　㋑ 鹿児島《かごしま》県　㋒ 佐賀《さが》県　㋓ 福岡《ふくおか》県

2 九州《きゅうしゅう》地方の県がさかさまになっています。(　　)にあてはまる県名を［　］から選《えら》んでかきましょう。 (各8点)

3つ横ならびになっている真ん中の県だよ。

(① 　　県)

大きな島と大きな山があるのが特《とく》ちょうだね。

(② 　　県)

左側《がわ》が海に面しているね。

(③ 　　県)

大分《おおいた》　佐賀　熊本《くまもと》　沖縄

3 お国じまんをする人の話です。どこの県民ですか。 (各8点)

① 県の名物おかし「カステラ」は400年のれきしがあります。昔からキリスト教を信こうしている人が多く、私も日曜日には近くの教会に行きます。

［　　　　］県

② 毎年プロ野球チームがキャンプに来ると、それを見にくる観光客《かんこうきゃく》でいっぱいになります。暑い時期にできるマンゴーはとてもおいしいです。

［　　　　］県

4 九州地方には2011年に下の地図の ……… の山陽新幹線《さんようしんかんせん》から続く、―― の九州新幹線が通りました。九州新幹線が通っている県名を北から順《じゅん》に4つかきましょう。 (各8点)

［　　　　］県

［　　　　］県

［　　　　］県

［　　　　］県

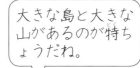

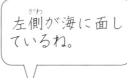

28 都道府県と新出漢字①

学習日 ／

1回目 ／100点

答えは169ページ

2回目 ／100点

できた！

新しく４年生で習う漢字が入った都道府県《とどうふけん》名をかきましょう。

（地方名…各《かく》7点、都道府県名…完答4点）

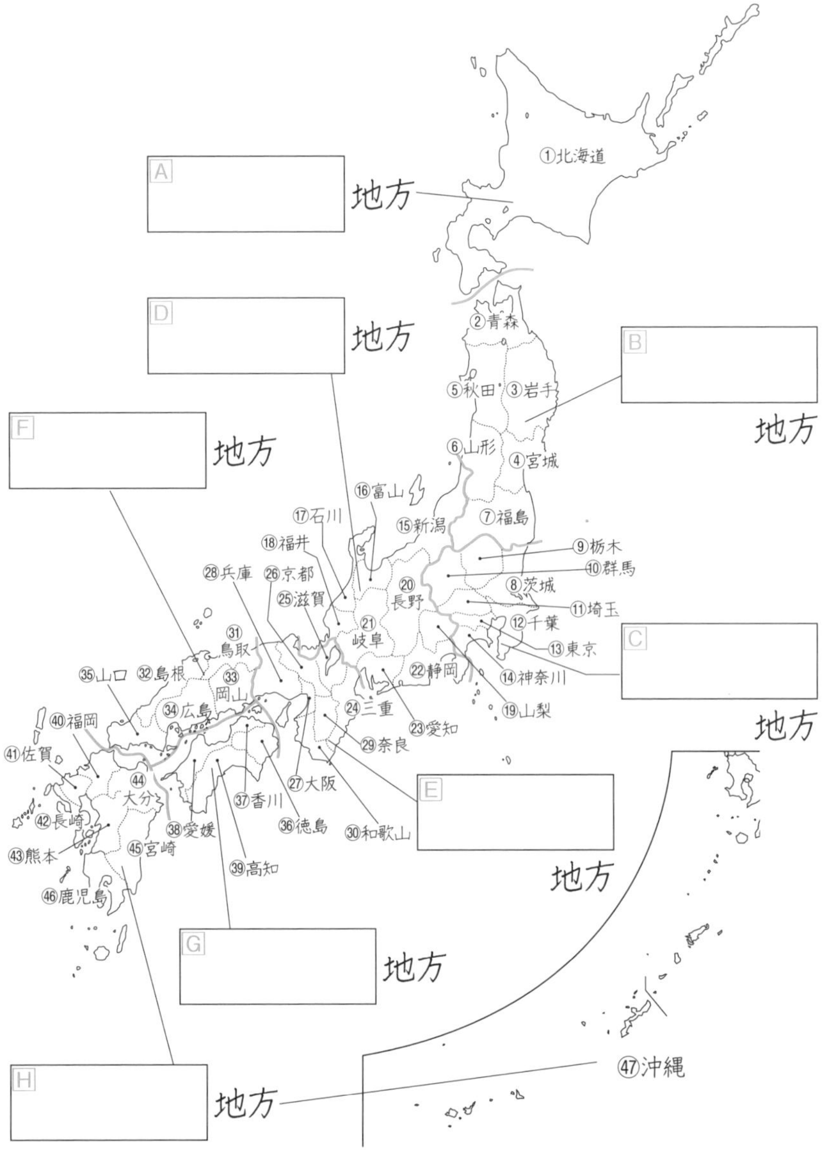

岡

しずおか ㉒　　　県

おかやま ㉝　　　県

ふくおか ㊵　　　県

崎

ながさき ㊷　　　県

みやざき ㊺　　　県

奈

かながわ ⑭　　　県

なら ㉙　　　県

城

みやぎ ④　　　県

茨

いばらき ⑧　　　県

滋賀

しが ㉕　　　県

佐

さが ㊶　　　県

栃

とちぎ ⑨　　　県

群

ぐんま ⑩　　　県

埼

さいたま ⑪　　　県

潟

にいがた ⑮　　　県

※6、7はぎゃくでも

29 都道府県と新出漢字 ②

学習日　／

1回目　／100点
答えは169ページ
2回目　／100点
できた！

新しく４年生で習う漢字が入った都道府県《とどうふけん》名をかきましょう。（地方名…各《かく》6点、都道府県名…完答4点）

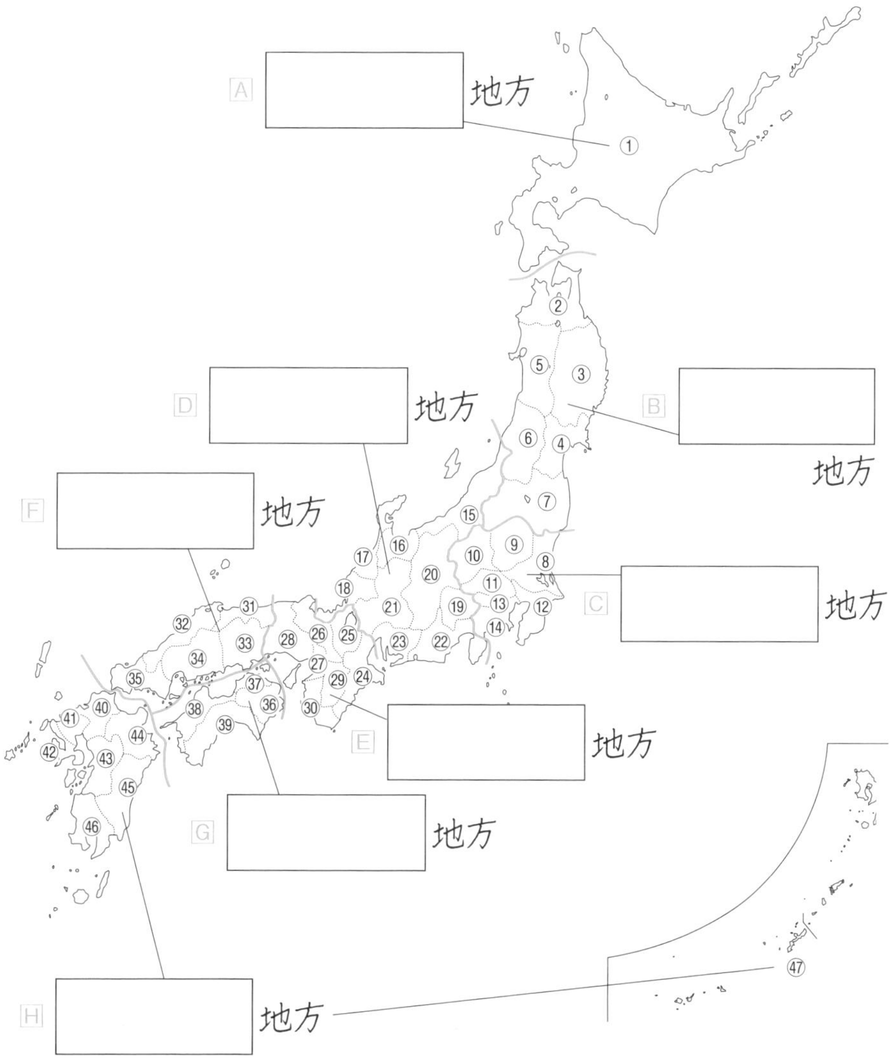

富　と や ま　⑯　県

井　ふ く い　⑱　県

岐阜　ぎ ふ　㉑　県

梨　や ま な し　⑲　県

阪　お お さ か ふ　㉗

徳　と く し ま　㊱　県

香　か が わ　㊲　県

愛　あ い ち　㉓　県

媛　え ひ め　㊳　県

鹿児　か ご し ま　㊻　県

熊　く ま も と　㊸　県

沖縄　お き な わ　㊼　県

覇　な は　市（沖縄県の県庁所在地《けんちょうしょざいち》）

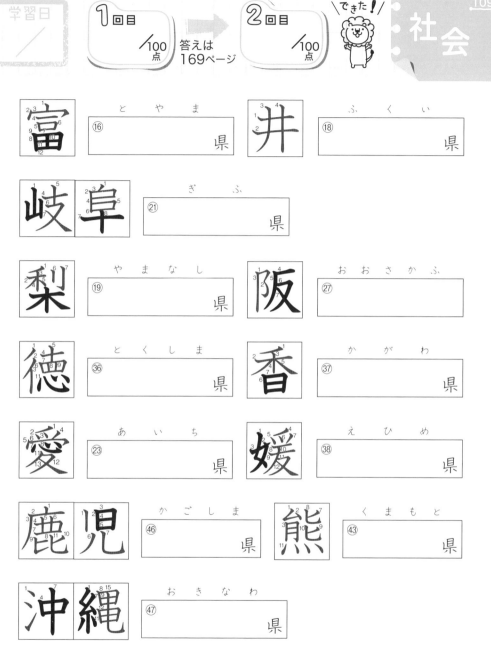

30 日本地図 ①

次の①～㉓の都道府県名をかきましょう。（各《かく》4点）

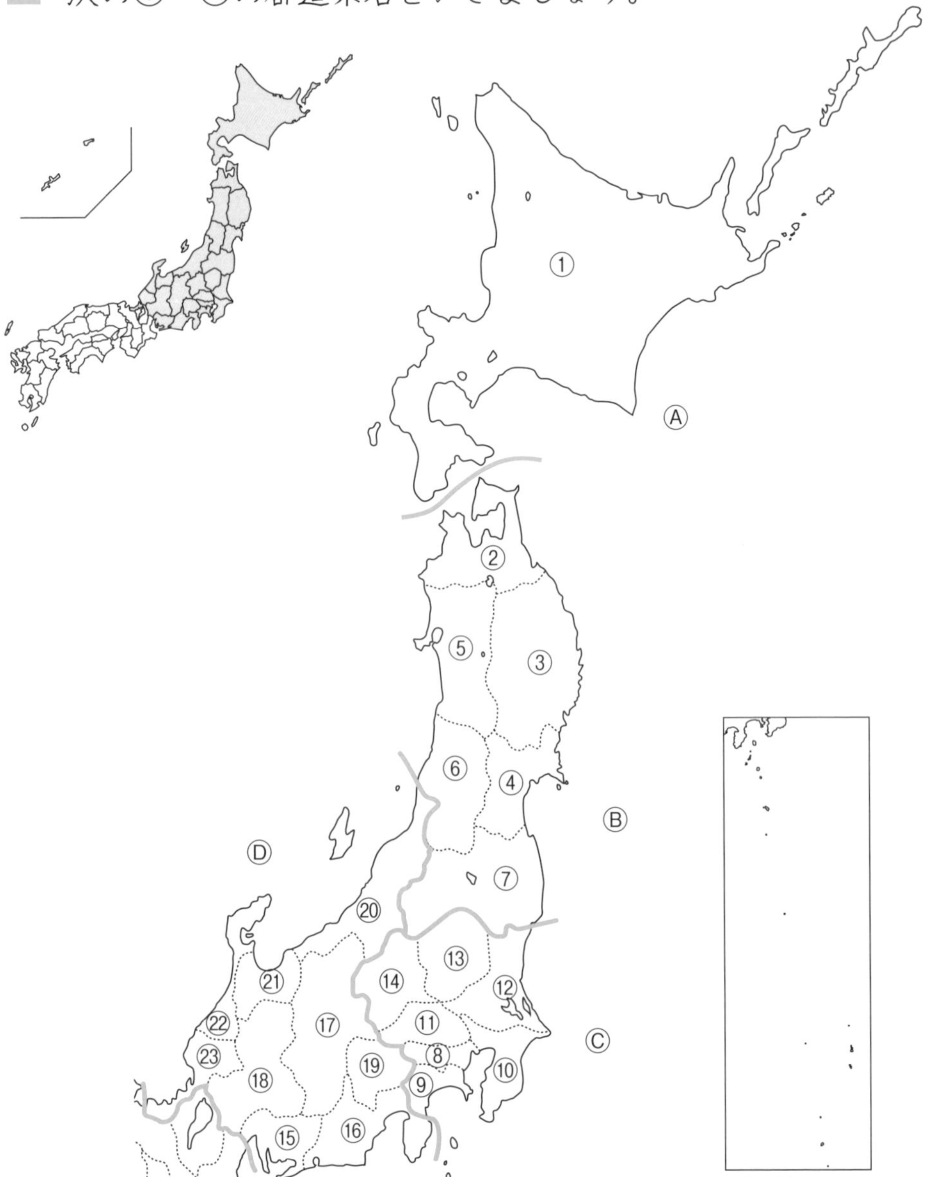

小笠原諸島《おがさわらしょとう》

(1) Ⓐ 北海道《ほっかいどう》地方

①

(2) Ⓑ 東北《とうほく》地方

②	③	④
⑤	⑥	⑦

(3) Ⓒ 関東《かんとう》地方

⑧	⑨	⑩
⑪	⑫	⑬
⑭		

(4) Ⓓ 中部《ちゅうぶ》地方

⑮	⑯	⑰
⑱	⑲	⑳
㉑	㉒	㉓

(5) Ⓐ～Ⓓの地方をまとめて、何日本とよびますか。

（　　　　　）

(6) 世界自然遺産《しぜんいさん》に登録された小笠原諸島は、①～㉓のどの都道県の島々になりますか。（　　　　　）

31 日本地図 ②

学習日 ／

1回目 ／100点 答えは169ページ 2回目 ／100点 できた！

次の①〜㉔の府県《ふけん》名をかきましょう。 （各《かく》4点）

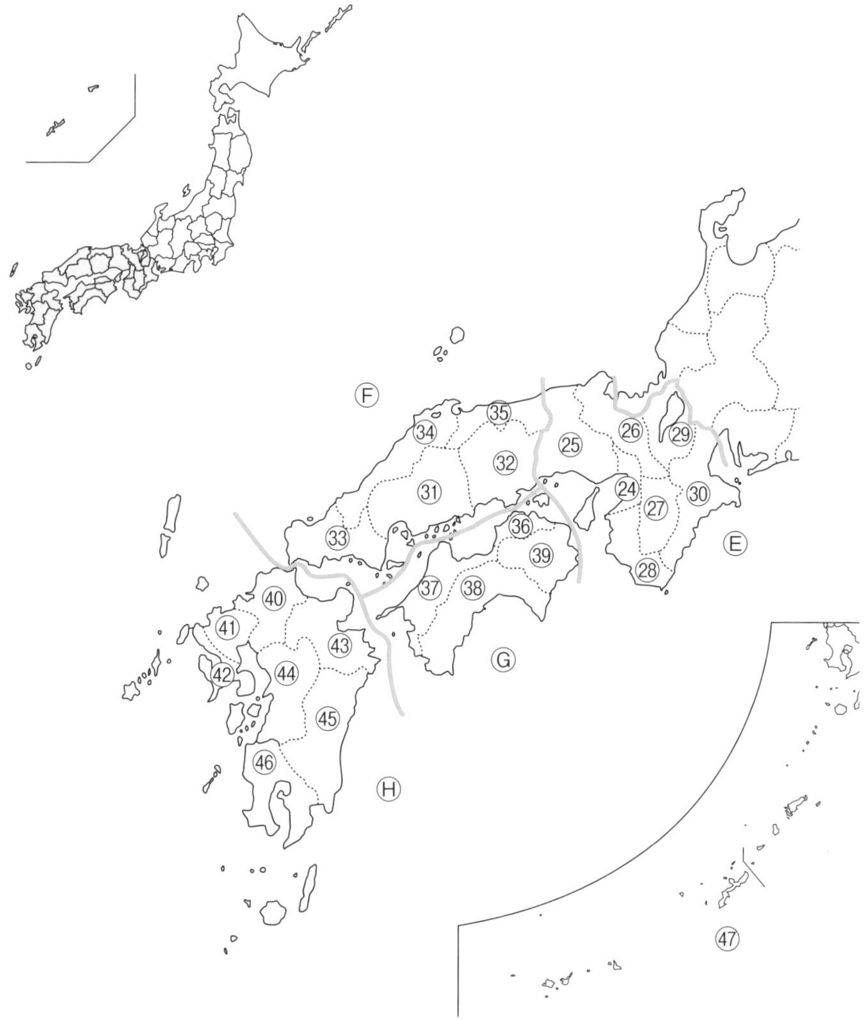

(1) Ⓔ 近畿《きんき》地方

㉔	㉕	㉖
㉗	㉘	㉙
㉚		

(2) Ⓕ 中国《ちゅうごく》地方

㉛	㉜	㉝
㉞	㉟	

(3) Ⓖ 四国《しこく》地方

㊱	㊲	㊳
㊴		

(4) Ⓗ 九州《きゅうしゅう》地方

㊵	㊶	㊷
㊸	㊹	㊺
㊻	㊼	

(5) Ⓔ〜Ⓗをまとめて、何日本とよびますか。

（　　　　　）

32 新幹線と都道府県

学習日　／

1回目　／100点

答えは170ページ

2回目　／100点

できた！

新幹線《しんかんせん》に乗って、北から南へ日本列島を旅行します。それぞれの新幹線が通る都道府県《とどうふけん》名を答えましょう。

［（　）は、都道府県庁所在地《とどうふけんちょうしょざいち》］（各《かく》4点）

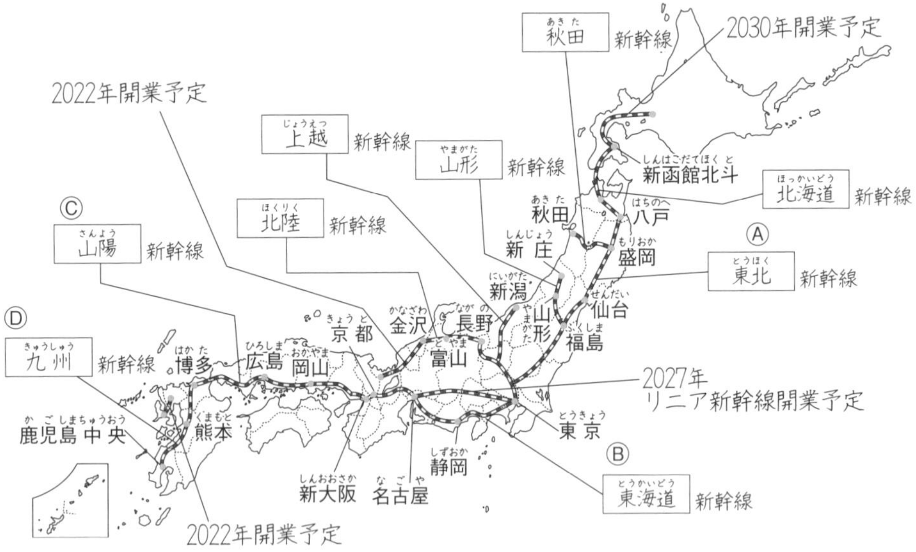

Ⓐ 北海道・東北新幹線

① （札幌《さっぽろ》） → ② → ③ （盛岡《もりおか》） →

④ → ⑤ → ⑥ （宇都宮《うつのみや》） →

（仙台《せんだい》）

⑦ （水戸《みと》） ※通るだけ → ⑧ （さいたま） → ⑨

Ⓑ 東海道新幹線

⑨ → ⑩ （横浜《よこはま》） → ⑪ →

⑫ （名古屋《なごや》） → ⑬ → ⑭ （大津《おおつ》） →

⑮ → ⑯

東北新幹線

Ⓒ 山陽新幹線

⑯ → ⑰ （神戸《こうべ》） → ⑱ →

⑲ → ⑳ → ㉑

Ⓓ 九州新幹線

㉑ → ㉒ → ㉓ 鹿児島県

㉔ → ㉕ （2022年開業予定）

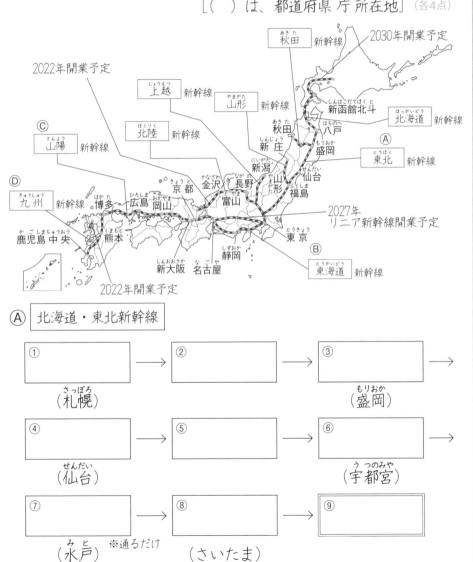

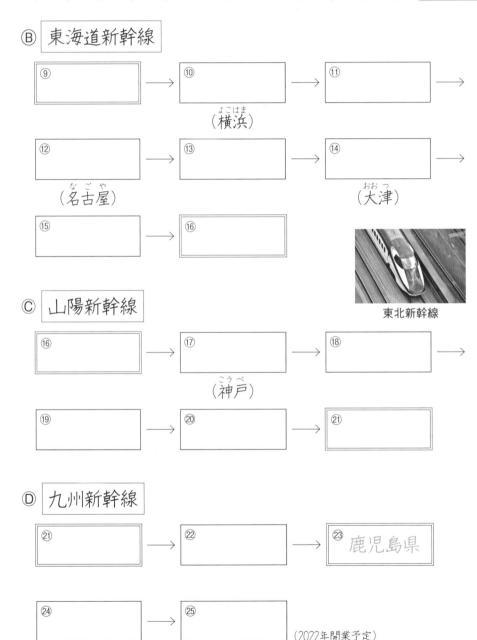

国語

1 女王バチ

学習日 ／

1回目 ／100点

2回目 ／100点

できた！

答えは170ページ

文章を読んで、問いに答えましょう。

　ミツバチの巣《す》には、何万びきものミツバチが群《む》れをなして生活していますが、㋐その中にたった一ぴきの女王バチがいます。

　四月の終わりごろ、女王バチはたくさんのたまごを産《う》みはじめます。実は、産まれたミツバチのたまごは、もともと、みんな同じものなのです。そして、初《はじ》めのうちは平等に、どのよう虫にも特別栄養《とくべつえいよう》のあるローヤルゼリーがあたえられます。

　（Ⓐ）三日くらいたつと、㋑働《はたら》きバチやオスバチに育つよう虫には、花ふんや花のミツがあたえられるようになります。

　しかし、たまたま王台という部屋に産みつけられた、㋒女王バチに育つよう虫には、その後もローヤルゼリーをあたえられます。

　（Ⓑ）、ほかのハチよりもずいぶん大きくなった王台育ちの女王バチは、成虫《せいちゅう》になると、さっそくたまごを産みはじめます。女王バチは、真夏や真冬をのぞいて、死が近づくまで、毎日たまごを産み続《つづ》けるのです。

---

(1) ㋐のその中とは、何の中ですか。（10点）

〔　　　　〕

(2) 女王バチがたまごを産みはじめるのは、いつごろですか。（10点）

〔　　　　〕

(3) Ⓐ・Ⓑにあてはまる接続語《せつぞくご》を次から選《えら》んで、（　）に記号をかきましょう。（各《かく》10点）

ア（　）また　イ（　）つまり

ウ（　）ところが　エ（　）そして

(4) ㋑の食べ物は何ですか。（各10点）

〔　　　　〕

〔　　　　〕

(5) ㋒の食べ物は何ですか。（10点）

□□□□□□□

(6) どんなたまごが女王バチになりますか。（15点）

〔　　　　〕

(7) 女王バチのすることは何ですか。（15点）

□□□□□□□□□□
こと。

国語

2 漢字①

学習日　／

1回目　／100点
2回目　／100点

答えは170ページ

1 次の漢字の読みをかきましょう。（各《かく》5点）

① （　　）希望の（　　）会社。

② （　　）大臣と（　　）副長官。

③ （　　）記録される（　　）公害。

④ （　　）兵隊に（　　）伝える。

⑤ （　　）野菜好きは（　　）健康。

2 正しい方に○をつけましょう。（各5点）

① 〈熱・暑〉いお茶。

② 〈門・問〉題をとく。

③ 正〈味・身〉は何キログラムですか。

④ 〈気・汽〉笛が鳴る。

⑤ 〈決・結〉局、だめでした。

3 次の□に漢字をかきましょう。（各5点）

① □《よ》い□□《ざいりょう》。

② □□《えいよう》のある□□《りょうり》。

③ □□《ぐんぶ》の□□《きこう》。

④ □□《ぼくじょう》の□□《ふうけい》。

⑤ □□□《じどうかい》の□□《せんきょ》。

⑥ □《はじ》めての□□《さんか》。

⑦ □□《かいりょう》の□□《くろう》。

⑧ □□《かんせい》した□□《きかい》。

⑨ □□《はつが》の□□《しけん》。

⑩ □□《そうこ》にある□□《しゅし》。

3 ニワトリの鳴き声

文章を読んで、問いに答えましょう。

ニワトリの「コケコッコー」は大昔から時計の代わりに使われてきました。（Ⓐ）、最初《さいしょ》に鳴き始めるニワトリはいったいどんなニワトリなのでしょうか。

ニワトリの研究をしているとこんな発見がありました。ニワトリは、一か所でかうとくちばしで㋐つつき合いをします。これは、強さをかくにんしあっているのです。そして、たがいの順位《じゅんい》が決まれば、その後はほとんど変《か》わりません。強いニワトリが他のニワトリよりも先にえさを食べることもわかりました。

（Ⓑ）、オスのニワトリ四羽を一組として三つのグループを調べたところ、どのグループでも、朝をむかえると㋑一番上の順位のニワトリが最初に鳴きました。すると、それより下位のニワトリは、㋒それをきっかけに鳴き始めました。（Ⓒ）、最上位のニワトリが早く鳴いたり、おそく鳴いたりすれば、下位のニワトリもそのタイミングに合わせて鳴くのです。

㋓最初に鳴き始めるのは、そのグループで最強のオスだということがわかりました。

---

(1) Ⓐ～Ⓒにあてはまる接続語《せつぞくご》を次から選《えら》んで（　）に記号をかきましょう。（各《かく》10点）

（　）そこで　（　）つまり　（　）ところで

(2) ㋐をすると何が決まりますか。（15点）

［　　　　　　］が決まる。

(3) ㋑と同じ意味の言葉を文中から選んでかきましょう。（15点）

一番上の順位のニワトリ ＝ ［　　　］のニワトリ

(4) ㋒は何を指していますか。（20点）

［　　　　　　　　］ニワトリが［　　　　　　　］こと。

(5) ㋓最初に鳴き始めるのは、何ですか。（10点）

［　　　　　　　　］

(6) 次の文で、正しいもの一つに○をつけましょう。（10点）

①（　）強いニワトリは弱いニワトリより先にえさを食べる。

②（　）最強のオスが鳴く時こくは決まっている。

③（　）えさを食べる量《りょう》は弱いニワトリの方が多い。

学習日　／

1回目　／100点

2回目　／100点

できた！

答えは170ページ

4 漢字②

学習日　／

1回目　／100点

2回目　／100点

できた！
答えは170ページ

1 次の漢字の読みをかきましょう。（各《かく》5点）

① 失敗（　　）は　成功（　　）のもと。

② 徒競走（　　）を　待（　　）つ。

③ 目標（　　）は　必要（　　）です。

④ 観光客（　　）の　案内（　　）。

⑤ 野鳥（　　）の　観察（　　）。

2 正しい漢字を□から選《えら》んで□にかきましょう。（各5点）

① 友だちと□《あ》う。

② 計算が□《あ》う。

③ 夏は□《あつ》い。

④ 仕事□《はじ》め。

⑤ 年の□《はじ》め。

熱　暑　合　会　初　始

3 次の□に漢字をかきましょう。（各5点）

① □《あに》は□□《そつぎょう》する。

② □□《きぼう》の□□《かいしゃ》。

③ □□《だいじん》と□□□《ふくちょうかん》。

④ □□《えいご》で□《はな》す□□《かいぎ》。

⑤ □□《せんそう》に□□《はんたい》する。

⑥ □□《れんぞく》で□《はたら》く。

⑦ □□《きろく》される□□《こうがい》。

⑧ □□《へいたい》に□《つた》える。

⑨ □□□《やさいず》きは□□《けんこう》。

⑩ □□□□□《えんげいあいこうか》。

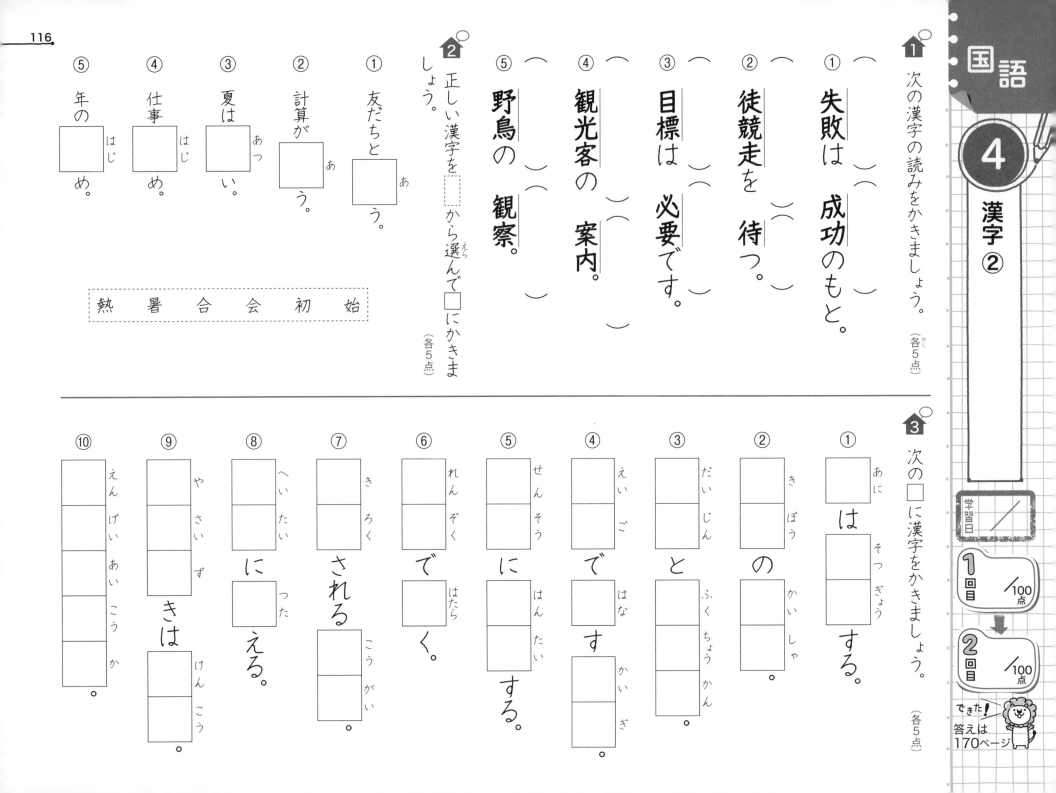

5 にげるが勝ち

学習日　／

1回目　／100点

2回目　／100点

できた！

答えは170ページ

文章を読んで、問いに答えましょう。

カエルには高いジャンプ力があることが知られています。

そのカエルのジャンプ力には、どういう意味があるのでしょう。

それは、ほかの生物と戦《たたか》うときに、有こうになるぶ器《き》をほとんど持たないカエルにとって、㋐戦いは「にげるが勝ち」なのです。にげ足の速さがカエルにとっては重《じゅう》要《よう》であり、その体は、にげるスピードを速められるようなつくりになっているのです。

Ⓐ、どのようにして高くジャンプするのでしょうか。

Ⓑ、「後ろ足の長さ」です。カエルの後ろ足は、前足にくらべると長くなっています。

そしてもうひとつは、㋑カエルの足にある水かきです。この水かきは速く泳ぐためのものであると同時に、ジャンプのふみきりを強くするのにも役立っています。

Ⓒ、人間とちがい、カエルは体の各部《かくぶ》位《い》とひかくすると頭が軽いのです。

これらの特《とく》ちょうがあわさって、㋒カエルは高くジャンプすることができるのです。

(1) ㋐の理由は何ですか。その理由にあたるところに～～をかきましょう。（10点）

(2) Ⓐ～Ⓒにあてはまる接続語《せつぞくご》を□から選《えら》んでかきましょう。（各10点）

Ⓐ（　　　）　Ⓑ（　　　）　Ⓒ（　　　）

さらに　では　まず

(3) ㋑は、何のためにありますか。（20点）

カエルの水かきは、□□□□ためと□□□□□□□□□□□□□□ために役立っている。

(4) ㋒の理由を三つかきましょう。（各10点）

① カエルの□□□が□□から。

② カエルの足には□□□が□□から。

③ 人間とちがい□が□□から。

(5) この文章の題名として、ふさわしいもの一つに○をつけましょう。（10点）

①（　）カエルの戦い

②（　）カエルのジャンプ力

③（　）カエルの後ろ足

国語

6 言葉と文①（名詞・動詞・形容詞・副詞）

学習日　／

1回目　／100点

2回目　／100点

できた！

答えは170ページ

1 次の――は、㋐名詞《めいし》、㋑動詞、㋒形容《けいよう》詞《し》、㋓副詞《ふくし》のどれですか。（　）に記号をかきましょう。

（（　）…各《かく》5点）

(1) 運動会①（　）は、雲　一つ②（　）　無《な》い　すばらしい③（　）　天気だった。

(2) 暑かった①（　）　夏も②（　）　ようやく③（　）　終わった。

(3) 親しい①（　）　友と　ゆっくり②（　）　旅行に　行く③（　）のは　楽しいだろう。

(4) 東の　空が　うっすら　明るく①（　）　なるころ　ムササビは　深い　ねむり②（　）に　入る③（　）。

2 次の文の――の単語《たんご》を名詞・動詞・形容詞・副詞にわけましょう。

（〔　〕…各4点）

イルカは　暗い　海でも、時速　五十キロメートルもの　スピードで　ぐんぐん　泳ぎます。
人間には　聞こえない　高い　音を　つねに　おでこから　出して、はね返って　くる　音を　聞いて　泳いでいるのです。

(1) 名詞

〔　　〕〔　　〕〔　　〕

(2) 動詞（基本形《きほんけい》でかく）

〔　　〕〔　　〕〔　　〕

(3) 形容詞

〔　　〕〔　　〕

(4) 副詞

〔　　〕〔　　〕

7 ヤドカリの貝がら

学習日　／

1回目　／100点
2回目　／100点

できた！
答えは171ページ

文章を読んで、問いに答えましょう。

みなさんはヤドカリを見たことがありますか。

ヤドカリとは、顔や頭はカニやエビにそっくりなのに、体には大きな貝がらをもっている動物です。

なぜ、㋐この動物は貝がらを宿にしているのでしょうか。また、どのように新しい貝がらを見つけるのでしょうか。

まず、ヤドカリを貝がらから出して調べてみました。すると、ヤドカリのはらはやわらかく、㋑それを守る固《かた》いからがついていません。貝がらを宿にしているのには、このような理由があったのです。

次に、貝がらの見つけ方です。ヤドカリの貝がらは、死んだ貝のものを借《か》りているので、自分が成長《せいちょう》するときゅうくつになってしまいます。㋒このとき、せまくなった宿をやめ、今より大きいものをさがします。

貝がらが見つかると、ヤドカリは、はさみで貝がらの大きさをはかったり、中のよごれを調べたりします。もしも、よごれていれば、そうじも行います。

㋓このようにヤドカリは、はさみで自分に合う貝がらをさがし、今の宿より住み心地《ごこち》のよい貝がらを身につけるのです。

(1) ヤドカリは、どんな動物ですか。（10点）

ヤドカリとは体に［　　　　］［　　　　　　　　］動物です。

(2) ㋐～㋓が指しているのは何ですか。（各《かく》15点）

㋐…［　　　　］

㋑…ヤドカリの［　　　　］

㋒…成長して［　　　　　］［　　　　］とき。

㋓…はさみで［　　　　　］［　　］をはかったり、［　　］［　　　］を調べたりすること。

(3) 次の文で正しいものには○、まちがっているものには×をつけましょう。（各10点）

①（　）ヤドカリとカニやエビは、全身がすべてそっくり。

②（　）ヤドカリは、季節《きせつ》ごとに貝がらをつけかえる。

③（　）新しい貝がらを見つけるとき、はさみがとても役に立つ。

8 漢字③

1 次の漢字の読みをかきましょう。（各《かく》5点）

① 辞典（　　）で 調（　　）べる。

② 仲間（　　）と 共《とも》に願（　　）う。

③ 信念（　　）を 語（　　）る。

④ 街灯（　　）が 照（　　）らす。

⑤ 飛行機（　　）の 車輪（　　）。

2 〔　〕に正しいじゅく語をかきましょう。（各5点）

① 〔　　〕《じんこう》えい星が見えた。

② 〔　　〕《めいあん》がうかぶ。

③ 玉入れ〔　　〕《きょうそう》で勝つ。

④ マラソンで〔　　〕《かんそう》する。

⑤ 先生に〔　　〕《しめい》される。

3 次の□に漢字をかきましょう。（各5点）

① □□《きせつ》の□《はな》を□《う》える。

② □□《しっぱい》は□□《せいこう》のもと。

③ □□□《とぎょうそう》を□《ま》つ。

④ □□《もくひょう》は□□《ひつよう》です。

⑤ □□□《かんこうきゃく》の□□《あんない》。

⑥ □《さかな》の□□《しおや》き。

⑦ □《あじ》に□□《ふまん》がある。

⑧ □□《やちょう》の□□《かんさつ》。

⑨ □□□《なたねあぶら》の□□《せいさん》。

⑩ □□《はっぴょう》に□《いき》をころす。

学習日 ／

1回目 ／100点

2回目 ／100点

できた！

答えは171ページ

9 ホッキョクグマの遠泳

学習日　／

1回目　／100点

2回目　／100点

答えは171ページ

文章を読んで、問いに答えましょう。

ホッキョクグマが泳いでいる写真やえいぞうを見たことがありますか。一体、あのホッキョクグマはどのくらいのきょりを泳いでいるのでしょうか。

アメリカの調《ちょう》さチームはGPS（全地球測位《そくい》システム）付《つ》きの首輪《くびわ》をホッキョクグマ五十二頭にはめて㋐調さしました。（Ⓐ）五年間に約《やく》五十回の「遠泳」が㋑かくにんされました。泳いだ時間ときょりは、平きんすると三日間で百五十四キロメートルで、中には十日間で六百八十七キロメートルに達《たつ》したホッキョクグマもいたそうです。

ホッキョクグマが生息する地いきでは、地球温だん化で氷がへり、海面が広がっています。えさを追い求《もと》めるため、このような「遠泳」をせまられるようになったかのうせいも指てきされています。

この調さをしたとき、子グマを連《つ》れていた親グマは十二頭いました。そのうち、六頭の親グマが遠泳後も、子グマを育てていることがかくにんされました。（Ⓑ）、残《のこ》りの子グマはかくにんされませんでした。

あの広い海で生き続《つづ》けるためには、休まずに泳ぎ続ける体力が必要《ひつよう》なのです。

(1) ⒶⒷにあてはまる接続語《せつぞくご》を□から選《えら》んでかきましょう。（各《かく》10点）

しかし　すると

Ⓐ（　　）　Ⓑ（　　）

(2) ㋐㋑の主語は何ですか。（各10点）

㋐〔　　〕↑調さしました。

㋑〔　　〕↑かくにんされました。

(3) 「遠泳」について答えましょう。

① 何のために「遠泳」するのですか。（20点）

□□□□□□□□□　□ため。

② なぜ「遠泳」をしなければならないのですか。（20点）

□□□□□□で□　□□□、□□が□□　□□いるため。

(4) 筆者の一番言いたいことに○をつけましょう。（20点）

①（　）ホッキョクグマは遠泳ができる。

②（　）子グマの無事《ぶじ》はかくにんされなかった。

③（　）ホッキョクグマが生き続けるためには、休まず泳ぐ体力が必要だ。

国語

10 漢字④

学習日　／

1回目　／100点

2回目　／100点

答えは171ページ

1 次の漢字の読みをかきましょう。（各《かく》5点）

①（　　）とく票の（　　）順位。

②（　　）漁業協同組合。

③（　　）望遠鏡の（　　）仕組み。

④（　　）加熱実験。

⑤（　　）松竹梅。

2 上下の漢字が反対の意味をもつじゅく語を作りましょう。（各5点）

① □負

② □近

③ 多□

④ 苦□

⑤ 軽□

3 次の□に漢字をかきましょう。（各5点）

① きゅう□《じょ》□《くん》□《れん》。

② □《じ》□《てん》で□《しら》べる。

③ □《ひ》□《こう》□《き》の□《しゃ》□《りん》。

④ □《がっ》□《しょう》が□《じょう》□《たつ》する。

⑤ □《なか》□《ま》と□《とも》に□《ねが》う。

⑥ □《へい》□《わ》な□《み》□《らい》。

⑦ □《うん》□《どう》□《かい》の□《はた》。

⑧ □《しん》□《ねん》を□《かた》る。

⑨ □《がい》□《とう》が□《て》らす。

⑩ □《やく》□《そく》をとり□《つ》ける。

11 ごんぎつね ①

学習日　／

1回目　／100点

2回目　／100点

答えは171ページ

文章を読んで、問いに答えましょう。

ある秋のことでした。二、三日雨がふり続《つづ》いたその間、ごんは、外へも出られなくてあなの中にしゃがんでいました。

㋐雨があがると、ごんは、ほっとして穴からはい出ました。空はからっと晴れていて、もずの声がきんきん、ひびいていました。

ごんは、村の小川のつつみまで出て来ました。あたりの、すすきのほには、まだ雨のしずくが光っていました。川は、いつもは水が少ないのですが、三日もの雨で、水が、㋑どっとましていました。ただのときは水につかることのない、川べりのすすきや、はぎのかぶが、黄色くにごった水に横だおしになって、もまれています。ごんは川下の方へと、㋒ぬかるみ道を歩いていきました。

ふと見ると、川の中に人がいて、何かやっています。ごんは、見つからないように、そうっと草の深いところへ歩きよって、㋓そこからじっとのぞいてみました。

「兵十《ひょうじゅう》だな」と、ごんは思いました。

㋔兵十はぼろぼろの黒いきものをまくし上げて、こしのところまで水にひたりながら、魚をとるはりきりあみという㋕あみをゆすぶっていました。

新美南吉《にいみなんきち》（青空文庫）

(1) ㋐雨は何日ふり続いていましたか。（10点）

(2) ㋐それまでごんは、どこでどうしていましたか。（10点）

(3) ㋑で川のようすは、どのようになっていましたか。文の初《はじ》めと終わりの五文字をかきましょう。（20点）

(4) ㋒とはどんなようすの道ですか。（10点）

(5) ㋓のそこことはどこのことですか。（10点）

(6) ㋔兵十のしていることを短く三つかきましょう。（各《かく》10点）

(7) ㋕は何をしていましたか。（10点）

国語

12 言葉と文② (主語・述語・修飾語)

学習日 ／

1回目 ／100点

2回目 ／100点

できた！ 答えは171ページ

1 次の文の主語と述語《じゅつご》をかきましょう。 (各《かく》10点)

① いなかの 川で めだかが すいすい 泳ぐ。

主語 → 述語

② 今年の 夏は 去年より 暑い。

③ 駅前の 公園に たくさんの はとが いる。

④ 父は 母と いっしょに 買い物に 行く。

⑤ ぼくの カメラは 兄の ものより 安い。

2 次の文で□や□の修飾語《しゅうしょくご》を〔 〕にかきましょう。 (各10点)

① 日《ひ》焼《や》けした 元気な 男の子が 遊んでいます。

〔 〕

② 茶色の 大きな マンションが 駅前に 建《た》つ。

〔 〕

③ この 大切な 本は、兄から もらった。

〔 〕

④ 雪が 急に はげしく ふり出した。

〔 〕

⑤ ぼくは、川で 水遊びを した。

〔 〕

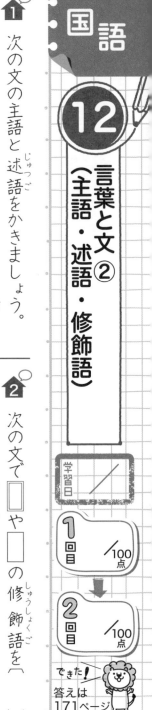

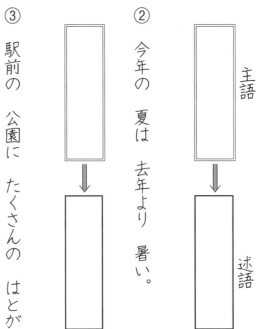

13 ごんぎつね②

学習日　／

1回目　／100点

2回目　／100点

できた！

答えは171ページ

文章を読んで、問いに答えましょう。

㋐兵十《ひょうじゅう》が、赤い井戸《いど》のところで、麦をといでいました。兵十は今まで、おっ母《かあ》と二人きりで、まずしいくらしをしていたもので、おっ母が死んでしまっては、もう一人ぼっちでした。

「おれと同じ一人ぼっちの兵十か㋑」

こちらの物置《ものおき》の後ろから見ていたごんは、㋒そう思いました。

ごんは物置のそばをはなれて、向《む》こうへいきかけますと、どこかで、いわしを売る声がします。

「㋓いわしのやすうりだアい。いきのいいいわしだアい」

ごんは、その、いせいのいい声のする方へ走っていきました。と、弥助《やすけ》のおかみさんが、うら戸口から、

「いわしをおくれ。」と言いました。いわし売りは、いわしのかごをつんだ車を、道ばたにおいて、㋔ぴかぴか光るいわしを両手でつかんで、弥助の家の中へもってはいりました。

ごんは㋕そのすきまに、かごの中から、五、六ぴきのいわしをつかみ出して、もと来た方へかけだしました。そして、兵十の家のうら口から、家の中へいわしを投げこんで、穴《あな》へ向かってかけもどりました。

新美南吉《にいみなんきち》（青空文庫）

(1) ㋐兵十は何をしていましたか。（15点）

「　　　　」

(2) ㋑の「か」と同じ意味の文に○をつけましょう。（15点）

① （　）このペンはいくらですか。

② （　）とうとうお金もなくなったか。

③ （　）ここで食べる人があるか。

(3) ㋒どのように思ったのですか。（15点）

「　　　　」

(4) ㋓どんな声でしたか。（15点）

「　　　　」

(5) ㋔ぴかぴか光るいわしとは、どんないわしなのですか。（20点）

「　　　　」

(6) ㋕そのすきまとはどういうことですか。（20点）

「　　　　」

国語

14 漢字⑤

学習日　／

1回目　／100点

2回目　／100点

答えは171ページ

1 次の漢字の読みをかきましょう。（各《かく》5点）

① 当選（　　）を 祝福（　　）する。

② 円周（　　）の 長さ。

③ 四兆三千億円（　　）。

④ 努力（　　）の 結果（　　）。

⑤ 自治会（　　）への要求（　　）。

2 上下のじゅく語が反対の意味をもつじゅく語をかきましょう。（各5点）

① 人工 ― □□

② 当選 ― □□

③ □□ ― 着席

④ □□ ― 以後

⑤ 不安 ― □□

3 次の□に漢字をかきましょう。（各5点）

① とく□《ひょう》の□□《じゅんい》。

② □□《きゅうしょく》の□□□《ざんりょうしら》べ。

③ □□□□□□《ぎょぎょうきょうどうくみあい》。

④ □□《むりょう》で□《か》りた□《もの》。

⑤ □□□《ぼうえんきょう》の□□《しく》み。

⑥ □□□□《かねつじっけん》をした。

⑦ □《たび》の□□《きろく》の□□《せいしょ》。

⑧ □□□《しょうちくばい》をかざる。

⑨ □□□《けんこうてき》な□□《はくし》。

⑩ □□□□《しぜんしょくひん》。

15 和尚さんと小僧

学習日 ／

1回目 ／100点

2回目 ／100点

できた！

答えは172ページ

文章を読んで、問いに答えましょう。

大《たい》そうけちんぼな和尚《おしょう》さんがありました。何かよそからもらっても、いつでも自分ひとりでばかり食べて、小僧《こぞう》には一つもくれませんでした。小僧はそれを㋐くやしがって、いつかすきを見つけて、和尚さんから、おいしいものをめし上げてやろうと考えていました。

ある日、和尚さんはだん家※から、大そうおいしいあめをもらいました。和尚さんは、㋑そのあめをつぼの中に入れて、そっと仏《ぶつ》だんの下にかくして、ないしょでひとりでなめていました。

ところがある日、和尚さんは、用事があって外へ出て行きました。出て行きがけに、和尚さんは小僧にいいつけて、

「この仏だんの下のつぼには、大事なものが入っている。見かけはあめのようだけれど、ほんとうは、一口でもなめたら、ころりとまいってしまうひどいどく薬だ。命がおしいと思ったら、けっしてなめてはならないぞ。」

といい置《お》いて、出て行きました。

和尚さんが出てしまうと、小僧はさっそくつぼを引きずり出して、残《のこ》らずあめをなめてしまいました。

※だん家…お金を出して、寺をささえる家

楠山正雄《くすやままさお》（青空文庫）

(1) この和尚さんはどんなせいかくですか。（15点）

(2) ㋐で、小僧は、何をくやしがっていましたか。（15点）

(3) ㋑を和尚さんは、どうしましたか。したことを三つかきましょう。（各《かく》10点）

・

・

・

(4) 出て行くとき、和尚さんは小僧に、㋑は何だと言いましたか。（15点）

(5) 小僧は、和尚さんが出て行くと、㋑をどうしましたか。（15点）

(6) 小僧は、どうして(5)のようにしたのですか。正しいもの一つに○をつけましょう。（10点）

①（　）和尚さんの言うことが本当かたしかめようとしたから。

②（　）和尚さんからおいしいものをとって食べようと考えていたから。

③（　）いつもくれないから、つらくて死のうと思ったから。

国語

16 漢字⑥

学習日　／

1回目　／100点

2回目　／100点

できた！　答えは172ページ

1 次の漢字の読みをかきましょう。（各《かく》5点）

① 周辺住民。（　　　）

② 司令官（　　　）の 命令（　　　）。

③ 巣箱（　　　）を 置く（　　　）。

④ 冷静（　　　）に 考える（　　　）。

⑤ 利害（　　　）に 関係（　　　）する。

2 四文字じゅく語を完成《かんせい》させましょう。（各5点）

① □□□□《いっせきにちょう》のいい計画だ。

② □□□□《いきとうごう》し友達《ともだち》になる。

③ □□□□《いちもんいっとう》をくり返す。

④ 君とぼくは□□□□《いっしんどうたい》だ。

⑤ □□□□《かいこういちばん》結果《けっか》を言う。

3 次の□に漢字をかきましょう。（各5点）

① □《ふか》い□□《かいてい》の□□《せいかつ》。

② □□《とうせん》を□□《しゅくふく》する。

③ □□《えんしゅう》の□《なが》さ。

④ □□《ちょっけい》の□□□《やくさんばい》。

⑤ □□□□□□《よんちょうさんぜんおくえん》。

⑥ □□《さくねん》の□《ふ》の□□《よさん》。

⑦ □□《どりょく》の□□《けっか》。

⑧ □《まご》の□《おび》や□□《いるい》。

⑨ □□□《じちかい》への□□《ようきゅう》。

⑩ □《あさ》い□《かわ》で□□《みずあ》び。

17 子どもの好きな神様

学習日　／

1回目　／100点
2回目　／100点

できた！
答えは172ページ

文章を読んで、問いに答えましょう。

子どもの好《す》きな小さい神様がいました。

いつもは森の中で、歌をうたったり、笛をふいたりして、小鳥やけものと遊んでいました。しかし、ときどき人の住んでいる村へ出て行って、好きな子どもたちと遊ぶのでした。

Ⓐ、㋐この神様は、一度もすがたを見せたことがないので、子どもたちにはちっともわかりませんでした。

雪がどっさりふった次の朝、子どもたちは、真っ白な野《の》っ原《ぱら》で遊んでいました。

Ⓑ、ひとりの子どもが、

「雪の上に顔をうつそうよ。」

と、言いました。

そこで、十三人の子どもたちは、こしをかがめてまるい顔を真っ白な雪におしあてました。そうすると、子どもたちのまるい顔は、一列にならんで雪の上にうつったのでした。

「一、二、三、四……。」

と、ひとりの子どもが、顔のあとを数えてみました。

どうしたことでしょう。十四ありました。子どもは十三人しかいないのに、顔のあとが十四あるわけがありません。

新美南吉《にいみなんきち》（青空文庫）

---

(1) この文章を二つにわけます。後半の最初《さいしょ》の六文字をかきましょう。（15点）

□□□□□□

(2) Ⓐ～Ⓑにあてはまる接続語《せつぞくご》を□から選《えら》んでかきましょう。（各《かく》10点）

Ⓐ（　　　）　Ⓑ（　　　）

けれど　すると　そこで

(3) ㋐の神様は、どんな神様ですか。（15点）

□□□□□□□□□□□□　神様

(4) この神様は、次の場所ではだれと遊んでいますか。（各10点）

① 森の中〔　　　〕

② 村〔　　　〕

(5) 子どもたちは、何人いて、どこで、どんな遊びをしていますか。（各10点）

① 人数〔　　　〕人

② 場所 □□□□□□

③ 遊び □□□□□□

18 言葉と文③（決まった言い方）

学習日　／

1回目　／100点

2回目　／100点

答えは172ページ

1

副詞《ふくし》には、決まった言い方をするものがあります。次の〔　〕に合う副詞を□から選《えら》んでかきましょう。（各《かく》8点）

① 〔　　〕おくれたら、先に行ってください。

② 試合《しあい》には〔　　〕間に合うだろう。

③ 〔　　〕赤ちゃんのはだのようだ。

④ どんな事があっても、〔　　〕君をうらぎらない。

⑤ 〔　　〕はなれても、君のことはわすれないよ。

まるで　もし　たとえ
たぶん　決して

2

次の文に続《つづ》く言葉を□から選んで□にかきましょう。（各5点）

① ぼ金がさっぱり集まら□。

② おそらく、この試合は負ける□。

③ おそくなっても、ぜひ参加《さんか》して□。

④ なぜ、かれはスポーツ大会に参加しないのです□。

ほしい　か　ない　だろう

3

次の文に続く言葉を□から選んで〔　〕にかきましょう。（各20点）

①
ア 明日の試合はきっと勝てる〔　　〕。
イ もしかしたら、明日の試合は勝てる〔　　〕。

かもしれない　はずだ

②
ア おそらく、明日の試合は勝てる〔　　〕。
イ 明日の試合は、勝てるに〔　　〕。

だろう　ちがいない

19 よだかの星

学習日　／

1回目　／100点
2回目　／100点

文章を読んで、問いに答えましょう。

　おお、よだかでないただのたかならば、こんな生はんかの小さい鳥は、もう名前を聞いていただけでも、ぶるぶるふるえて、顔色を変《か》えて、体をちぢめて、木の葉のかげにでもかくれたでしょう。（Ⓐ）よだかは、本当はたかの兄弟でも親類《しんるい》でもありませんでした。かえって、よだかは、あの美しいかわせみや、鳥の中の宝石《ほうせき》のようなはちすずめの兄さんでした。はちすずめは花のみつを食べ、かわせみはお魚を食べ、よだかは羽虫をとって食べるのでした。

　それによだかには、するどいつめもするどいくちばしもありませんでしたから、どんなに弱い鳥でも、よだかをこわがるはずはなかったのです。

　それなら、㋐たかという名のついたことは不思議《ふしぎ》なようですが、これは、一つはよだかのはねがむやみに強くて、風を切ってかけるときなどは、まるでたかのように見えたことと、も一つは鳴き声がするどくて、やはりどこかたかににていたためです。もちろん、たかは、これをひじょうに気にかけて、いやがっていました。それですから、よだかの顔さえ見ると、かたをいからせて、早く名前をあらためろ、名前をあらためろと、㋑いうのでした。

宮沢賢治《みやざわけんじ》（青空文庫）

(1) 次の表にあてはまる言葉を［　］から選《えら》んで記号でかきましょう。（各《かく》10点）

	食べ物	特《とく》ちょう
よだか	（　）	（　）
かわせみ	（　）	（　）
はちすずめ	（　）	（　）

あ花のみつ　い羽虫　うお魚
え美しい　お鳥の中の宝石のよう
か鳴き声がするどい

(2) Ⓐの接続語《せつぞくご》を［　］から選んでかきましょう。（10点）

（　　）

つまり　だから
ところが

(3) ㋐の理由を二つかきましょう。（各10点）

① よだかのはねが［　　］、［　　］ときなどは、まるで［　　］のように見えたから。

② 鳴き声が［　　］、どこか［　　］［　］から。

(4) ㋑の主語をかきましょう。（10点）

［　　］

できた！
答えは172ページ

国語

20

漢字⑦

学習日　／

1回目　／100点

2回目　／100点

できた！

答えは172ページ

1 次の漢字の読みをかきましょう。（各《かく》5点）

① 改札（　　）を 順（　　）に通る。

② 課題（　　）の 説明（　　）。

③ 努力（　　）が 必要（　　）。

④ 交差点（　　）に 進（　　）む。

⑤ 便利（　　）な 器具（　　）。

2 四文字じゅく語を完成《かんせい》させましょう。（各5点）

① □□□□《いち（にち）じつせんしゅう》の思いで待つ。

② 科学は□□□□《にっしんげっぽ》だ。

③ どちらも□□□□《いっちょういったん》です。

④ □□□□《いみしんちょう》な言葉だ。

⑤ 元日に□□□□《いちねんほっき》する。

3 次の□に漢字をかきましょう。（各5点）

① □□《しゅうへん》の□□《じゅうみん》。

② □□《じっけん》の□□《せいこう》。

③ □□□《しれいかん》の□□《めいれい》。

④ □□《かもつ》を□《つ》む。

⑤ □□《すばこ》を□《お》く。

⑥ □□《りょうがわ》の□《たか》い□□《いち》。

⑦ □□《れいせい》に□《かんが》える。

⑧ □□《りがい》に□□《かんけい》しない。

⑨ □□《なんきょく》の□□《きこう》。

⑩ □□□《やくほうし》で□《つつ》む。

21 アフリカヒョウ

学習日　／

1回目　／100点
2回目　／100点

できた！

答えは172ページ

文章を読んで、問いに答えましょう。

ヒョウはアフリカ大陸《たいりく》からアジア大陸の東のはしまで、ネコ科の中でイエネコをのぞきもっとも広く生息する動物である。クロヒョウ、ユキヒョウなど種類《しゅるい》も多い。肉食で、ほにゅう類、鳥類、魚類、こん虫など小型《こがた》から大型までほとんどのものを食べる。

なかでも㋐アフリカヒョウはサバンナに生息する大型のネコ科ではめずらしく木登りをとく意としている。あごの力が強く、とらえたえ物は自分の体重より重いものでも、口にくわえて木の上に引き上げるのだ。

そのため、足は太く短く、しっぽは長く、㋑木の上での生活にふさわしい体形に進化している。

とらえたえ物はハイエナなどの、ほかの肉食の動物やタカ・ワシなどの肉食鳥類にうばわれないようにしつつ、数日かけてじっくりと食べていく。

また、チーターのような走力もなく、ライオンのような仲間《なかま》もいないヒョウのかりは、㋒主として木の上からの待ちぶせだ。木の下を群《む》れで通る草食動物に、木の上から飛《と》びおりておそうのだ。

(1) ヒョウは何科の動物ですか。(15点)

(2) ㋐は何がとく意ですか。(15点)

(3) とらえたえ物は、どうしますか。(15点)

(4) ㋑はどんな体形ですか。二つかきましょう。(各《かく》10点)

(5) ㋒なぜそのようなかりをするのですか。理由を二つかきましょう。(各10点)

(6) ㋒どんなえ物を待ちぶせするのですか。(15点)

国語

22 漢字⑧

学習日　／

1回目　／100点

2回目　／100点

できた！

答えは172ページ

1 次の漢字の読みをかきましょう。（各《かく》5点）

① **郡部**（　　）の**気候**（　　）。

② **牧場**（　　）の**風景**（　　）。

③ **児童会**（　　）の**選挙**（　　）。

④ **改良**（　　）の**苦労**（　　）。

⑤ **発芽**（　　）の**試験**（　　）。

2 次の漢字のつくりに共通《きょうつう》する部首をかきましょう。（各5点）

① 才・寸・直 → □

② 昭・埶・占 → □

③ 袁・玉・乂 → □

④ 袁・斤・甬 → □

⑤ 皮・昜・毎 → □

3 次の□に漢字をかきましょう。（各5点）

① □□《べんり》な□□《きぐ》。

② □□□《こうさてん》に□《すす》む。

③ □□《かいさつ》を□《じゅん》に□《とお》る。

④ □□□□《まんいんでんしゃ》に□《の》る。

⑤ □□《いんさつ》した□□《もじ》。

⑥ □□《じんめい》きゅう□《じょ》。

⑦ □《おも》さの□□《たんい》。

⑧ □□《けっきょく》、□□《けっせき》した。

⑨ □□《かだい》の□□《せつめい》。

⑩ □□《かくじ》の□□《どりょく》。

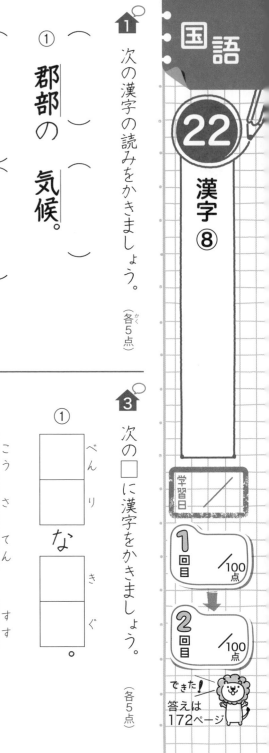

23 ニホンミツバチ

学習日　／

1回目　／100点
2回目　／100点

答えは173ページ

文章を読んで、問いに答えましょう。

　ニホンミツバチは、むかしから日本に生息するミツバチです。
　このミツバチの特《とく》ちょうは、ミツをすうだけでなく前足と中足を器用《きよう》に使い、ミツをすうときに体に付《つ》いた花ふんで㋐「花ふんだんご」を作るのです。
　春の日差《ひざ》しがあたたかくなってくると、ミツバチたちは、花を求《もと》めてあちらこちらを飛《と》び回ります。
　㋑ミツバチは、まず目で花の色や形を見分け、そして、しょっ角で花のにおいをかぎ分けます。花に近づくと、口のストローをのばしてミツをすい、体に付いた花ふんはだんごにして、花ふんかごとよばれる㋒後ろ足の毛にくっつけます。
　このだんごは、栄養《えいよう》が多く巣《す》に持ち帰っていつでも食べられるようにします。
　㋓東北地方では、雪どけ後に開花するヤブツバキのミツや花ふんがミツバチのお気に入りです。
　そして、巣にもどったミツバチは、ミツと花ふんだんごをそれぞれ別《べつ》の部屋につめこむのです。

(1) ㋐を作るのは、何ですか。（10点）

(2) ミツバチは、体のどこを使って㋐を作りますか。（各《かく》10点）

［　　　　］［　　　　］

(3) ㋑は、どのようにして花を見つけるのですか。二つかきましょう。（各15点）

［　　　　］［　　　　］

(4) ㋒のことを何とよんでいますか。（10点）

(5) ㋓では、どんなヤブツバキがお気に入りですか。（10点）

　　　　　　　ヤブツバキ

(6) ニホンミツバチの食べ物は何ですか。（各10点）

［　　　　］［　　　　］

国語

24 言葉と文④（同義語）

学習日　／

1回目　／100点
2回目　／100点

できた！

答えは173ページ

1 □にあてはまる言葉を□から選《えら》んでかきましょう。（各《かく》11点）

① 写真を
魚を
大きい方を
食事を
□

② かぜを
つなを
ピアノを
くじを
□

③ ビルを
目標《もくひょう》を
てがらを
顔を
□

④ 家の中に
プールから
ねだんが
手が
□

ひく　あがる　たてる　とる
うる　みる　でる　つぶす

2 次の言葉に合う意味を㋐～㋓から選んで（　）にかきましょう。（（　）…各7点）

(1)
① かさをさす。（　）
② 教室に日がさす。（　）
③ 絵をピンでさす。（　）
④ 花びんに花をさす。（　）

㋐ つっこんで中へ入れる。
㋑ かざしておおう。
㋒ 光が入る。
㋓ つき通してとめる。

(2)
① 人とあう。（　）
② 答えがあう。（　）
③ 交通事こにあう。（　）
④ 服が体にあう。（　）

㋐ 正しいものと同じになる。
㋑ 顔をあわせる。
㋒ ぴったりする。
㋓ 物ごとにでくわす。

25

総合

ツバメと人間

学習日　／

1回目　／100点

2回目　／100点

できた！

答えは173ページ

1 文章を読んで、問いに答えましょう。

ツバメと人間との付《つ》き合いは古い。

㋐ツバメにとっては、農家ののき下や倉庫《そうこ》は外てきから身を守るのに大変《たいへん》都合が良《よ》く、おまけに近くに田畑があり、エサになる害虫《がいちゅう》がたくさんいる。

一方、農家では、ツバメが田畑の上を飛《と》び回り、たくさんの害虫をとってくれて、作物がたくさんとれることをありがたく思って積極的《せっきょくてき》にむかえ入れてきた。

だから、農家の人々は、「㋑ツバメが巣《す》を作れば、その家は金持ちになる。」などと言って、大切にしてきたのである。

また、人々はエサとりのために空を飛び回るツバメを見て、「ツバメが低《ひく》く飛べば雨ふりが近く、高く飛べば、晴れの日が続《つづ》く。」など天気の予想もしていた。

ツバメのエサとりが天気や気温によってことなることから、㋒その予想はよくあたったのである。

(1) ㋐ツバメにとって、どんな良いことがありますか。二つかきましょう。（各《かく》15点）

(2) ㋑なぜそのように考えられたのですか。理由をかきましょう。（15点）

(3) ㋒その予想とは、どんな予想ですか。（15点）

2 次の漢字の送りがなをかきましょう。（各5点）

① 続 つづける

② 養 やしなう

③ 借 かりる

④ 挙 あげる

3 次の漢字の部分に共通《きょうつう》する部首やつくりを見つけ□にかきましょう。（各5点）

① 家・至・各 □

② 毎・谷・立 □

③ 義・兑・式 □

④ 彦・豆・是 □

国語

26 総合

働きアリ

学習日 ／

1回目 ／100点
2回目 ／100点

できた！ 答えは173ページ

1 文章を読んで、問いに答えましょう。

㋐ 花だんの近くで、巣《す》あなから働《はたら》きアリが数ひきずつ、群《む》れになって出て来ました。

㋑ その中の一ぴきが、弱っているコガネムシのよう虫を見つけました。そして、大急ぎで仲間《なかま》に知らせました。

㋒ よく見ていると集まってきたアリたちはえ物にむらがり、いっせいにかみつきました。

㋓ かみつかれたよう虫は、たまったものではありません。

㋔ コガネムシのよう虫でも群れをなして体中をかみつかれると、時間とともに弱り、力つきてしまいます。

㋕ アリたちは、Ⓐこのつかまえたえ物を、運びやすいようにばらばらにして、巣に持ち帰ります。

(1) この文章は、いくつのだん落でできていますか。（15点）

（　　）つ

(2) Ⓐは、何をさしていますか。（15点）

(3) この文章を①〜③に分けます。あてはまる記号をかきましょう。（各《かく》10点）

① アリがえ物を見つけて、仲間に知らせるまで　（　　）（　　）

② よう虫がかみつかれているところ　（　　）〜（　　）

③ アリがえ物を巣に持ち帰るところ　（　　）

2 点を線で結《むす》んでことわざを完成《かんせい》させましょう。（各5点）

① 飛《と》んで火に入《い》る・　　・㋐ 山となる

② 花より・　　・㋑ だんご

③ 急がば・　　・㋒ 夏の虫

④ ちりも積《つ》もれば・　　・㋓ 回れ

3 ――の漢字の読み方をかきましょう。（各10点）

①
㋐ 試験《けん》がある　（　　）
㋑ 実験を試みる。（　　）

②
㋐ 洋服を整理する。（　　）
㋑ 列を整える。（　　）

27

総合

アジアゾウとゾウ使い

学習日　／

1回目　／100点

2回目　／100点

答えは173ページ

1 文章を読んで、問いに答えましょう。

東南アジアにミャンマーという国があります。

この熱帯《ねったい》の山おくには、自動車や機械《きかい》などがまったく入れない森林地帯《ちたい》がたくさんあります。

①そこには、人間と力を合わせて林業に関《かか》わっている多くのアジアゾウがいます。

②かれらは、ゾウ使いの指《し》じをしっかり聞き分け、けわしいジャングルをあちらこちらへと動き回ります。

そして、人間が切りたおした重さ二トンもの大きな丸太を、長い鼻をたくみに使って大変《たいへん》な力で運び出します。

（③）、仕事が終われば、あとは自由時間で、おりやさくに入れられることもなく、森の中でのんびりとします。

ゾウ使いにせ中、頭、そして、長い鼻と、体をあらってもらったり、水遊びをしたりして④気持ちよい時間をすごします。ゾウとゾウ使いは子どものころからいっしょにくらし、兄弟のように仲良《なかよ》しなのです。

ですから、⑤ゾウ使いの言うことがとてもよくわかるのです。

※熱帯…一年中暑いところ

(1) ①のそことは、どこの国の何ですか。（7点）

（　　　）

(2) ②はだれのことを指していますか。（7点）

（　　　）

(3) ③にあてはまる接続語《せつぞくご》を次の中から選《えら》んで○をつけましょう。（7点）

（　）つまり　（　）しかし

（　）だから

(4) ④の気持ちよいことは何ですか。（各《かく》7点）

（　　　）

（　　　）

(5) なぜゾウ使いの言うことがよくわかるのですか。本文中の理由にあたるところに〜〜を引きましょう。（12点）

2 次の□に体の部分の名前を□から選《えら》んでかいて慣用句《かんようく》を完成《かんせい》させましょう。（各8点）

① □を持つ

② □がぼうになる

③ □が上がる

うで　かた　あし　みみ

3 次の漢字をかきましょう。（各8点）

① 顔色を□《か》える。

② バッターを□《か》える。

③ 千円で□《か》える本。

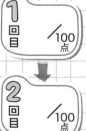

28 総合 納豆《なっとう》

学習日　／

1回目　／100点

2回目　／100点

できた!

答えは173ページ

1 文章を読んで、問いに答えましょう。

日本に古くから伝《つた》わる食品、納豆《なっとう》。

むした大豆《だいず》をワラで包《つつ》み、四十度くらいにしたまま、一〜二日おくと糸引き納豆ができる。

歴史《れきし》は古く、平安《へいあん》時代半ばより、書物に出てきており、関東《かんとう》から東北《とうほく》地方にかけて㋐郷土料理《きょうどりょうり》として親しまれてきた。

最近《さいきん》では、さっきん作用をはじめ、血えきをさらさらにするなど、㋑たくさんのはたらきがみとめられる健康《けんこう》食品だ。

特《とく》ちょうのある風味《ふうみ》とネバネバから㋒好《す》ききらいが分かれる食べ物だが、ねぎやからしなど㋓一品食材《しょくざい》を加《くわ》えることで、においやねばりがおさえられ、うま味がましたり、栄養《えいよう》がふえたりする。

納豆は、ふたを開けるとすぐに食べられ、栄養もたくさんある、現代人《げんだいじん》のくらしにあう手軽なインスタント食品でもあるのだ。

(1) ㋐何が親しまれてきたのですか。(10点)

〔　　　〕

(2) ㋑はたらきを二つあげましょう。(各《かく》10点)

〔　　　〕

〔　　　〕

(3) ㋒なぜ好ききらいが分かれているのですか。(10点)

〔　　　〕

(4) ㋓どんな一品を加えますか。(各10点)

〔　　　〕

〔　　　〕

2 次の□から反対の意味の漢字を選《えら》んで、二字のじゅく語をかきましょう。(各5点)

軽　負　暗　買

明　売　重　勝

3 次の二つの言葉を合わせて一つの言葉にしましょう。(各4点)

① 口＋ふえ↓

② 折《お》る＋紙↓

③ 流れる＋星↓

④ わかい＋葉↓

⑤ 言葉＋遊ぶ↓

29 総合 ペットボトルのリサイクル

学習日　／

1回目　／100点
2回目　／100点

できた！
答えは173ページ

1 文章を読んで、問いに答えましょう。

お茶やジュースなどを飲み終えた後の空㋐のペットボトルは回しゅうします。

それでは、その先はどうなっているのでしょうか。

まず、㋑回しゅうしたペットボトルはリサイクル工場で細かくくだいて、小さなかけら（ペットフレーク）にします。このペットフレークはいろいろなせい品の原料《げんりょう》になります。もともと、ペットボトルの原料は石油から作られるプラスチックの仲間《なかま》です。ですから、もう一度とかして固《かた》めれば、いろいろなせい品に加工《かこう》することができるのです。

下じきやじょうぎになったり、糸じょうにしてシャツやカーペットになったり、たまごパックや箱になったりもします。ペットボトルは大切なしげんなのです。

(1) ㋐ペットボトルには、どんなものが入っていたのですか。（各《かく》10点）

〔　　　　〕〔　　　　〕

(2) ㋑は、どこに運ばれて、どのようになりますか。（20点）

〔　　　　〕

(3) ペットフレークをどうすると、いろいろなせい品になりますか。（10点）

〔　　　　〕

2 次の文が続《つづ》くように接続語《せつぞくご》を□から選《えら》んでかきましょう。（各10点）

昨日《きのう》の夜から、熱《ねつ》が出た。

① 〔　　　　〕学校を休んだ。

② 〔　　　　〕学校は休まなかった。

③ 〔　　　　〕せきまで出てきた。

けれども　そのうえ　だから

3 次の（　）に送りがなをかきましょう。（各4点）

泳

① （　　）ない

② （　　）ます

③ （　　）とき

④ （　　）ば

⑤ （　　）う

国語

30 総合 ムササビのくらし

学習日　／

1回目　／100点

2回目　／100点

できた！

答えは173ページ

1 文章を読んで、問いに答えましょう。

森の小鳥たちがねむりにつく夕ぐれ、ムササビの活動が始まる。

木のあなから出たムササビは木をかけのぼり、前足から後ろ足に広がった皮《ひ》まくをいっぱいに広げて、㋐風に乗ってグライダーのように飛《と》ぶ。㋑飛ぶきょりは木の高さにもよるが、百五十〜百六十メートルにもおよぶ。ふさふさした太く長い㋒しっぽを左右に動かして、たくみにかじを取り、木から木へと上手に飛びわたっていく。

活動が始まると、まずははらごしらえだ。ムササビはリス科の仲間《なかま》で、シイ・カシなどの花やわか葉、木の実をさがす。

やがて満《まん》ぷくになり、東の空がうっすら明けてくると、ムササビたちは木のあなに帰り、ふたたび深いねむりにつくのである。

(1) ムササビの活動はいつからいつまで続《つづ》くのですか。（各《かく》10点）

〔　　　　〕〔　　　　〕

(2) ㋐何をつかって飛ぶのですか。（10点）

〔　　　　〕

(3) ㋑飛ぶきょりは何によりますか。（10点）

(4) ㋒どんなしっぽですか。（10点）

〔　　　　〕

(5) ㋒はどんな役目をしますか。（5点）

2 次の言葉を、下の文に合うようにかきかえましょう。（各10点）

① 楽しい
- 音楽の（　　）を味《あじ》わう。
- 旅行が（　　）だ。

② 強い
- 地しんの（　　）を知る。
- かれの（　　）はせの高さだ。

③ 高い
- 山の（　　）をはかる。
- （　　）の見物をする。

3 次の□に動物の名前を入れて、ことわざを完成《かんせい》させましょう。（各5点）

① ふくろの□

② □の一声

③ 泣《な》きっ面《つら》に□

31 テッポウウオ

総合

学習日 ／

1回目 ／100点
2回目 ／100点

できた！
答えは173ページ

1 文章を読んで、問いに答えましょう。

テッポウウオはインドから東南アジア、国内の沖縄《おきなわ》地方にかけて広くすんでいます。

㋐主に海水と川の水がまざり合った、マングローブなどの植物が多くしげっているような場所にいます。これは、水面近くや水中にえ物が多くいるためです。ときには、水面近くにいるこん虫などをジャンプして直せつつかまえたりもします。

Ⓐ、水族館で行われるショーの一つが、この㋑テッポウウオのエサとりです。

水面上の葉の上に止まったこん虫などを㋒口にふくんだ水を飛《と》ばして、つかまえる行動です。のどにたくわえた水を、したとエラぶたを使って一メートル以上《いじょう》も飛ばすことができるのです。

テッポウウオの中でも大きなものは、食用にもなるそうです。

(1) テッポウウオはどの地いきにすんでいますか。（10点）

〔　　　　〕

(2) なぜ㋐にすんでいるのですか。（10点）

〔　　　　〕

(3) Ⓐにあてはまる接続語《せつぞくご》を次から選《えら》んで○をつけましょう。（10点）

（　）だから　（　）しかし

（　）そして

(4) ㋑はどんな行動ですか。説明《せつめい》している文に〜〜をかきましょう。（10点）

(5) ㋒どのようにして水を飛ばしますか。（10点）

〔　　　　〕

2 □に漢字をかいて、次のことわざを完《かん》成《せい》させましょう。（各《かく》5点）

① 負けるが□ち

② 馬の耳に□仏《ぶつ》

3 次の文に合う漢字をかきましょう。（各10点）

① 自分□□《じしん》に、□□《じしん》を持て。

② □□《かいてん》ずしが、今日□□《かいてん》した。

③ 絵に□□《かんしん》を持つとは□□《かんしん》だ。

④ □□《じどう》館のドアは□□《じどう》ドアだ。

国語

32

総合

生こま山上遊園地

学習日　／

1回目　／100点

2回目　／100点

答えは174ページ

1 文章を読んで、問いに答えましょう。

㋐ふわりと空高く上がっていく飛行機《ひこうき》。遊園地の飛行塔《とう》の四つのアームにつり下げられた赤と青のゴンドラが、複葉《ふくよう》飛行機の形をしているのだ。

ここは、奈良《なら》県《けん》と大阪府《おおさかふ》にまたがる生《い》こま山の山ちょうにある遊園地だ。

この飛行塔は国内最古《さいこ》で、高さは約《やく》三十メートルもある。

飛行機はふわりと持ち上がると、塔のまわりをぐるぐる回りながら、飛行塔のてっぺんあたりまで㋑空高く上っていく。目の下には大阪平野や大和盆地《やまとぼんち》が広がり西空かなたには遠く大阪湾《わん》も見える。そんな㋒パノラマが絶景《ぜっけい》なのである。

まるで空を飛《と》んでいる気分で、心地よく風を切る。標高《ひょうこう》六四二メートルの山ちょうの気温は、ふもとより三度から五度も低《ひく》く、㋓特《とく》に夏に人気がある。

(1) ㋐の飛行機はどこにありますか。(15点)

［　　　　　　］

(2) ㋐ここでは飛行機とかかれていますが、本当は何ですか。(10点)

□□□□

(3) ㋑およそ何メートルぐらいまで上がりますか。(10点)

［　　　　　　］

(4) ㋒何がどのように見えるのですか。説《せつ》明《めい》している文に〰〰をかきましょう。(10点)

(5) ㋓特に夏に人気があるのはなぜですか。(15点)

［　　　　　　］

2 次の□にあてはまる漢字を［　］から選《えら》んでかきましょう。(各《かく》10点)

①
㋐ □《まる》いテーブルを買う。
㋑ 地球は□《まる》い。
［円　丸］

②
㋐ 今年の夏は、特に□《あつ》い。
㋑ □《あつ》いお茶を飲む。
［暑　熱］

③
㋐ □《さ》めたお茶を飲む。
㋑ 目が□《さ》めたら、朝だ。
［冷　覚］

3 次の文の□を修飾《しゅうしょく》している言葉に〰〰をかきましょう。(各5点)

① 算数のテストがよくできた。

② 風船が空高く飛んだ。

1 アルファベット大文字

学習日 ／

1回目 ／100点

答えは174ページ

2回目 ／100点

できた！

1 アルファベットをなぞり，右に1文字かきましょう。

（完答《かんとう》70点）

A　B　C

D　E　F

G　H　I

J　K　L

M　N　O

P　Q　R

S　T　U

V　W　X

Y　Z

2 次のスタンプを紙におすと出てくる英単語《えいたんご》をかきましょう。

（各《かく》10点）

① 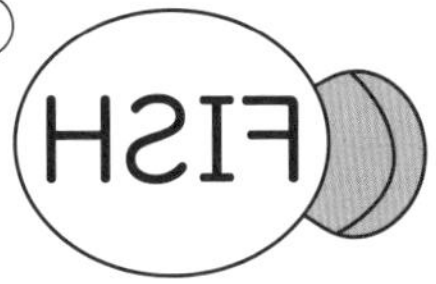

② 

③ 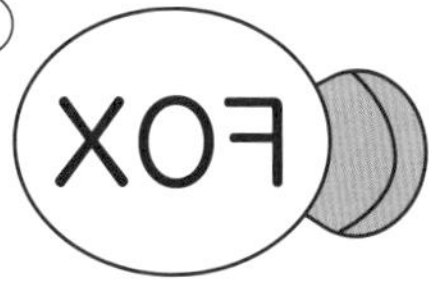

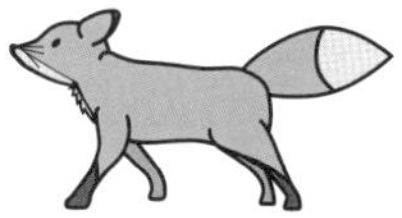

2 アルファベット小文字

学習日 ／

1回目 ／100点

答えは174ページ

2回目 ／100点

できた！

1 アルファベットをなぞり，右に１文字かきましょう。 （完答《かんとう》70点）

a　b　c

d　e　f

g　h　i

j　k　l

m　n　o

p　q　r

s　t　u

v　w　x

y　z

2 次の鏡《かがみ》にうつった英単語《えいたんご》をかきましょう。 （各《かく》10点）

①

②

③

3 どの曜日かな？

学習日 ／

1回目 ／100点

答えは174ページ

2回目 ／100点

できた！

1 次の曜日を表す英単語《えいたんご》をなぞりましょう。 (完答《かんとう》40点)

月 Monday

火 Tuesday

水 Wednesday

木 Thursday

金 Friday

土 Saturday

日 Sunday

2 1週間の天気予ほうを見て，①～⑤の天気予ほうは何曜日のものか、英語でかきましょう。 (各《かく》15点)

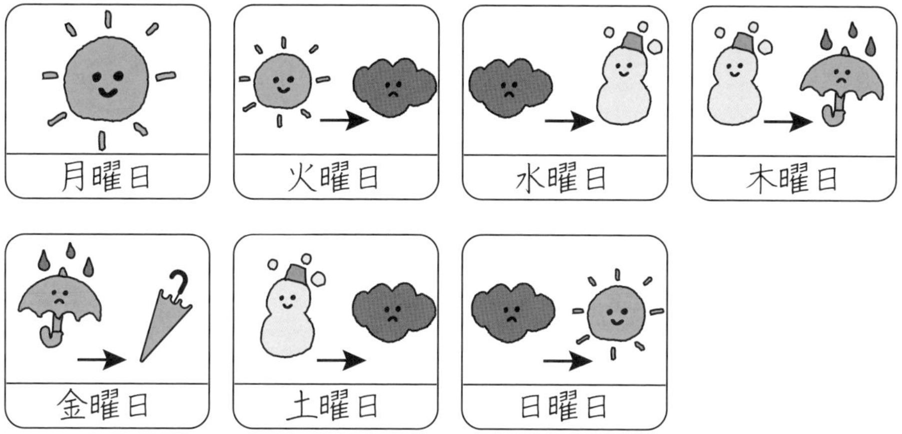

① 雪のちくもり

② くもりのち晴れ

③ 雪のち雨

④ 晴れ

4 好きな教科は？

学習日 ／

1回目 ／100点

答えは174ページ

2回目 ／100点

できた！

1 次の教科を表す英単語《えいたんご》をなぞりましょう。 （完答《かんとう》40点）

国語

Japanese

英語

English

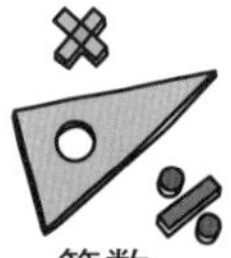
算数

math

理科

science

社会

social studies

音楽

music

体育

P.E.

2 あきさんの好《す》きな教科を表しょう台にのせてみました。順《じゅん》位《い》にそって、教科の英単語をかきましょう。 （各《かく》10点）

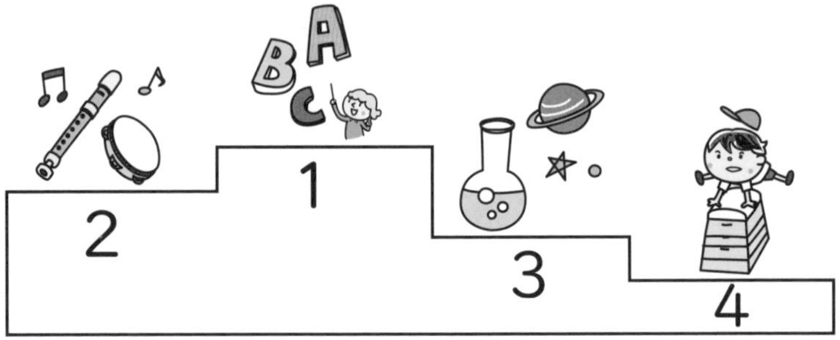

1位 ＿＿＿＿＿＿＿＿

2位 ＿＿＿＿＿＿＿＿

3位 ＿＿＿＿＿＿＿＿

4位 ＿＿＿＿＿＿＿＿

3 次の空らんにあてはまるアルファベットを入れて，イラストの教科を表す英単語をかきましょう。 （各10点）

①

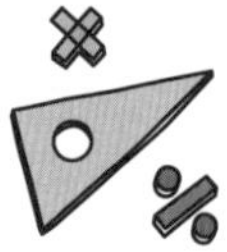

m□th

②

□a□anese

5 買い物リスト

学習日 ／

1回目 ／100点

答えは174ページ

2回目 ／100点

できた！

1 次の野菜《やさい》や果物《くだもの》を表す英単語《えいたんご》をなぞりましょう。（完答《かんとう》60点）

いちご　strawberry

オレンジ　orange

りんご　apple

レモン　lemon

もも　peach

にんじん　carrot

トマト　tomato

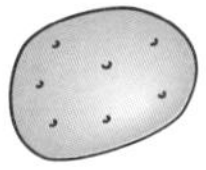
じゃがいも　potato

たまねぎ　onion

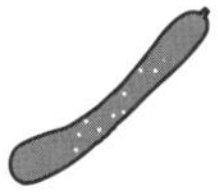
きゅうり　cucumber

2 買い物リスト通りに正しく買い物できているものを，すべて選《えら》んで番号をかきましょう。（1つ20点）

①
tomato
onion
apple
peach

②
potato
lemon
strawberryor
orange

③
potato
onion
apple
peach

④
cucumber
carrot
apple
peach

⑤
cucumber
lemon
carrot
onion

⑥
orange
onion
apple
peach

［　　　］［　　　］

6 まぜた色は？

学習日 ／

1回目 ／100点

答えは174ページ

2回目 ／100点

＼できた！／

1 次の色を表す英単語《えいたんご》をなぞりましょう。 (完答《かんとう》40点)

黒 black

赤 red

青 blue

白 white

黄 yellow

緑 green

むらさき purple

ピンク pink

2 次の色になるには，何色と何色をまぜればよいですか。色を表す英単語をかきましょう。 (各《かく》15点)

① 緑 ＝ ＿＿＿＿ ＋ ＿＿＿＿

② むらさき ＝ ＿＿＿＿ ＋ ＿＿＿＿

③ ピンク ＝ ＿＿＿＿ ＋ ＿＿＿＿

④ 灰 ＝ ＿＿＿＿ ＋ ＿＿＿＿

7 動物シルエット

学習日

1回目 /100点

答えは174ページ

2回目 /100点

できた!

1 次の動物を表す英単語《えいたんご》をなぞりましょう。 （完答《かんとう》40点）

ゾウ　elephant

鳥　bird

トラ　tiger

ネコ　cat

犬　dog

馬　horse

ウサギ　rabbit

ライオン　lion

コアラ　koala

クマ　bear

シマウマ　zebra

2 次の動物のかげを見て，それぞれの英単語をかきましょう。 （各《かく》12点）

①

②

③

④

⑤

8 数字をさがそう！

答えは174ページ

1 次の1～9までの数を表す英単語《えいたんご》をなぞりましょう。

（完答《かんとう》40点）

1 one	2 two	3 three
4 four	5 five	6 six
7 seven	8 eight	9 nine

2 次のマスから1～9までの数を表す英単語をたて・よこ・ななめからさがして，〇でかこみましょう。（〇1つ…4点）

o	n	e	e	n	x	m	f	n	i	n	e
w	g	t	e	s	i	x	u	s	q	i	f
j	w	v	t	f	b	e	i	g	h	t	i
y	e	m	w	b	o	u	r	v	b	d	v
s	v	r	o	w	h	u	t	h	r	e	e
f	e	f	i	v	a	y	r	x	l	g	q

3 たて，よこ，ななめのとなり合った2つの数をたすと10になるものをさがして，〇でかこみましょう。（〇1つ…6点）

①

two	three
seven	five
nine	one

②

three	two
four	eight
five	six

9 どのスポーツの道具かな？

学習日 ／

1回目 ／100点

答えは175ページ

2回目 ／100点

できた！

1 次のスポーツを表す英単語《えいたんご》をなぞりましょう。（完答《かんとう》40点）

バスケットボール　basketball

水泳　swimming

テニス　tennis

たっ球　table tennis

サッカー　soccer

野球　baseball

バドミントン　badminton

2 次の道具を使うスポーツを線で結《むす》びましょう。（各《かく》12点）

①  •　　• ㋐badminton

②  •　　• ㋑soccer

③  •　　• ㋒table tennis

④  •　　• ㋓basketball

⑤ 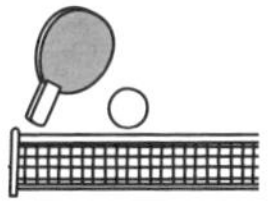 •　　• ㋔baseball

10 文ぼう具・もの・楽器

答えは175ページ

1 次の文ぼう具・もの・楽器《がっき》を表す英単語《えいたんご》をなぞりましょう。

（完答《かんとう》40点）

ノート
notebook

えんぴつ
pencil

カバン
bag

コンピュータ
computer

ピアノ
piano

ヴァイオリン
violin

ギター
guitar

2 次の左右を線で結《むす》んで一つの英単語をつくりましょう。

（各《かく》10点）

① pen ・　　　　・ ㋐ puter
② pia ・　　　　・ ㋑ cil
③ com ・　　　　・ ㋒ no

3 次の鏡《かがみ》にうつった英単語をかきましょう。

（各10点）

①（　　　　　　）　②（　　　　　　）
③（　　　　　　）

①

②

③

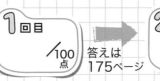

11 しせつはどっち？

学習日 ／

1回目 ／100点

答えは175ページ

2回目 ／100点

できた！

1 次のしせつを表す英単語《えいたんご》をなぞりましょう。 （完答《かんとう》40点）

動物園

zoo

公園

park

図書館

library

スタジアム

stadium

学校

school

パン屋

bakery

プール

swimming pool

デパート

department store

2 次の絵を見て、うさぎさんが家に帰るまでに通ったしせつを、通った順《じゅん》に英単語 1 をかきましょう。 （各《かく》20点）

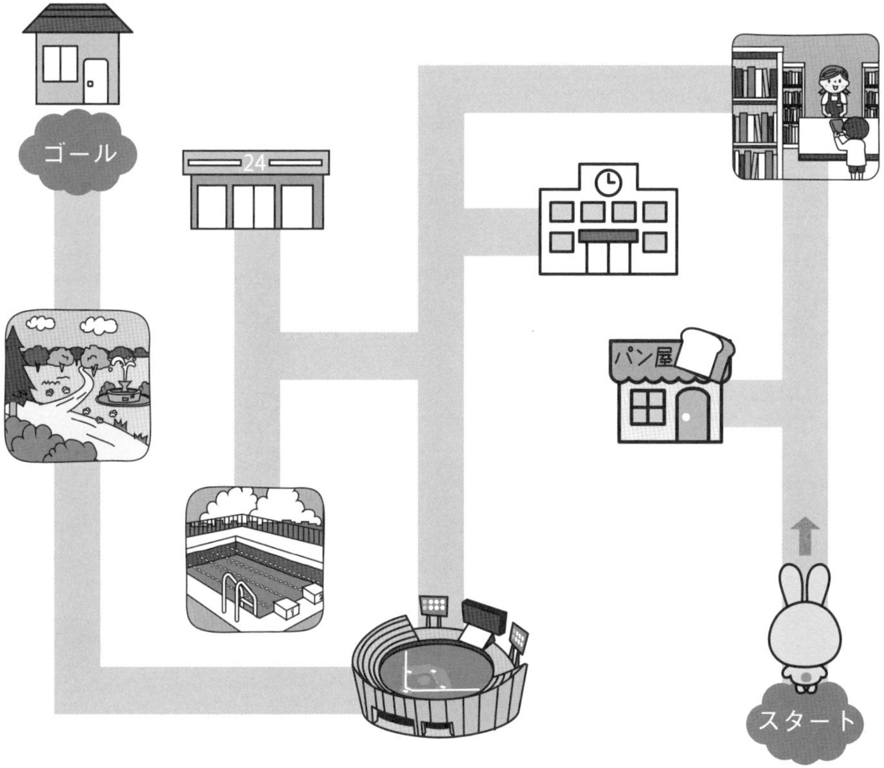

→ →

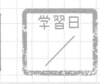

12 同じ絵をさがそう！

学習日 ／

1回目 ／100点

答えは175ページ

2回目 ／100点

できた！

1 次の中で同じ絵のものをさがして，番号をかきましょう。(10点)

〔　　　と　　　〕

2 次の絵を見て，動物や果物《くだもの》の英単語《えいたんご》をかきましょう。
(各《かく》15点)

①

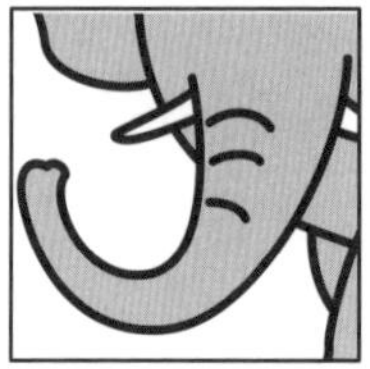

②

③

④

⑤

⑥

全科ノート　小学４年生　答え

算数

1 大きな数①……………………〈P. 3〉

1 ①　一兆二千五百三十四億七千八百九十二万二千六百四十八

②　二百五十三兆八千七十四億五千九百六十七万三千二十四

③　七千六十二兆四十九億三千六百五十万九千五百

2 ①　７５８３２７３８５２０００

②　７００３２３０４６０００３００９

3 ①　一億二千三百四十二万三千九百六十六（人）

②　十万の位

4 ①　８０６０３０００００００００

②　３７００００６９５８００００

③　８３０００００００００００

2 大きな数②……………………〈P. 4〉

1 ①

	億				万				(一)			
	千	百	十	一	千	百	十	一	千	百	十	一
100倍	6	2	5	0	0	0	0	0	0	0	0	0
10倍		6	2	5	0	0	0	0	0	0	0	0
もとの数			6	2	5	0	0	0	0	0	0	0
10でわる				6	2	5	0	0	0	0	0	0
100でわる					6	2	5	0	0	0	0	0

②　十億の位

2 ①　6900億　②　５兆8000億　③　70億

3 ㋐　３億　㋑　７億　㋒　12億

㋓　12億　㋔　16億　㋕　21億

4 ①　８７６５４３２０１

②　１０２３４５６８７

③　７０１２３４５６８

3 およその数・がい数①……………………〈P. 5〉

1 ①　14，15，16，17，18，19，20

②　1，2，3，4，5，6，7

③　1，2，3，4，5

④　8，9，10，11，12

2 ①　560　②　430　③　7500

④　8900　⑤　3000　⑥　5000

3 ①　38000　②　47000　③　985000

④　122000　⑤　600000　⑥　600000

4 ①，②，④，⑥

5 （ 25 ）から（ 34 ）まで

4 およその数・がい数②……………………〈P. 6〉

1 ①

	6	1	9	5	0
+	2	5	7	2	5
	8	7	6	7	5

約88000円

②

	6	2	0	0	0
+	2	6	0	0	0
	8	8	0	0	0

約88000円

2

	2	6	0	0	0
+	3	3	0	0	0
	5	9	0	0	0

約59000円

3 ①　425×28＝11900　約12000円

②　400×30＝12000　約12000円

4 ①　8316÷36＝231　約200円

②　8000÷40＝200　約200円

5 わり算①……………………〈P. 7〉

1 ①　30　②　60　③　50　④　80

2

①

①	3	8
2)	7	6
	6	
	1	6
	1	6
		0

②

②	1	4
4)	5	8
	4	
	1	8
	1	6
		2

③

③	3	1
3)	9	5
	9	
		5
		3
		2

④

④	1	6
4)	6	7
	4	
	2	7
	2	4
		3

⑤

⑤	1	2
5)	6	3
	5	
	1	3
	1	0
		3

3 ①　169…２　②　174　③　192…１

④　307…１　⑤　107

6 わり算②……………………〈P. 8〉

1 280÷４＝70　70まい

2 634÷５＝126…４　１人分は126こ，４こあまる

3 36÷９＝４　４倍

4 980÷７＝140　140円

5 136÷７＝19…３　20日間

6 ８×５÷４＝10　10こ

7 わり算③……………………………〈P. 9〉

1 ① 12　② 84…2　③ 104…4
④ 180…2　⑤ 290

2 930÷6＝155　　155まい

3 324÷9＝36　　36倍

4 35×4＝140　140÷5＝28　　28人

8 わり算④……………………………〈P. 10〉

1 ① 30…2　② 212…1　③ 202
④ 91…3　⑤ 12…1　⑥ 260

2 220÷6＝36…4　　37箱

3 ① □×4＝960
② 960÷4＝240　　240円

9 角度①……………………………〈P. 11〉

1 ㋐ 120°　㋑ 60°　㋒ 150°　㋓ 30°

2 ① 50°　② 20°　③ 110°　④ 225°

3 ㋑ 35°　㋒ 145°

4 ㋐ 45°　㋑ 90°　㋒ 30°　㋓ 90°
㋔ 60°　㋕ 135°　㋖ 150°　㋗ 90°

10 角度②……………………………〈P. 12〉

1 ① 150°　② 25°　③ 260°　④ 290°

2 ㋐ 75°　㋑ 60°

3 ㋐ 135°　㋑ 180°　㋒ 285°　㋓ 225°
㋔ 75°　㋕ 135°　㋖ 15°　㋗ 45°

4 ① 180°　② 60°　③ 270°　④ 330°

11 垂直と平行・四角形①……………〈P. 13〉

1 ①

②

④

2 ㋐，㋑，㋓，㋔

3 ①，③，⑥

4 垂直なもの　（㋐と㋒），（㋐と㋕）
平行なもの　（㋑と㋓），（㋒と㋕），（㋔と㋖）
（順不同）

12 垂直と平行・四角形②……………〈P. 14〉

1 ①
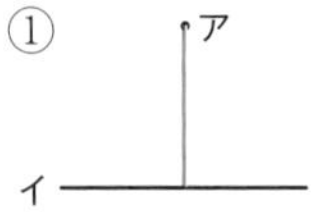

②
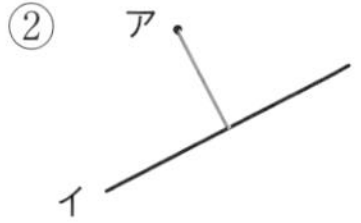

③
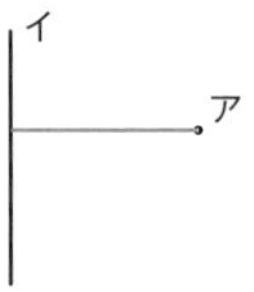

2 ①
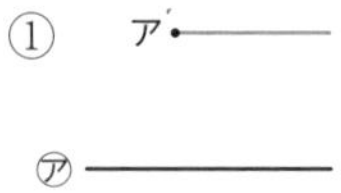

②
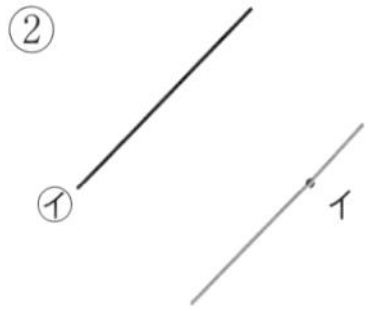

③
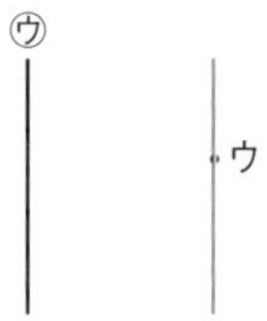

3 平行四辺形…㋐，㋕，㋗　ひし形…㋒，㋙
台形…㋑，㋓，㋖　（順不同）

13 垂直と平行・四角形③……………〈P. 15〉

1 ① 2cm　② (あ) 55°，(い) 125°

2 ① (あ)，(い)　② (あ)，(い)　③ (あ)，(う)

3 ① 垂直　② 平行　③ 台形
④ 対角線　⑤ ひし形

4 ①
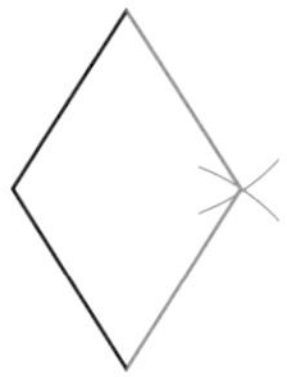
②
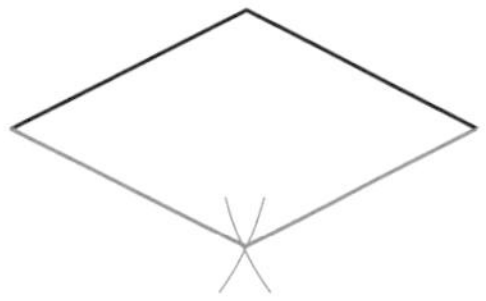

14 垂直と平行・四角形④……………〈P. 16〉

1 ① ㋐，㋒　② ㋐，㋒，㋓，㋕
③ ㋐，㋒，㋓，㋕　④ ㋑
⑤ ㋐，㋒，㋓，㋕　⑥ ㋐，㋒　⑦ ㋔

2 ①
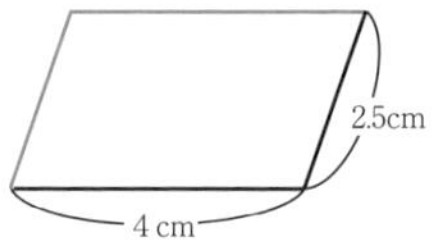

②
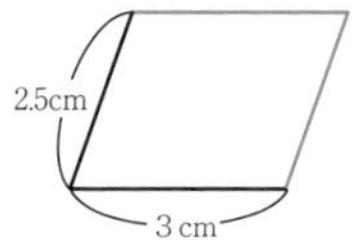

3 ① 台形　② 平行四辺形　③ ひし形
④ 正方形　⑤ 平行四辺形　⑥ 長方形

15 わり算⑤……………………………〈P. 17〉

1 ① 3　② 2　③ 3　④ 4
⑤ 3　⑥ 4　⑦ 6　⑧ 8
⑨ 4　⑩ 8

2 ① 2…8　② 3…3　③ 3…2
④ 3…19　⑤ 2…16　⑥ 4…7
⑦ 3…16　⑧ 6…9
⑨ 7…19　⑩ 7…16

16 わり算⑥……………………………〈P. 18〉

1 ① 30　② 4　③ 20　④ 50

2 ① 13　② 23　③ 18
④ 13　⑤ 36　⑥ 16

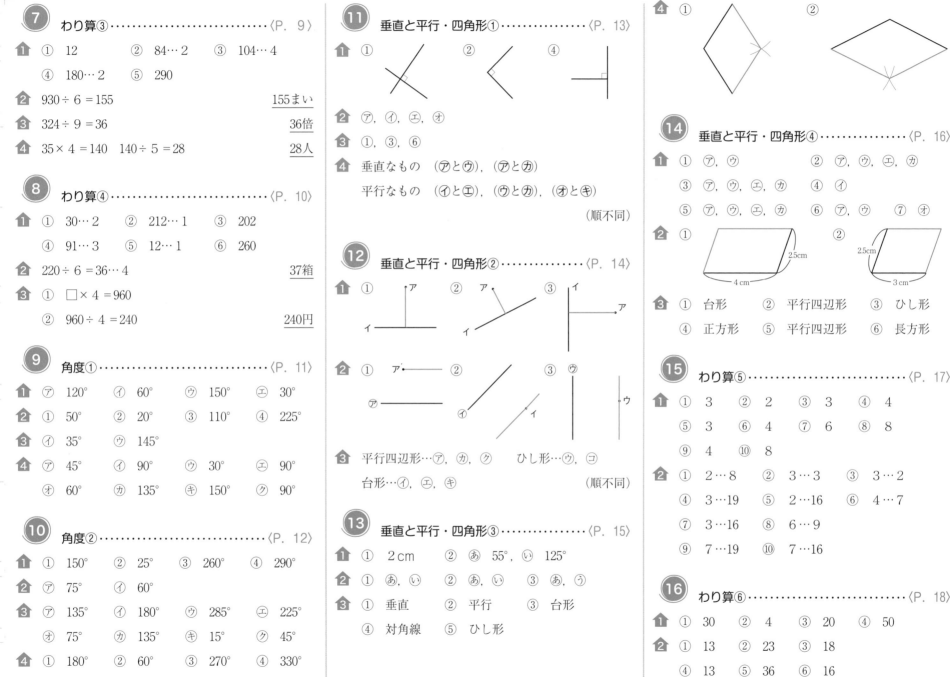

3 ① 26…22　② 28…19　③ 16…3
④ 23…8　⑤ 35…20　⑥ 46…15
⑦ 27…11　⑧ 16…2

17 わり算⑦……〈P. 19〉

1 ① 16…49　② 23…25　③ 27…19
④ 54…20　⑤ 87…13　⑥ 87…18
⑦ 36…28

2 800 ÷ 15 = 53…5　<u>53こ</u>

3 242 ÷ 4 = 60…2　<u>61きゃく</u>

4 210 ÷ 24 = 8…18　<u>9台</u>

18 倍の計算……〈P. 20〉

1 ① 80 ÷ 40 = 2　<u>2倍</u>
② 40 ÷ 20 = 2　<u>2倍</u>
③ 80 ÷ 20 = 4　<u>4倍</u>

2 48 ÷ 2 × 3 = 72　<u>72こ</u>

3 ① 120 ÷ 4 ÷ 2 = 15　<u>15 m</u>
② 120 ÷ 15 = 8　<u>8倍</u>

19 直方体・立方体①……〈P. 21〉

1

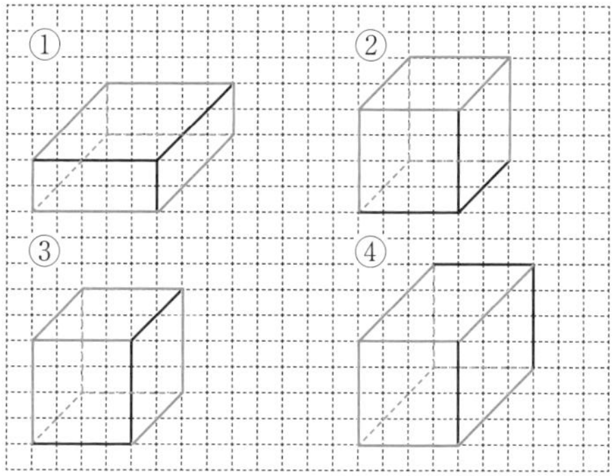

2 ① 点ア，点ケ　② 点エ，点ク
③ 辺オエ（エオ）　（①，②順不同）

3 〈例〉

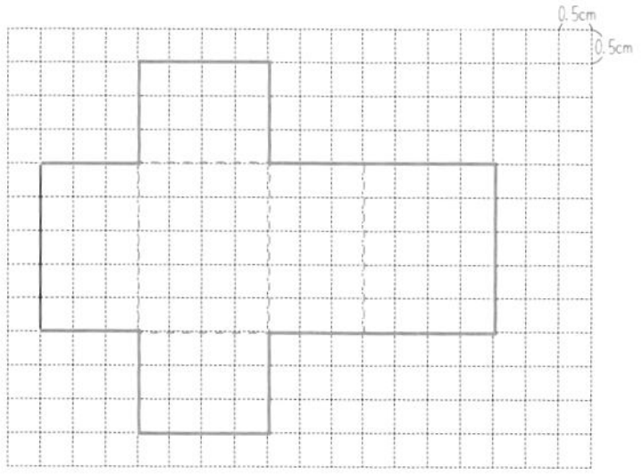

4 〈例〉

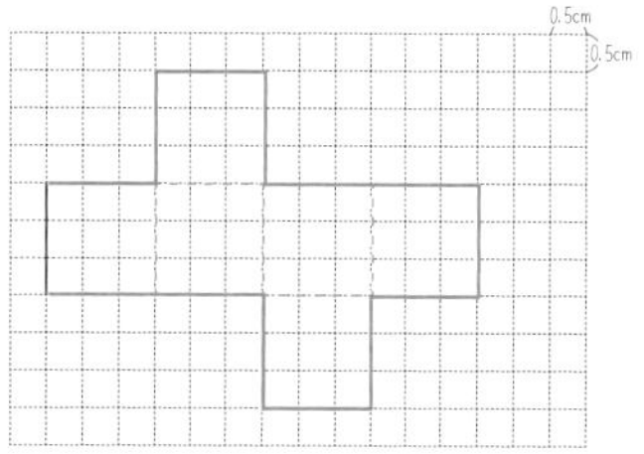

20 直方体・立方体②……〈P. 22〉

1 ① 面オカキク　② 面アオカイ

2 ① 面アオカイ，面イカキウ
面ウキクエ，面エクオア（順不同）
② 面アオカイ，面オクキカ
面クエウキ，面エアイウ（順不同）

3 辺アイ，辺エウ，辺オカ，辺クキ（順不同）

4 ① 辺アイ，辺アエ，辺オカ，辺オク（順不同）
② 辺イカ，辺ウキ，辺エク（順不同）

21 直方体・立方体③……〈P. 23〉

1 ① 面(う)　② 面(え)　③ 面(か)
④ 面(い)，面(か)，面(え)，面(お)（順不同）
⑤ 面(あ)，面(か)，面(う)，面(お)（順不同）

2 ① 面(か)　② 面(え)　③ 面(お)
④ 面(あ)，面(い)，面(え)，面(か)（順不同）
⑤ 面(あ)，面(う)，面(お)，面(か)（順不同）

22 位置の表し方……〈P. 24〉

1 ①（横 4 cm，たて 4 cm）
②（横 6 cm，たて 7 cm）
③（横 2 cm，たて 0 cm）
④ ⑤

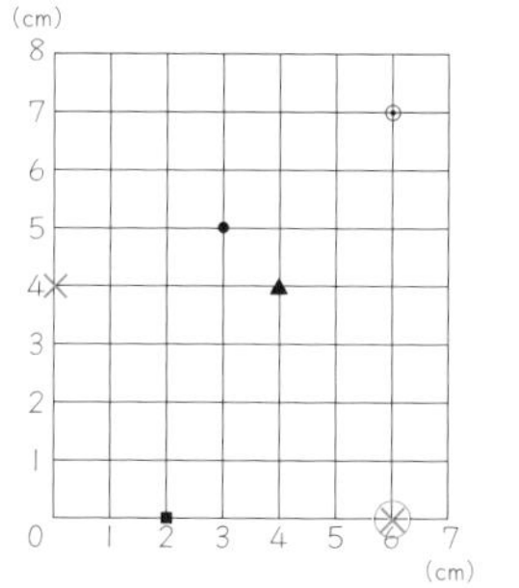

2 ①（横 4 cm，たて 4 cm，高さ 2 cm）
②（横 2 cm，たて 0 cm，高さ 1 cm）

3 ㋑（横 8 m，たて 4 m，高さ 8 m）
㋒（横 4 m，たて 8 m，高さ 8 m）
㋓（横 8 m，たて 8 m，高さ 6 m）

23 面積①……〈P. 25〉

1 ① 1 cm^2　② 2 cm^2　③ 3 cm^2
④ 1 cm^2　⑤ 1 cm^2　⑥ 2 cm^2
⑦ 2 cm^2　⑧ 2 cm^2　⑨ 3 cm^2
⑩ 2 cm^2　⑪ 2 cm^2　⑫ 3 cm^2

2 ① 3 × 4 = 12　<u>12cm^2</u>
② 4 × 2 = 8　<u>8 cm^2</u>
③ 2 × 5 = 10　<u>10cm^2</u>

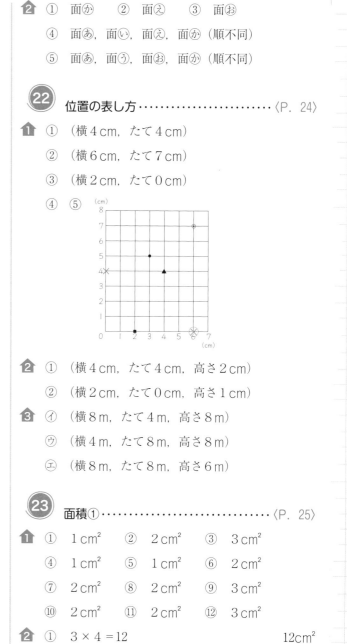

④ 3 × 3 = 9 　 9cm^2

⑤ 4 × 4 = 16 　 16cm^2

24 面積② ……………………………〈P. 26〉

1 ① ㋐ $18 \times 15 = 270$

㋑ $9 \times 6 = 54$

㋐＋㋑ $270 + 54 = 324$ 　 324cm^2

② ㋒ $12 \times (15 + 6) = 12 \times 21 = 252$

㋓ $9 \times 6 = 54$

㋒－㋓ $252 - 54 = 198$ 　 198cm^2

2 ① $12 \times 9 + 3 \times 9 = 108 + 27 = 135$ 　 135cm^2

② $(14 + 14 + 7) \times 42 - 14 \times 14$

$= 35 \times 42 - 14 \times 14 = 1470 - 196 = 1274$ 　 1274cm^2

③ $30 \times 45 - 12 \times 18 = 1350 - 216 = 1134$ 　 1134cm^2

25 面積③ ……………………………〈P. 27〉

1 ① $9 \times 24 + 18 \times 12 + 9 \times 12$

$= 216 + 216 + 108 = 540$ 　 540m^2

② $18 \times 15 - 9 \times 9 = 270 - 81 = 189$ 　 189m^2

③ $(9 - 2) \times (11 - 2) = 7 \times 9 = 63$ 　 63m^2

2 ① $160 \times 400 = 64000$

$64000 \div 10000 = 6.4$ 　 64000cm^2, 6.4m^2

② $300 \times 60 = 18000$

$18000 \div 10000 = 1.8$ 　 18000cm^2, 1.8m^2

3 ① $600 \times 2000 = 1200000$

$1200000 \div 1000000 = 1.2$ 　 1200000m^2, 1.2km^2

② $700 \times 2000 = 1400000$

$1400000 \div 1000000 = 1.4$ 　 1400000m^2, 1.4km^2

26 面積④ ……………………………〈P. 28〉

1 ① $30 \times 40 = 1200$ 　 1200m^2

② $1200 \div 100 = 12$ 　 12a

2 $60 \times 80 - 20 \times 40 = 4800 - 800 = 4000$

$4000 \div 100 = 40$ 　 40a

3 $(18 \times 100) \div 30 = 1800 \div 30 = 60$ 　 60m

4 ① $700 \times 600 = 420000$ 　 420000m^2

② $420000 \div 10000 = 42$ 　 42ha

5 $800 \times 1250 = 1000000$

$1000000 \div 10000 = 100$ 　 100ha

6 $(15 \times 10000) \div 250 = 150000 \div 250 = 600$ 　 600m

27 折れ線グラフ① ……………………〈P. 29〉

1 ① 月 　② 気温 　③ 1度

④ 8度 　⑤ 2月から8月まで

⑥ 8月から12月まで 　⑦ 1月から2月まで

2 ① かたむき 　② 急 　③ 大きい

28 折れ線グラフ② ……………………〈P. 30〉

① 気温の変わり方とプールの水温の変わり方

② 午後2時，36度 　③ 午後3時，29度

④ 午前10時から午前11時まで

⑤ 午後4時から午後5時まで

⑥ 6度 　⑦ 気温 　⑧ 午後2時，8度

29 折れ線グラフ③ ……………………〈P. 31〉

1

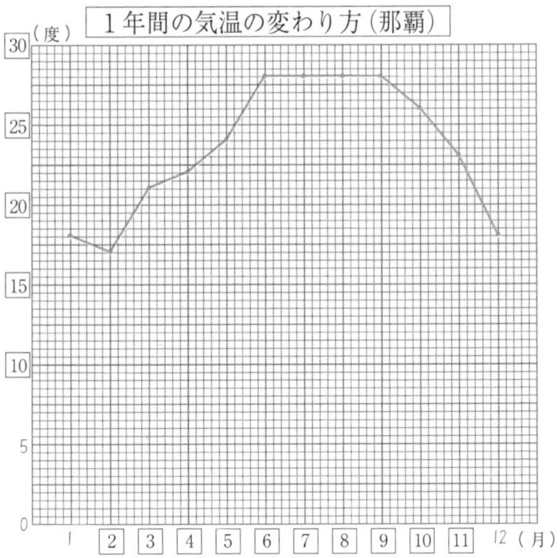

2 ① 160g

② 広げたタオル 　 6時間後

2つ折りのタオル 　 2時間後

③ 広げたタオル

30 折れ線グラフ④ ……………………〈P. 32〉

1 ①

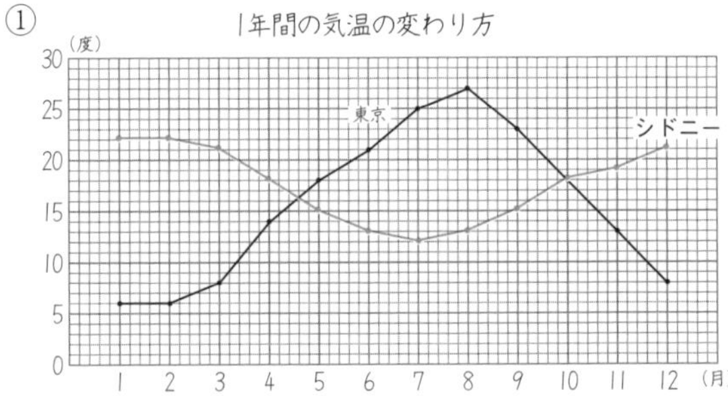

② 東京 　③ シドニー 　④ 東京

⑤ 東京，3月から4月にかけて

2 ① ○ 　② △ 　③ ○ 　④ △ 　⑤ △

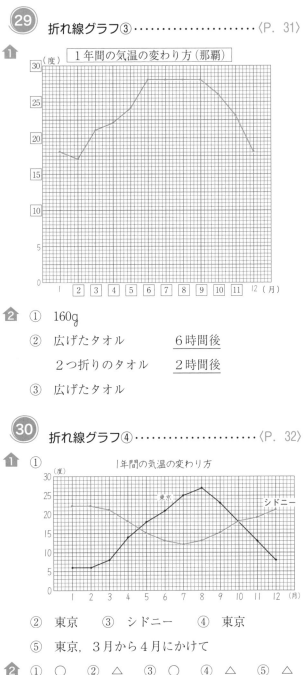

31 資料の整理①……………………〈P. 33〉

1 ①

くだもの	人数（人）	
いちご	正	5
な　し	正一	6
りんご	下	3
バナナ	𤴓	4
ぶどう	丅	2
合　計	20（人）	

② なし

2 ① 6　② 8　③ 9　④ 32

3 ① 10　② 9　③ 8

④ 21　⑤ 22　⑥ 40

32 資料の整理②……………………〈P. 34〉

①

	すりきず		打ぼく		こっせつ		ねんざ		合計
教　室	正	5							5
運動場			一	1	丅	2			3
体育館					丅	2	丅	2	4
ろうか	丅	2	丅	2					4
階だん	丅	2							2
合　計	9		3		4		2		18

② 教室　③ すりきず

④

	教　室		運動場		体育館		ろうか		階だん		合計
1年	丅	2					一	1	一	1	4
2年	一	1					一	1	一	1	3
3年			丅	2	一	1	丅	2			5
4年	一	1	一	1	一	1					3
5年	一	1			一	1					2
6年					一	1					1
合計	5		3		4		4		2		18

⑤ 3年生　⑥ 6年生

33 小数のたし算・ひき算①……………〈P. 35〉

1 ① 3.45m　② 0.31m　③ 0.026m

④ 5.428kg　⑤ 0.536kg

2 ① 7　② 23　③ 5　④ 39　⑤ 0.314

3 ① 0.02　② 0.08　③ 0.12

④ 0.14　⑤ 0.18

4 ① 0.005　② 0.012　③ 0.024

④ 0.038　⑤ 0.047

34 小数のたし算・ひき算②……………〈P. 36〉

1 ① 4.77　② 6.54　③ 9.47

④ 9.81　⑤ 6.47　⑥ 6.81

⑦ 7.45　⑧ 0.15　⑨ 1.47　⑩ 9

2 0.38＋2.7＝3.08　3.08kg

3 ① 2.25　② 4.21　③ 5.22

④ 2.81　⑤ 0.67　⑥ 0.78

⑦ 1.46　⑧ 0.15　⑨ 5.22　⑩ 4.04

4 2.5－0.75＝1.75　1.75m

35 小数のかけ算・わり算①……………〈P. 37〉

1 ① 3　② 2　③ 1　④ 4

⑤ 6　⑥ 5　⑦ 27　⑧ 41

⑨ 16　⑩ 26　⑪ 19　⑫ 20

⑬ 12.2　⑭ 20.3　⑮ 18.5

2 ① 247.5　② 307.2　③ 601.6　④ 122.5

⑤ 345.6　⑥ 403.2　⑦ 126　⑧ 273

36 小数のかけ算・わり算②……………〈P. 38〉

1 ① 5.6　② 2　③ 0.4

④ 31.36　⑤ 86.86　⑥ 99.63

2 3.6×23＝82.8　82.8m

3 4.7×14＝65.8　65.8dL

4 ① 0.4　② 0.7　③ 0.3　④ 0.6

⑤ 0.4　⑥ 0.9　⑦ 1.8　⑧ 2.6

37 小数のかけ算・わり算③……………〈P. 39〉

1 ① 1.3　② 1.1　③ 1.3

④ 3.9　⑤ 0.95

2 ① 1.2…1.7　② 1.3…4.1　③ 1.6…0.5

3 62.1÷27＝2.3　2.3kg

4 28.3÷4＝7…0.3　8ふくろ

5 13.5÷4＝3…1.5　3本できて1.5mあまる

38 少数倍……………………………〈P. 40〉

1 ① 12÷10＝1.2　1.2倍

② 16÷10＝1.6　1.6倍

2 ① 600÷500＝1.2　1.2倍

② 1800÷500＝3.6　3.6倍

③ 1800÷600＝3　3倍

39 分数のたし算・ひき算①……………〈P. 41〉

1 ① ㋐ $\frac{4}{3}$　㋑ $\frac{6}{3}$　㋒ $\frac{7}{3}$

② ㋓ $1\frac{1}{3}$　㋔ $1\frac{2}{3}$　㋕ $2\frac{2}{3}$

2 ① $1\frac{2}{3}$ ② $1\frac{3}{10}$ ③ $1\frac{2}{7}$

④ $2\frac{1}{6}$ ⑤ $2\frac{2}{9}$

3 ① $\frac{7}{5}$ ② $\frac{15}{8}$ ③ $\frac{7}{6}$ ④ $\frac{20}{9}$ ⑤ $\frac{27}{10}$

4 ① ㋐ $\frac{1}{6}$ ㋑ $\frac{4}{6}$ ㋒ $1\frac{4}{6}\left(\frac{10}{6}\right)$

②

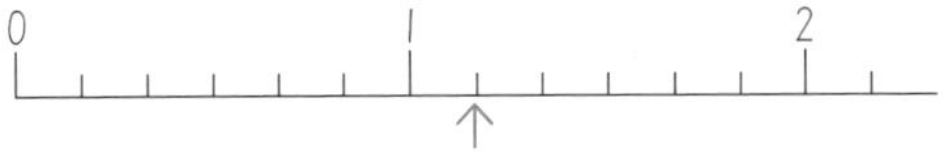

5 ① > ② <

40 分数のたし算・ひき算② ……………〈P. 42〉

1 ① 4 ② 3 ③ 2 ④ 分子 ⑤ $2\frac{3}{4}$

2 ① 6 ② 6 ③ 1 ④ $\frac{7}{2}$

3 ① 3 ② 2 ③ $1\frac{3}{7}$ ④ $4\frac{1}{3}$ ⑤ $1\frac{6}{9}$

4 ① $\frac{9}{5}$ ② $\frac{25}{9}$ ③ $\frac{19}{6}$ ④ $\frac{20}{9}$ ⑤ $\frac{13}{10}$

5 ① ㋐ $\frac{4}{5}$ ㋑ $2\frac{1}{5}\left(\frac{11}{5}\right)$

②

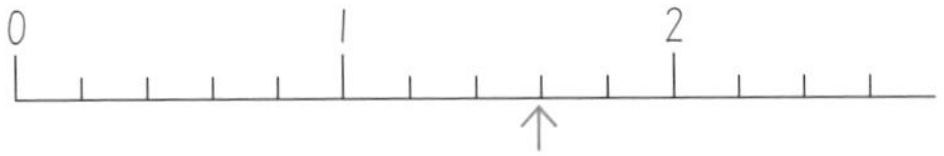

41 分数のたし算・ひき算③ ……………〈P. 43〉

1 ① $\frac{8}{8}=1$ ② $\frac{11}{6}=1\frac{5}{6}$ ③ $\frac{7}{5}=1\frac{2}{5}$

④ $\frac{22}{11}=2$ ⑤ $\frac{10}{10}=1$ ⑥ $\frac{15}{7}=2\frac{1}{7}$

2 ① $\frac{4}{4}=1$ ② $\frac{10}{5}=2$ ③ $\frac{9}{9}=1$

④ $\frac{20}{10}=2$ ⑤ $\frac{13}{11}=1\frac{2}{11}$ ⑥ $\frac{17}{8}=2\frac{1}{8}$

3 $\frac{6}{5}-\frac{3}{5}=\frac{3}{5}$ 　　$\frac{3}{5}$L

4 ① $\frac{2}{7}$

② $\frac{5}{7}+\frac{2}{7}=\frac{7}{7}=1$ 　　1 m

5 $\frac{5}{9}+\frac{7}{9}=\frac{12}{9}=1\frac{3}{9}$ 　　$1\frac{3}{9}$m$\left(\frac{12}{9}\text{m}\right)$

42 分数のたし算・ひき算④ ……………〈P. 44〉

1 ① $1\frac{3}{4}$ ② $2\frac{7}{7}=3$ ③ $4\frac{5}{6}$

④ $5\frac{4}{7}$ ⑤ $1\frac{8}{6}=2\frac{2}{6}$

2 ① $2\frac{1}{4}$ ② $1\frac{2}{6}$ ③ $2\frac{7}{5}-\frac{4}{5}=2\frac{3}{5}$

④ $1\frac{9}{7}-1\frac{3}{7}=\frac{6}{7}$ ⑤ $4\frac{4}{4}-3\frac{3}{4}=1\frac{1}{4}$

3 $2-\frac{2}{5}-1\frac{1}{5}=\frac{10}{5}-\frac{2}{5}-\frac{6}{5}=\frac{2}{5}$ 　　$\frac{2}{5}$L

4 $1\frac{1}{4}+2\frac{2}{4}=3\frac{3}{4}$ 　　$3\frac{3}{4}$kg

5 $2\frac{3}{7}+3\frac{6}{7}=5\frac{9}{7}=6\frac{2}{7}$ 　　$6\frac{2}{7}$L

43 式と計算① ……………………〈P. 45〉

1 ① $2+3\times6=\boxed{20}$

② $(12+6)\times5=\boxed{90}$

③ $36\div(18\div6)=\boxed{12}$

④ $15\div5+5=\boxed{8}$

⑤ $900\div(82-57)=\boxed{36}$

⑥ $720-(380+170)=720-550=\boxed{170}$

⑦ $(46+28)\times19=74\times19=\boxed{1406}$

⑧ $23-(8-5)=23-3=\boxed{20}$

⑨ $(26\times31-206)\div25=(806-206)\div25$
$=600\div25=\boxed{24}$

⑩ $37+(30-578\div34)=37+(30-17)$
$=37+13=\boxed{50}$

2 ① $49\times17+67=833+67=900$

② $14\times36+18\times25=504+450=954$

③ $43\times37-31\times26=1591-806=785$

④ $245\div7+265=35+265=300$

⑤ $(7\times8-6)\div2=(56-6)\div2=50\div2=25$

44 式と計算② ……………………〈P. 46〉

1 ① 10 ② 88 ③ 10

④ 810 ⑤ 330

2 ① 3 ② 16 ③ 32 ④ 19 ⑤ 3.2

3 ① $80\times6+130\times5=480+650=1130$ 　　1130円

② $100-2\times31=100-62=38$ 　　38まい

③ $480\div6+520\div4=80+130=210$ 　　210円

④ $600+540\div2=600+270=870$ 　　870円

45 変わり方① ……………………〈P. 47〉

1 ①

食べた数（こ）	1	2	3	4	5
のこりの数（こ）	9	8	7	6	5

② 10−□=○

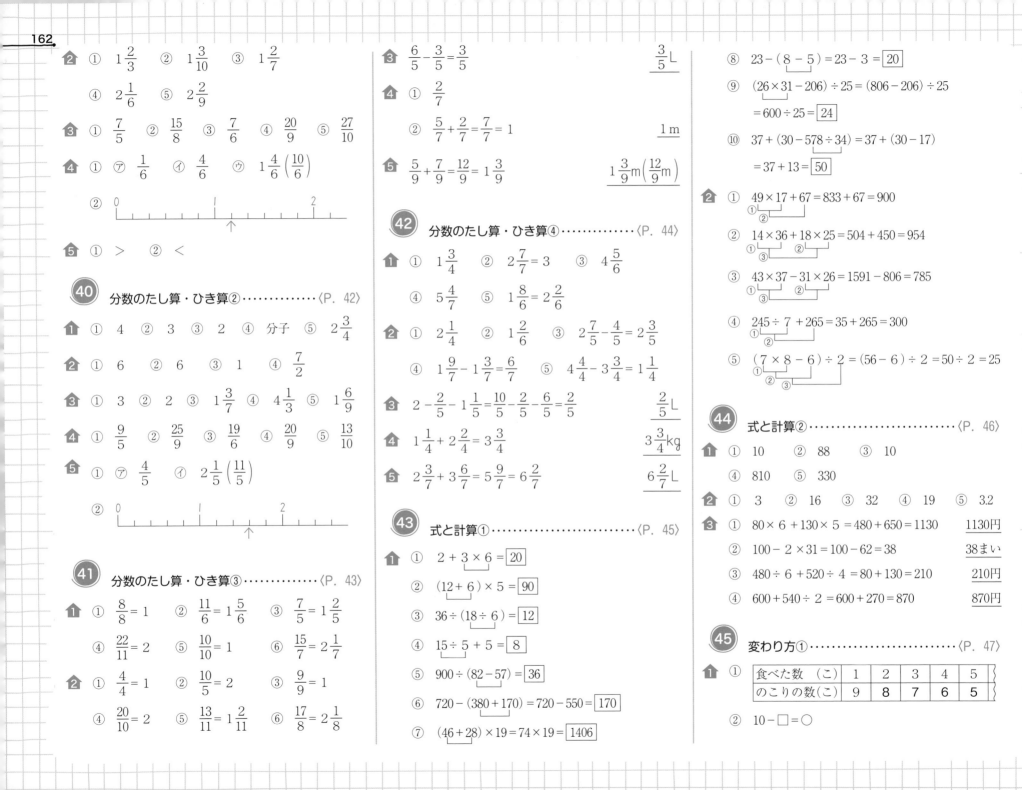

③　10－7＝3　　3こ

2　①

1辺の長さ　(cm)	1	2	3	4	5	6
まわりの長さ (cm)	3	6	9	12	15	18

②　□×3＝○

③　10×3＝30　　30cm

46　変わり方②……………………………〈P. 48〉

1　①

切る回数　　(回)	1	2	3	4	5
できるひもの数 (本)	4	6	8	10	12

②　㋒

③　(14－2)÷2＝6　　6回

2　①

横の長さ (cm)	1	2	3	4	5
面積　　(cm^2)	4	8	12	16	20

②　4×□＝○

③　4×15＝60　　$60cm^2$

理科

1　春の生き物のようす………………〈P. 49〉

1　(1)　①　花　②　葉
③　芽　④　子葉　⑤　本葉
(2)　①　種　②　芽　③　タンポポ
④　くき　⑤　花

2　(1)　①　冬　②　春　③　よう虫　④　高く
⑤　たまご　⑥　オタマジャクシ
(2)　①　あたたかく　②　南
③　ツバメ　④　わたり鳥

2　夏の生き物のようす………………〈P. 50〉

1　(1)　①　葉　②　実　③　花
④　くき　⑤　花
(2)　①　成長　②　くき　③　葉　④　緑色

2　(1)　①　よう虫　②　成虫
③　オタマジャクシ　④　足　⑤　陸
(2)　①　よう虫　②　成虫　③　さなぎ
④　成虫　⑤　えさ　⑥　巣立ち

3　秋の生き物のようす………………〈P. 51〉

1　(1)　①　下がり　②　赤色　③　花　④　実
(2)　①　気温　②　こう葉　③　かれ　④　実

2　(1)　①　たまご　②　にぶく
③　よう虫　④　さなぎ
(2)　①　数　②　たまご

4　冬の生き物のようす………………〈P. 52〉

1　(1)　①　下がり　②　寒く　③　芽
④　かれて　⑤　種
(2)　①　植物　②　かれて
③　タンポポ　④　はりつけて　⑤　冬

2　(1)　①　土　②　活動　③　南　④　冬
(2)　①　カマキリ　②　さなぎ
③　テントウムシ　④　葉
⑤　成虫　⑥　よう虫

5　1年を通して①……………………〈P. 53〉

1　(1)　㋒，㋓，㋐，㋑
(2)　㋒，㋑，㋐，㋓

2　(1)　①　気温　②　よう虫
③　成虫　④　活動
(2)　①　低く　②　冬　③　葉　④　気温

6　1年を通して②……………………〈P. 54〉

1　①　秋　②　冬　③　冬
④　春　⑤　春　⑥　夏

2　(1)　①　南　②　巣　③　ひな
④　えさ　⑤　えさ
(2)　①　あたたかく　②　活発　③　かれ
④　にぶく　⑤　気温

7　回路と電流・けん流計①…………〈P. 55〉

1　①　電気　②　電流　③　回路
④　＋極　⑤　－極　⑥　反対

2 (1) ① 向き　② 強さ　③ 水平なところ

④ 向き　⑤ ふれはば

（①，②・④，⑤順不同）

(2) ① けん流計　② 左から右　③ 3

8 回路と電流・けん流計②……〈P. 56〉

1 (あ) ×　(い) ×　(う) ×

2 ① ＋　② ソケット　③ −

④ どう線　⑤ はなれて

⑥ 通り道　⑦ ビニール

3 ① つきます　② フィラメント

③ どう線　④ −

⑤ とぎれて　⑥ つきません

9 回路と電流・けん流計③……〈P. 57〉

1 (1) (い)

(2) ① (う)　② 2

(3) ① (え)　② 左回り

2 ①

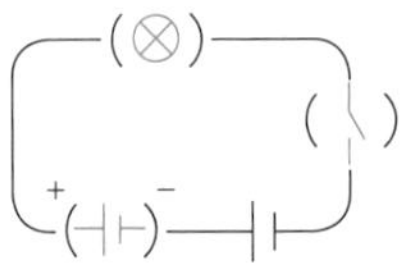

②

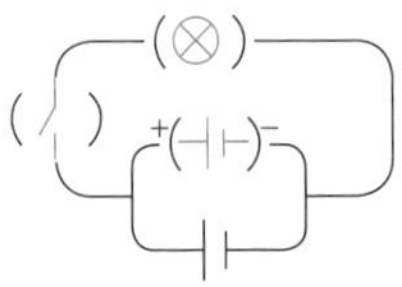

10 直列つなぎ・へい列つなぎ……〈P. 58〉

① 直列　② 強く

③ へい列　④ 同じくらい

⑤ 流れません　⑥ 流れます

2 ① ×　② ×　③ ×　④ ○

⑤ ○　⑥ ×　⑦ ○　⑧ ×

11 気温のはかり方・百葉箱……〈P. 59〉

1 (1) ① 1.2 ～ 1.5　② 気温

③ 風通し　④ あたらない

(2) ① 真横　② えきの先

③ その目もり　④ 近い

2 (1) ① 百葉箱　② 気温　③ 白

④ 風通し　⑤ あたらない　⑥ 1.2 ～ 1.5

(2) ① 記録温度計　② 最低

③ 気温　④ 天気

12 太陽の高さと気温の変化……〈P. 60〉

1 ① 晴れ　② 雨　③ 大きい

④ 小さい　⑤ 午後２時

2 ① 正午　② 午後２時　③ ずれて

④ 地面　⑤ 空気　⑥ ずれて

13 月の動きと形①……〈P. 61〉

1 ① 印　② 方位じしん

③ 指先　④ 10°　⑤ 角度

2 ① 半月　② 満月　③ 太陽

④ 東　⑤ 南　⑥ 西

14 月の動きと形②……〈P. 62〉

1 ① 変わります　② 三日月　③ 半月

④ 満月　⑤ 新月　⑥ １カ月

2 (1) ① 満月　② 夕方

③ 真夜中　④ 夜明け

(2) ① 東　② 南　③ 西　④ 太陽

15 星の動きと星ざ①……〈P. 63〉

1 ① 北　② (あ)　③ ㋐　④ 北斗七星

2 ① 色　② 明るさ　③ 星ざ

④ 位置　⑤ ならび方　⑥ アンタレス

16 星の動きと星ざ②……〈P. 64〉

1 (1) ① ベガ　② アルタイル　③ デネブ

④ 夏の大三角　⑤ １等星

(2) ① ベテルギウス　② シリウス

③ プロキオン　④ 冬の大三角

⑤ １等星

2 (1) ① オリオンざ　② 北斗七星

(2) ㋐

(3) (あ) 南　(い) 北

(4) 北極星

17 とじこめた空気……〈P. 65〉

1 ① あわ　② 小さく　③ 空気　④ 体積

⑤ あわ　⑥ 小さく　⑦ 元にもどろう

⑧ 大きく　⑨ 体積　⑩ 大きく

2 (1) ① 体積　② 小さく

③ おしちぢめられた　④ 元にもどろう

(2) ① 飛び出ます　② あわ

③ とじこめられた　④ 見える

18 とじこめた水……………………〈P. 66〉

1 ① 水　② 空気　③ 元にもどろう
④ 水　⑤ 変わらない

2 ① 水　② 下がり　③ 体積
④ おしちぢめ　⑤ 元にもどろう

19 ほねときん肉……………………〈P. 67〉

1 (1) ① 動かない　② 少し動く
③ 頭　④ せなか
⑤ むね　⑥ 関節
(2) ① せなか　② 関節　③ 少し

2 (1) ① きん肉　② ほね
③ けん　④ 関節
(2) ①

20 動物の体………………………〈P. 68〉

1 ① こし　② せなか　③ ついている
④ きん肉　⑤ ちぢめ　⑥ ゆるめ
（①，②・⑤，⑥順不同）

2 ㋐ (く)　㋑ (け)

3 ① ほね　② きん肉　③ つなぎ目
④ 関節　⑤ ヒト　⑥ ほね
⑦ きん肉　⑧ 関節　（⑥～⑧順不同）

21 温度と空気や水の体積①……………〈P. 69〉

1 (1) ① 空気　② ふくらみ　③ へこみ
④ 大きく　⑤ 小さく
(2) ① あたため　② 飛びます　③ 大きく

2 (1) Ⓑ
(2) Ⓐ
(3) Ⓒ
(4) ① 体積　② 上がる　③ 下がる

22 温度と空気や水の体積②……………〈P. 70〉

1 ① 水　② 下がり　③ 冷やす
④ 体積　⑤ あたため　⑥ 上がり
⑦ あたため　⑧ 体積

2 (1) Ⓐ ㋐　Ⓑ ㋐
(2) Ⓐ
(3) 空気

23 温度と金ぞくの体積①………………〈P. 71〉

1 (1) ① 通ります　② 通りません
③ 冷やす　④ 通ります
⑤ 金ぞく　⑥ 大きく　⑦ 小さく
(2) ① あたためる　② 冷やす　③ 金ぞく

2 ① ㋑　② のびる

3 ① ㋐　② のびて　③ すき間

24 温度と金ぞくの体積②………………〈P. 72〉

1 (1) ① 湯　② あたため　③ ふえ
④ 大きく　⑤ 暑さ　⑥ のびて
(2) ① ふえ　② へり
③ 大きく　④ 小さく

2 ① 元せん　② ガス　③ 空気
④ ほのお　⑤ 青白く　⑥ 空気
⑦ ガス　⑧ 元せん

25 金ぞくのあたたまり方………………〈P. 73〉

1 (1) ① (あ)→(い)→(う)
② (あ)→(い)→(う)
(2) ① かたむき　② 熱した　③ 近い順

2 (1) ③
(2) ②，④，⑥

26 水や空気のあたたまり方……………〈P. 74〉

1 (1) ㋐ 40℃　㋑ 5℃
(2)

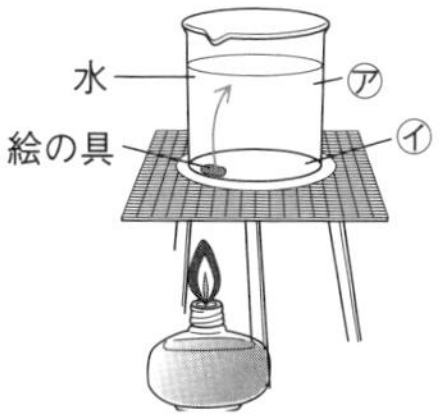

(3) ㋐
(4) ① あたためられた　② 温度の低い

2 ① 上の方　② 高　③ 低　④ 軽
⑤ 重　⑥ 金ぞく　⑦ 水　⑧ 下の方

27 水をあたためる……………………〈P. 75〉

1 (1) ① ふっとう　② 100　③ 変わりません
(2) ① あわ　② 水じょう気
③ 水じょう気　④ 見えません

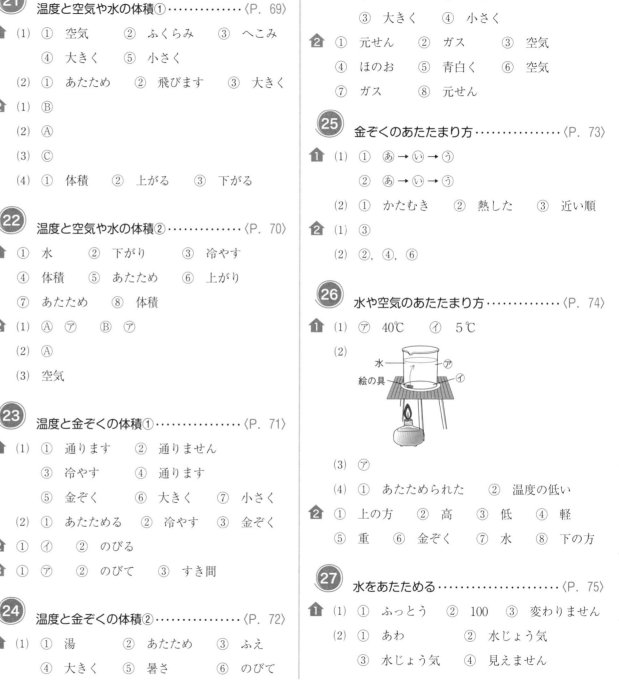

⑤ ゆげ

2 ① ふっとう石　② ふくらみ　③ しぼみ
④ 水　⑤ 水　⑥ 水じょう気

28 水を冷やす……〈P. 76〉

1 ① 氷　② ふれない　③ 食塩水　④ 0℃
⑤ 0℃　⑥ 氷　⑦ 高く　⑧ ふえる

2 ① 水がこおる　② 氷がとける
③ こおりはじめる　④ 氷になった
⑤ ㋒　⑥ ㋓

29 固体・えき体・気体①……〈P. 77〉

1 (1) ① 温度　② 水じょう気　③ えき体
④ 固体　⑤ 気体
(2) ① 100　② 気体　③ 0
④ えき体　⑤ 固体

2 (1) ① 固体　② えき体　③ 気体
(2) 0℃
(3) 100℃
(4) 温度

30 固体・えき体・気体②……〈P. 78〉

1 (1) ㋑，㋓，㋕，㋘
(2) ㋐，㋖，㋗
(3) ㋒，㋔，㋙

2 (1) こおる
(2) ふえる
(3) －3℃（れい下3度）

3 ① ○　② ×　③ ○
④ ×　⑤ ○

31 水のゆくえ……〈P. 79〉

1 ① かたむき　② ビー玉のころがり
③ Ⓐ　④ Ⓑ
⑤ 流れ　⑥ 大きい

2 ① 水じょう気　② 空気中　③ しみこみ

3 ① (う)　② (い)　③ (あ)　④ 大きい

32 自然界の水のすがた……〈P. 80〉

1 (1) ① 水てき　② へって
③ へって　④ ふっとう
⑤ じょう発　⑥ 水じょう気
(2) ① じょう発　② 水じょう気
③ 日かげ　④ 日なた

2 (1) ① 空気中　② 水じょう気
③ 冷やされて　④ 水じょう気
⑤ しつ度
(2) ① 地面　② 水じょう気
③ 冷やされ　④ 雲　⑤ 雨

社会

1 方位と地図記号①……〈P. 81〉

1 (1) 八方位
(2) ① 北　② 北東　③ 東　④ 南東
⑤ 南　⑥ 南西　⑦ 西　⑧ 北西

2 ① ○　② ×　③ ○　④ ○

3 ①－㋒　②－㋐　③－㋑　④－㋔　⑤－㋓

4 ① ㋠　② (ズ)　③ ㋖　④ (ゴ)
⑤ ㋒　⑥ ㋨　⑦ ㋑　⑧ ㋯

2 方位と地図記号②……〈P. 82〉

1 (1) 山ちょう
(2) 北西
(3) 西
(4) 田，畑（順不同）
(5) ① ×　② ○　③ ○

2 (1) 南側
(2) 北
(3) ① 北　② 南
(4) 2つ
(5) 病院

3 等高線〈P. 83〉

1 (1)

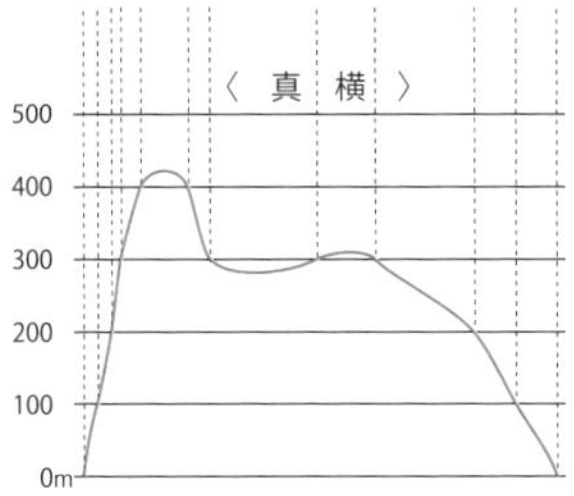

(2) 等高線

(3) ① 400 ② 300

(4) 西山

(5) 茶畑

2 (1) 北山

(2) 600

(3) 100

(4) 100m ～300m

(5) 尾根

4 地図のしゅくしゃく〈P. 84〉

1 (1) ① 1cm ② $\frac{1}{100000}$

③ しゅくしゃく ④ 1

(2) ① けいさつしょ ② 2.5km

③ 北 ④ 1.5km ⑤ 2

2 (1) 300000cm＝3000m＝3km

(2) 3×1000000＝3000000

30000÷1000＝30 30km

5 ごみのゆくえ①〈P. 85〉

1 ① ㋐，㋓ ② ㋑，㋘

③ ㋒，㋔，㋗ ④ ㋕，㋖

2 ① × ② ○ ③ × ④ ○

3 ① 毎週火・金曜日 ② もえないごみ

③ 午前9時まで

6 ごみのゆくえ②〈P. 86〉

1 ① ごみピット ② 中央せいぎょ室

③ うめたて地 ④ ガス，ちり

2 ①－㋑ ②－㋐ ③－㋒

3 ㋐ あきかん ㋑ ペットボトル

㋒ あきびん ㋓ 古新聞

7 水のゆくえ〈P. 87〉

1 ① 48 ② 70 ③ 28

④ 72 ⑤ 84 ⑥ 302

2 ① 水げんの森 ② ダム

③ じょう水場 ④ 配水池

8 じょう水場と下水しょり場〈P. 88〉

1 (1) ㋐ ちんさ池 ㋑ かくはん池

㋒ ちんでん池 ㋓ ろか池

(2) ① ㋐ ② ㋓ ③ ㋑ ④ ㋒

2 (1) 下水しょり場

(2) ①，③

(3) ②，④

9 水の流れ〈P. 89〉

1 (1) ① 水げんの森 ② ダム

③ じょう水場 ④ 下水しょり場

(2) ① ㋑ ② ㋐ ③ ㋓ ④ ㋒

2 ① 緑のダム ② 雨水 ③ 雪どけ水

④ 自然 ⑤ こう水 (②，③順不同)

10 かぎられた水を大切に〈P. 90〉

1 (1) 牛肉，20600

(2) ① 食べ物 ② 高く ③ 買えなく

2 (1) ① ㋒ ② ㋑ ③ ㋐

(2) ① Ⓐ ② Ⓒ ③ Ⓑ

11 自然災害から人々を守る〈P. 91〉

1 (1) ① 津波 ② 風水害 ③ 雪害

(2) ① 地しん ② 火山のふん火

(3) ②，③

2 ① ハザードマップ

② ひなんタワー

③ 地下調整池

①－㋒ ②－㋑ ③－㋐

12 自然災害（地震）にそなえる〈P. 92〉

1 Ⓐ 公助 Ⓑ 共助 Ⓒ 自助

① ハザードマップ ② ひなん

③ ぼうさい ④ 食料品 ⑤ 家具

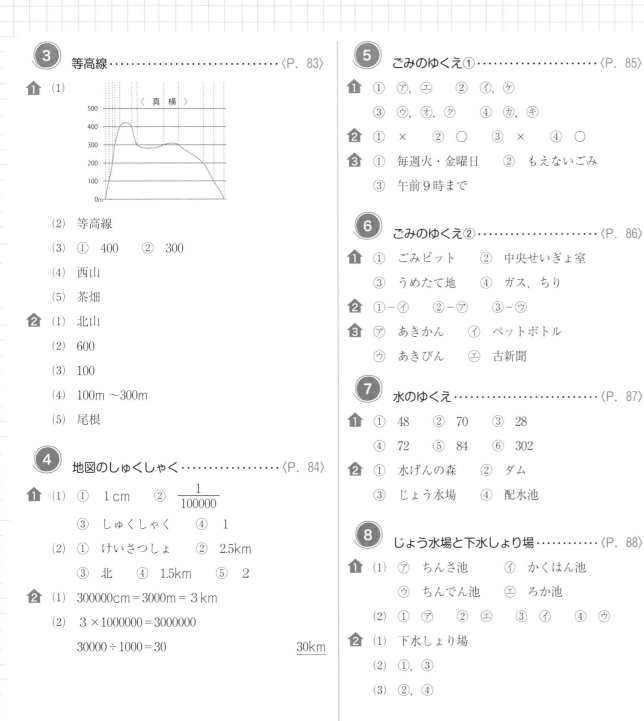

2 (1) ㋐ 阪神・淡路　㋑ 東日本

(2) 津波

(3) ㋒

⑬ 地いきを守る（稲むらの火）…………〈P. 93〉

1 (1) 世界津波の日

(2) 稲むらの火

(3) ① 津波　② 稲むら　③ 高台

2 (1) ていぼう

(2) ① 塩気　② 津波

③ 風　④ 漁船　（②，③順不同）

⑭ 地いきを開く…………〈P. 94〉

1 (1) ① ㋒，Ⓒ

② ㋑，Ⓑ

③ ㋐，Ⓐ

(2) くわ

2 (1) ① (い)　③ (あ)

(2) ① 低い　② 落ちる　③ 高い

④ 川底　⑤ トンネル　⑥ 台地

⑮ 日本のすがた①…………〈P. 95〉

1 ① ユーラシア　② 太平洋　③ 日本海

④ 3300　⑤ 北海道　⑥ 本州　⑦ 四国

⑧ 九州　⑨ 7000　⑩ 1億2000万

（⑤～⑧順不同）

2 (1) ㋐ 北海道　㋑ 東北　㋒ 関東

㋓ 中部　㋔ 近畿　㋕ 中国

㋖ 四国　㋗ 九州

(2) 九州

(3) ① 東京都　② 大阪府

③ 京都府　④ 47　（②，③順不同）

⑯ 北海道・東北地方①…………〈P. 96〉

1 ① 北海　② 青森　③ 岩手　④ 宮城

⑤ 秋田　⑥ 山形　⑦ 福島

2 ① 青森　② 山形　③ 福島　④ 秋田

3 ① ㋔　② ㋐　③ ㋓　④ ㋑　⑤ ㋒

⑰ 北海道・東北地方②…………〈P. 97〉

1 ① 山形　② 秋田　③ 岩手

④ 宮城　⑤ 福島　⑥ 青森

2 ① ㋑　② ㋐　③ ㋓　④ ㋒

3 (1) 岩手

(2) 福島

(3) ㋑ 青森県　㋐ 北海道　㋒ 宮城県

㋓ 秋田県　㋔ 山形県

⑱ 関東地方①…………〈P. 98〉

1 ① 茨城　② 栃木　③ 群馬　④ 埼玉

⑤ 千葉　⑥ 東京　⑦ 神奈川

2 ① ㋓　② ㋒　③ ㋑

3 ① ㋑　② ㋒　③ ㋓　④ ㋐

⑲ 関東地方②…………〈P. 99〉

1 ①－㋑　②－㋐　③－㋓　④－㋒

2 ① ㋑　② ㋒　③ ㋓　④ ㋐

3 (1) 東京都

(2) ㋑ 神奈川県　㋒ 埼玉県　㋕ 群馬県

㋖ 栃木県　㋔ 千葉県　㋓ 茨城県

⑳ 中部地方①…………〈P. 100〉

1 ① 新潟　② 富山　③ 石川

④ 福井　⑤ 山梨　⑥ 長野

⑦ 岐阜　⑧ 静岡　⑨ 愛知

2 ①－㋑　②－㋐　③－㋒

3 ① ㋐　② ㋔　③ ㋓　④ ㋒　⑤ ㋑

㉑ 中部地方②…………〈P. 101〉

1 ① 富山　② 長野　③ 福井

④ 山梨　⑤ 静岡　⑥ 新潟

2 ①－㋑　②－㋒　③－㋐

3 (1) ㋐ 岐阜　㋑ 長野　㋒ 山梨

(2) ① ○　② ×　③ ○　④ ○　⑤ ×

㉒ 近畿地方①…………〈P. 102〉

1 ① 三重　② 滋賀　③ 京都　④ 大阪

⑤ 兵庫　⑥ 奈良　⑦ 和歌山

2 ①－㋓　②－㋑　③－㋒　④－㋐

3 ① ㋐　② ㋒　③ ㋑　④ ㋓

23 近畿地方② ……〈P. 103〉

1 ① 兵庫，㋑，㋓　② 和歌山，㋕，㋗
③ 大阪，㋒，㋖　④ 三重，㋐，㋔

2 ① 京都　② 兵庫　③ 大阪
④ 滋賀　⑤ 和歌山　⑥ 奈良

24 中国・四国地方① ……〈P. 104〉

1 ① 鳥取　② 島根　③ 岡山
④ 広島　⑤ 山口　⑥ 徳島
⑦ 香川　⑧ 愛媛　⑨ 高知

2 ①－㋑　②－㋐　③－㋒

3 ① ㋓　② ㋐　③ ㋔　④ ㋑　⑤ ㋒

25 中国・四国地方② ……〈P. 105〉

1 ① 高知　② 岡山　③ 愛媛
④ 広島　⑤ 香川　⑥ 徳島

2 ②，③，⑤

3 ① 鳥取　② 山口　③ 島根
④ 広島　⑤ 高知

26 九州地方① ……〈P. 106〉

1 ① 福岡　② 佐賀　③ 長崎　④ 熊本
⑤ 大分　⑥ 宮崎　⑦ 鹿児島　⑧ 沖縄

2 ① ㋒　② ㋐　③ ㋑

3 ① 沖縄　② 宮崎　③ 鹿児島

27 九州地方② ……〈P. 107〉

1 ①－㋓　②－㋐　③－㋒　④－㋑

2 ① 佐賀　② 熊本　③ 大分

3 ① 長崎　② 宮崎

4 福岡，佐賀，熊本，鹿児島

28 都道府県と新出漢字① ……〈P. 108〉

A 北海道　B 東北　C 関東
D 中部　E 近畿　F 中国
G 四国　H 九州
㉒ 静岡　㉝ 岡山　㊵ 福岡　㊷ 長崎
㊺ 宮崎　⑭ 神奈川　㉙ 奈良
④ 宮城　⑧ 茨城　㉕ 滋賀　㊶ 佐賀
⑨ 栃木　⑩ 群馬　⑪ 埼玉　⑮ 新潟

29 都道府県と新出漢字② ……〈P. 109〉

A 北海道　B 東北　C 関東
D 中部　E 近畿　F 中国
G 四国　H 九州
⑯ 富山　⑱ 福井　㉑ 岐阜　⑲ 山梨
㉗ 大阪府　㊱ 徳島　㊲ 香川
㉓ 愛知　㊳ 愛媛　㊸ 熊本
㊻ 鹿児島　㊼ 沖縄，那覇

30 日本地図① ……〈P. 110〉

(1) ① 北海道
(2) ② 青森県　③ 岩手県　④ 宮城県
⑤ 秋田県　⑥ 山形県　⑦ 福島県
(3) ⑧ 東京都　⑨ 神奈川県　⑩ 千葉県
⑪ 埼玉県　⑫ 茨城県　⑬ 栃木県
⑭ 群馬県
(4) ⑮ 愛知県　⑯ 静岡県　⑰ 長野県
⑱ 岐阜県　⑲ 山梨県　⑳ 新潟県
㉑ 富山県　㉒ 石川県　㉓ 福井県
(5) 東日本
(6) ⑧

31 日本地図② ……〈P. 111〉

(1) ㉔ 大阪府　㉕ 兵庫県　㉖ 京都府
㉗ 奈良県　㉘ 和歌山県　㉙ 滋賀県
㉚ 三重県
(2) ㉛ 広島県　㉜ 岡山県　㉝ 山口県
㉞ 島根県　㉟ 鳥取県
(3) ㊱ 香川県　㊲ 愛媛県　㊳ 高知県
㊴ 徳島県
(4) ㊵ 福岡県　㊶ 佐賀県　㊷ 長崎県
㊸ 大分県　㊹ 熊本県　㊺ 宮崎県
㊻ 鹿児島県　㊼ 沖縄県
(5) 西日本

32 新幹線と都道府県……………………〈P. 112〉

① 北海道　② 青森県　③ 岩手県
④ 宮城県　⑤ 福島県　⑥ 栃木県
⑦ 茨城県　⑧ 埼玉県　⑨ 東京都
⑩ 神奈川県　⑪ 静岡県　⑫ 愛知県
⑬ 岐阜県　⑭ 滋賀県　⑮ 京都府
⑯ 大阪府　⑰ 兵庫県　⑱ 岡山県
⑲ 広島県　⑳ 山口県　㉑ 福岡県
㉒ 熊本県　㉓ 鹿児島県　㉔ 佐賀県
㉕ 長崎県

国語

1 読解：女王バチ……………………〈P. 113〉

(1) 何万びきものミツバチ（の群れ）
(2) 四月の終わりごろ
(3) Ⓐ ところが　Ⓑ そして
(4) 花ふん・花のミツ
(5) ローヤルゼリー
(6) 王台に産みつけられたたまご
(7) 毎日たまごを産み続ける

2 漢字①…………………………〈P. 114〉

1 ① きぼう・かいしゃ
② だいじん・ふくちょうかん
③ きろく・こうがい
④ へいたい・つた　⑤ やさいず・けんこう

2 ① 熱　② 問　③ 味　④ 汽　⑤ 結

3 ① 良・材料　② 栄養・料理
③ 郡部・気候　④ 牧場・風景
⑤ 児童会・選挙　⑥ 初・参加
⑦ 改良・苦労　⑧ 完成・機械
⑨ 発芽・試験　⑩ 倉庫・種子

3 読解：ニワトリの鳴き声…………〈P. 115〉

(1) Ⓐ ところで　Ⓑ そこで　Ⓒ つまり
(2) たがいの順位
(3) 最上位
(4) 一番上の順位の・最初に鳴く
(5) そのグループで最強のオス（最上位のニワトリ）
(6) ①

4 漢字②…………………………〈P. 116〉

1 ① しっぱい・せいこう
② ときょうそう・ま
③ もくひょう・ひつよう
④ かんこうきゃく・あんない
⑤ やちょう・かんさつ

2 ① 会　② 合　③ 暑　④ 始　⑤ 初

3 ① 兄・卒業　② 希望・会社
③ 大臣・副長官　④ 英語・話・会議
⑤ 戦争・反対　⑥ 連続・働
⑦ 記録・公害　⑧ 兵隊・伝
⑨ 野菜好・健康　⑩ 園芸愛好家

5 読解：にげるが勝ち………………〈P. 117〉

(1) ほかの生物と戦うときに、有こうになるぶ器をほとんど持たない
(2) Ⓐ では　Ⓑ まず　Ⓒ さらに
(3) 速く泳ぐ・ジャンプのふみきりを強くする
(4) ① 後ろ足・長い　② 水かき・ある
③ 頭・軽い
(5) ②

6 言葉と文①（名詞・動詞・形容詞・副詞）…〈P. 118〉

1 (1) ① ㋐　② ㋐　③ ㋒
(2) ① ㋒　② ㋐　③ ㋓

(3) ① ㋒ ② ㋓ ③ ㋑

(4) ① ㋒ ② ㋐ ③ ㋑

2 (1) イルカ・時速・五十キロメートル

(2) 泳ぐ・聞こえる・出す

(3) 暗い・高い

(4) ぐんぐん・つねに

7 読解：ヤドカリの貝がら……………〈P. 119〉

(1) 大きな貝がらをもっている

(2) ㋐ ヤドカリ ㋑ やわらかいはら

㋒ きゅうくつになった

㋓ 貝がらの大きさ・中のよごれ

(3) ① × ② × ③ ○

8 漢字③……………………………〈P. 120〉

1 ① じてん・しら ② なかま・ねが

③ しんねん・かた ④ がいとう・て

⑤ ひこうき・しゃりん

2 ① 人工 ② 名案 ③ 競争

④ 完走 ⑤ 指名

3 ① 季節・花・植 ② 失敗・成功

③ 徒競走・待 ④ 目標・必要

⑤ 観光客・案内 ⑥ 魚・塩焼

⑦ 味・不満 ⑧ 野鳥・観察

⑨ 菜種油・生産 ⑩ 発表・息

9 読解：ホッキョクグマの遠泳………〈P. 121〉

(1) Ⓐ すると Ⓑ しかし

(2) ㋐ （アメリカの）調さチーム ㋑ 遠泳

(3) ① えさを追い求める

② 地球温だん化・氷がへり・海面・広がって

(4) ③

10 漢字④……………………………〈P. 122〉

1 ① ひょう・じゅんい

② ぎょぎょうきょうどうくみあい

③ ぼうえんきょう・しく

④ かねつじっけん ⑤ しょうちくばい

2 ① 勝 ② 遠 ③ 少 ④ 楽 ⑤ 重

3 ① 助訓練 ② 辞典・調

③ 飛行機・車輪 ④ 合唱・上達

⑤ 仲間・共・願 ⑥ 平和・未来

⑦ 運動会・旗 ⑧ 信念・語

⑨ 街灯・照 ⑩ 約束・付

11 読解：ごんぎつね①………………〈P. 123〉

(1) 二、三日

(2) あなの中にしゃがんでいた。

(3) ただのとき〜ています。

(4) （例）土がどろどろな道（どろどろになっていることが書けていれば○）

(5) 草の深いところ

(6) きものをまくし上げる・水にひたる

あみをゆすぶっている

(7) 魚をとっていた。

12 言葉と文②（主語・述語・修飾語）…〈P. 124〉

1 ① めだかが・泳ぐ ② 夏は・暑い

③ はとが・いる ④ 父は・行く

⑤ カメラは・安い

2 ① 日焼けした・元気な ② 茶色の・大きな

③ この・大切な ④ 急に・はげしく

⑤ 川で・水遊びを

13 読解：ごんぎつね②………………〈P. 125〉

(1) 麦をといでいた。

(2) ②

(3) おれと同じ一人ぼっちの兵十か

(4) いせいのいい声

(5) いきのいいいわし

(6) いわし売りが家に入った間

14 漢字⑤……………………………〈P. 126〉

1 ① とうせん・しゅくふく

② えんしゅう・なが

③ よんちょうさんぜんおくえん

④ どりょく・けっか

⑤ じちかい・ようきゅう

2 ① 自然（天然も○） ② 落選 ③ 起立

④ 以前 ⑤ 安心

3 ① 票・順位 ② 給食・残量調

③ 漁業協同組合 ④ 無料・借・物

⑤ 望遠鏡・仕組　⑥ 加熱実験
⑦ 旅・記録・清書　⑧ 松竹梅
⑨ 健康的・博士　⑩ 自然食品

15 読解：和尚さんと小僧 ……………〈P. 127〉

(1) 大そうけちんぼ
(2) (和尚さんが自分に) 一つもくれないこと。
(3) ・つぼの中に入れた
・仏だんの下にかくした
・ないしょでひとりでなめた
(4) ひどいどく薬
(5) 残らずなめてしまった。
(6) ②

16 漢字⑥ …………………………〈P. 128〉

1 ① しゅうへんじゅうみん
② しれいかん・めいれい　③ すばこ・お
④ れいせい・かんが　⑤ りがい・かんけい

2 ① 一石二鳥　② 意気投合　③ 一問一答
④ 一心同体　⑤ 開口一番

3 ① 深・海底・生活　② 当選・祝福
③ 円周・長　④ 直径・約三倍
⑤ 四兆三千億円　⑥ 昨年・府・予算
⑦ 努力・結果　⑧ 孫・帯・衣類
⑨ 自治会・要求　⑩ 浅・川・水浴

17 読解：子どもの好きな神様 …………〈P. 129〉

(1) 雪がどっさり
(2) Ⓐ けれど　Ⓑ すると
(3) 子どもの好きな小さい
(4) ① 小鳥やけもの　② 子どもたち
(5) ① 十三　② 真っ白な野っ原
③ 雪の上に顔をうつす

18 言葉と文③（決まった言い方）……〈P. 130〉

1 ① もし　② たぶん　③ まるで
④ 決して　⑤ たとえ

2 ① ない　② だろう　③ ほしい　④ か

3 ① ㋐ はずだ　㋑ かもしれない
② ㋐ だろう　㋑ ちがいない

19 読解：よだかの星 ………………〈P. 131〉

(1) よだか…………ⓘ・ⓚ
かわせみ………ⓤ・ⓔ
はちすずめ……ⓐ・ⓞ
(2) ところが
(3) ① むやみに強くて・風を切ってかける・たか
② するどくて・たかににていた
(4) たか

20 漢字⑦ …………………………〈P. 132〉

1 ① かいさつ・じゅん　② かだい・せつめい
③ どりょく・ひつよう　④ こうさてん・すす
⑤ べんり・きぐ

2 ① 一日千秋　② 日進月歩　③ 一長一短
④ 意味深長　⑤ 一念発起

3 ① 周辺・住民　② 実験・成功
③ 司令官・命令　④ 貨物・積
⑤ 巣箱・置　⑥ 両側・高・位置
⑦ 冷静・考　⑧ 利害・関係
⑨ 南極・気候　⑩ 薬包紙・包

21 読解：アフリカヒョウ ……………〈P. 133〉

(1) ネコ科
(2) 木登り
(3) 口にくわえて木の上に引き上げる。
(4) 足は太く短い・しっぽは長い
(5) チーターのような走力がないから。
ライオンのような仲間もいないから。
(6) 木の下を群れで通る草食動物

22 漢字⑧ …………………………〈P. 134〉

1 ① ぐんぶ・きこう　② ぼくじょう・ふうけい
③ じどうかい・せんきょ
④ かいりょう・くろう　⑤ はつが・しけん

2 ① 木　② 灬　③ 囗　④ ⻌　⑤ 氵

3 ① 便利・器具　② 交差点・進
③ 改札・順・通　④ 満員電車・乗
⑤ 印刷・文字　⑥ 人命・助
⑦ 重・単位　⑧ 結局・欠席
⑨ 課題・説明　⑩ 各自・努力

23 読解：ニホンミツバチ……………〈P. 135〉

1 (1) ニホンミツバチ

(2) 前足・中足

(3) 目で花の色や形を見分ける。
しょっ角で花のにおいをかぎ分ける。

(4) 花ふんかご

(5) 雪どけ後に開花する

(6) (花の) ミツ・花ふんだんご

24 言葉と文④ (同義語)……………〈P. 136〉

1 ① とる　② ひく　③ たてる　④ あがる

2 (1) ① ㋑　② ㋒　③ ㋓　④ ㋐

(2) ① ㋑　② ㋐　③ ㋓　④ ㋒

25 総合：ツバメと人間……………〈P. 137〉

1 (1) 外てきから身を守れること。
エサになるこん虫がたくさんいること。

(2) (ツバメが) たくさんの害虫をとってくれて、作物がたくさんとれるから。

(3) ツバメが低く飛べば雨ふりが近く、高く飛べば、晴れの日がつづくという天気の予想。

2 ① ける　② う　③ りる　④ げる

3 ① 宀　② 氵　③ 言　④ 頁

26 総合：働きアリ……………〈P. 138〉

1 (1) 六

(2) コガネムシのよう虫

(3) ① ㋐・㋑　② ㋒〜㋔　③ ㋕

2 ①－㋒　②－㋑　③－㋓　④－㋐

3 ① ㋐ し　㋑ こころ

② ㋐ せい　㋑ ととの

27 総合：アジアゾウとゾウ使い……………〈P. 139〉

1 (1) ミャンマーの山おくにある森林地帯

(2) アジアゾウ

(3) しかし

(4) 体をあらってもらうこと
水遊び

(5) ゾウとゾウ使いは子どものころからいっしょにくらし、兄弟のように仲良しなのです。

2 ① かた　② あし　③ うで

3 ① 変　② 代　③ 買

28 総合：納豆……………〈P. 140〉

1 (1) 納豆

(2) さっきん作用・血えきをさらさらにする

(3) 特ちょうのある風味とネバネバがあるから。

(4) ねぎ・からし

2 軽重・勝負・明暗・売買 (順不同)

3 ① 口ぶえ　② 折り紙　③ 流れ星

④ わか葉　⑤ 言葉遊び

29 総合：ペットボトルのリサイクル……〈P. 141〉

1 (1) お茶・ジュース

(2) リサイクル工場に運ばれて、小さなかけら (ペットフレーク) になる。

(3) もう一度とかして固める

2 ① だから　② けれども　③ そのうえ

3 ① が　② ぎ　③ ぐ　④ げ　⑤ ご

30 総合：ムササビのくらし……………〈P. 142〉

1 (1) 森の小鳥たちがねむりにつく夕ぐれ
東の空がうっすら明けるころ

(2) 前足から後ろ足に広がった皮まく

(3) 木の高さ

(4) ふさふさした太く長いしっぽ

(5) かじ

2 ① 楽しさ・楽しみ

② 強さ・強み

③ 高さ・高み

3 ① ねずみ　② つる　③ はち

31 総合：テッポウウオ……………〈P. 143〉

1 (1) インドから東南アジア、国内の沖縄地方

(2) 水面近くや水中にえ物が多くいるから。

(3) そして

(4) 水面上の葉の上に止まったこん虫などを口にふくんだ水を飛ばして、つかまえる行動です。

(5) 舌とエラぶたを使って飛ばす

2 ① 勝　② 念

3 ① 自身・自信　② 回転・開店

③ 関心・感心　④ 児童・自動

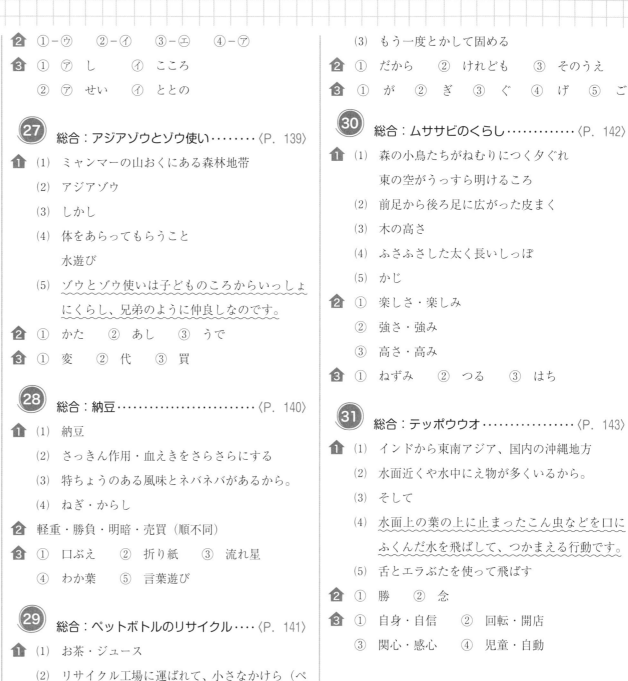

32 総合：生こま山上遊園地 ……………〈P. 144〉

1 (1) 生こま山の山ちょうにある遊園地

(2) ゴンドラ

(3) 約三〇メートル

(4) 目の下には大阪平野や大和盆地が広がり、西空かなたには遠く大阪湾も見える。

(5) 山ちょうの気温がふもとより三度から五度も低いから。

2 ① ㋐ 円 ㋑ 丸　② ㋐ 暑 ㋑ 熱

③ ㋐ 冷 ㋑ 覚

3 ① 算数の　② 空高く

英語

1 アルファベット大文字 ……………〈P. 145〉

1 （答えは省りゃく）

2 ① FISH　② RED　③ FOX

2 アルファベット小文字 ……………〈P. 146〉

1 （答えは省りゃく）

2 ① bed　② golf　③ quiz

3 どの曜日かな？ ……………〈P. 147〉

1 （答えは省りゃく）

2 ① Saturday　② Sunday

③ Thursday　④ Monday

4 好きな教科は？ ……………〈P. 148〉

1 （答えは省りゃく）

2 1位 English　2位 music

3位 science　4位 P.E.

3 ① math　② Japanese

5 買い物リスト ……………〈P. 149〉

1 （答えは省りゃく）

2 ④、⑤

6 まぜた色は？ ……………〈P. 150〉

1 （答えは省りゃく）

2 ① blue, yellow

② blue, red

③ red, white

④ black, white　（すべて順不同）

7 動物シルエット ……………〈P. 151〉

1 （答えは省りゃく）

2 ① elephant　② tiger　③ koala

④ lion　⑤ horse

8 数字をさがそう！ ……………〈P. 152〉

1 （答えは省りゃく）

2

o	n	e	e	n	x	m	f	n	i	n	e
w	g	t	e	s	i	x	u	s	q	i	f
j	w	v	t	f	b	e	i	g	h	t	i
y	e	m	w	b	o	u	r	v	b	d	v
s	v	r	o	w	h	u	t	h	r	e	e
f	e	f	i	v	a	y	r	x	l	g	q

3 ①

two	three
seven	five
nine	one

②

three	two
four	eight
five	six

9 どのスポーツの道具かな？ ……………〈P. 153〉

1 （答えは省りゃく）

2 ①—㋓ ②—㋔ ③—㋐

④—㋑ ⑤—㋒

10 文ぼう具・もの・楽器 ……………〈P. 154〉

1 （答えは省りゃく）

2 ①—㋑ ②—㋒ ③—㋐

3 ① violin ② guitar ③ notebook

11 しせつはどっち？ ……………〈P. 155〉

1 （答えは省りゃく）

2 ① library ② stadium ③ park

12 同じ絵をさがそう！ ……………〈P. 156〉

1 ②と⑤

2 ① elephant ② tiger

③ rabbit ④ lemon

⑤ orange ⑥ apple

要点チェック！全科ノート　小学4年生

2015年12月20日　初版発行
2021年 1 月20日　改訂版発行

著　者　宮《みや》崎《ざき》彰《しょう》嗣《じ》
　　　　馬《ば》場《ば》田《た》裕《ひろ》康《やす》

発行者　面 屋 洋

企　画　清風堂書店

発行所　フォーラム・A
〒530-0056　大阪市北区兎我野町15-13
TEL 06（6365）5606
FAX 06（6365）5607
振替 00970-3-127184
http://www.foruma.co.jp/

制作編集担当・田邉光喜　樫内真名生　☆☆

表紙デザイン・ウエナカデザイン事務所　1032
印刷・㈱関西共同印刷所／製本・㈱高廣製本